CB142055

# A crise da representação política do Estado

Flavia D'Urso

# A crise da representação política do Estado

*Perspectivas da soberania em Carl Schmitt, Michel Foucault e Giorgio Agamben*

Manole

EDITOR GESTOR: Walter Luiz Coutinho

EDITORA: Karin Gutz Inglez

PRODUÇÃO EDITORIAL: Juliana Morais, Cristiana Gonzaga S. Corrêa, Dília Editorial

CAPA E PROJETO GRÁFICO: Daniel Justi

EDITORAÇÃO ELETRÔNICA: Dília Editorial

Dados Internacionais de Catalogação na Publicação (CIP)
(Câmara Brasileira do Livro, SP, Brasil)

---

D`Urso, Flavia
A crise da representação política do Estado: perspectivas da soberania em Carl Schmitt, Michel Foucault e Giorgio Agamben. – Barueri, SP : Minha Editora, 2016.

Bibliografia
ISBN 978-85-7868-225-5

1. Agamben, Giorgio, 1942 – 2. Direito – Filosofia 3. Foucault, Michel, 1926-1984
4. Política 5. Schmitt, Carl, 1888-1985 6. Soberania I. Título.

15-07909 CDU-342.31

---

Índices para catálogo sistemático:
1. Soberania : Aspectos políticos : Direito 342.31



1ª edição – 2016

Direitos adquiridos pela:
EDITORA MANOLE LTDA.
Avenida Ceci, 672 – Tamboré
06460-120 – Barueri – SP – Brasil
Tel.: (11) 4196-6000 – Fax: (11) 4196-6021
www.manole.com.br | info@manole.com.br

Impresso no Brasil | *Printed in Brazil*

Este livro contempla as regras do Acordo Ortográfico da Língua Portuguesa de 1990, que entrou em vigor no Brasil em 2009.

São de responsabilidade da autora as informações contidas nesta obra.

*Dedico o livro ao agir político.*

# Agradecimentos

A elaboração de uma tese de doutorado, da qual resultou este livro, é um trabalho de fôlego individual do pesquisador. Quem quer que tenha passado por essa experiência sabe o quanto há de solidão. No entanto, quando se olha para trás, é possível reconhecer, para além da sensação de isolamento, as dívidas de gratidão e os cúmplices com que esse esforço pôde contar.

À Professora Salma Muchail, grande intelectual que aprendo a admirar a cada dia, agradeço o carinho pelo qual fui apresentada à filosofia.

Ao Professor Márcio Alves da Fonseca, que sempre teve palavras de incentivo ao meu trabalho e sempre confiou que eu pudesse dele me desincumbir. Agradeço também a possibilidade inesquecível de pesquisa junto à Biblioteca Nacional da França.

Ao Professor Frédéric Gros, pela acolhida na Universidade Paris XII.

Ao Professor André Duarte, da Universidade Federal do Paraná, que fez, no meu exame de qualificação, preciosas observações sobre o texto e que me permitiram novos rumos na pesquisa e na estruturação do texto.

Ao Grupo Michel Foucault da Pontifícia Universidade Católica de São Paulo (PUC/SP), com quem divido a amizade e as inquietações do pensamento filosófico. Agradeço, especialmente, ao Anderson, pela revisão acurada do texto, e às companhias constantes de Alessandro, Marta e Adriana .

Ao Wram Accorsi e à minha prima Rosa Mettifogo, pelas contribuições inestimáveis para o bom entendimento das línguas inglesa e italiana.

Há aquele que foi cúmplice involuntário na realização deste trabalho, porque, na verdade, a cumplicidade é de uma vida em comum. Para meu marido, Mauricio, todo o meu amor.

# Sobre a autora

**Flavia D'Urso**

Doutora em Filosofia Política e Mestre em Processo Penal pela Pontifícia Universidade Católica de São Paulo (PUC/SP). Defensora Pública do Estado de São Paulo e ex-Diretora da Escola da Defensoria Pública do Estado. Foi procuradora do Estado e integrou a Comissão que elaborou o Anteprojeto de Lei Orgânica da Defensoria Pública em São Paulo pelo Sindicato dos Procuradores do Estado, das Autarquias, das Fundações e das Universidades Públicas do Estado de São Paulo (SINDIPROESP). Integrou a Missão da Organização das Nações Unidas (ONU) para a cooperação técnica sobre os sistemas de justiça do Brasil e do Timor Leste. Publicou o livro *Princípio constitucional da proporcionalidade no processo penal*, pela Editora Atlas, em 2007. Atua na Vara das Execuções Criminais da Capital.

# Apresentação

A especificidade de cada área de conhecimento exige, em nome do rigor e do domínio bem fundamentado do assunto, a necessária demarcação de fronteiras. Com efeito, sem clareza de seus contornos, uma investigação sobre um âmbito determinado do saber pode ceder a hipóteses banais ou gerar conclusões apressadas. Todavia, ao risco das confusões epistemológicas, responde, contrariamente, um risco talvez maior: o da rigidez de pensamento. Esse é um risco frequente quando a compartimentalização das áreas do conhecimento acaba por se tornar um dos efeitos mais indesejáveis das especializações. No entanto, saber situar a investigação em um âmbito do conhecimento não deve acarretar o apagamento de horizontes e o estreitamento do olhar. O rigor e o domínio dos estudos deve, ao contrário, abrir caminhos e criar perspectivas para a interface com outros âmbitos e a fecunda descoberta de cruzamentos possíveis. Essa postura não é fácil, mas ela é a característica predominante deste livro. Aqui, *direito*, *filosofia* e *política* são setores de conhecimento integrados entre si, mas sem dissolução de seus traços, colocados no mesmo espaço comum; no entanto, respeitando suas especificidades.

O espaço comum que os aproxima é o tema da *soberania*. Abordado de maneira ao mesmo tempo precisa e complexa, o tema tem seus contornos estabelecidos pela escolha de sua presença em três pensadores: Carl Schmitt, Michel Foucault e Giorgio Agamben. O estudo tem apoio em notável desenvoltura no trato com os respectivos escritos de cada um deles, bem como na cuidadosa seleção da bibliografia complementar. Não se restringe, porém, a reproduções ou paráfrases, incluindo, com certa ousadia, reflexões e propostas pessoais.

Algumas passagens, que vale a pena reconstituir, exprimem lucidamente o tema e o objetivo da investigação: "acompanhar o diagnóstico e o trato da soberania a partir do pensamento de Carl Schmitt, Michel Foucault e Giorgio Agamben"; "[...] percorrer as proximidades e os distanciamentos teóricos no tema da soberania nos trabalhos de Agamben, Schmitt e Foucault". E, de maneira mais explicativa:

> [...] se a teoria da soberania de Carl Schmitt será, pode-se dizer, intensificada por Agamben, somente as articulações em torno desse tema formuladas por Foucault é que permitirão ao filósofo italiano, através das concepções de biopolítica, racismo, dispositivo de polícia e um novo uso do direito, a construção de uma genealogia do poder ocidental e, em seu interior, o lugar que ocupa a soberania.

Se o tema da *soberania* é o eixo escolhido, é possível destacar, nesse eixo, alguns elos que permitem identificar a particular convergência entre os pensadores estudados. Citemos pelo menos dois elos.

Primeiramente, a presença da *história*. O capítulo sobre Schmitt faz ver que, se por um lado, sua reflexão situa-se no plano propriamente jurídico, resta por outro lado, a reflexão jurídica voltada para o ângulo político e para a consideração histórica da realidade. O capítulo dedicado a Foucault evidencia e desdobra a inconteste preeminência da história no seu trabalho filosófico; quer se trate da disciplina ou do biopoder, da gestão governamental ou da soberania, a análise é sempre historicamente circunscrita. No capítulo sobre Agamben, a importância da contextualização histórica, embora atenuada, permanece, fundada principalmente na analítica do poder foucaultiana e nela, a ideia da mobilidade histórico-conceitual da soberania.

Esse traço que aproxima os três autores – a vinculação da soberania à história – tem como correlato um segundo elo a que se pode chamar de *crítica dos universais* e, portanto, também, e principalmente da universalidade das *normas*.

> Carl Schmitt não admite a possibilidade de um consenso normativo baseado em critérios universais e objetivos [...]. Noções como "justiça", "liberdade", "dignidade", na medida em que carecem de um sentido unívoco, necessitam, sempre, de uma interpretação específica para um significado concreto.

Segue-se então que todo direito *é direito situacional.* Por seu lado, o pensamento de Foucault, distanciado dos universais (o Estado, a lei, o poder, etc., incluindo a soberania) não comporta *uma forma universalizante da analítica do poder*. Trata-se sempre de uma *história das práticas* na qual o que está em causa é sempre "relacional". Em Agamben, as descrições particularmente inquietantes dos totalitarismos e suas aproximações com uma democracia decadente põem em questão não somente a universalidade dos conceitos de totalitarismo e de democracia como também a universalidade sem discernimento de instituições como o *habeas corpus* ou a *Declaração dos Direitos do Homem e do cidadão.*

Conclui-se este breve comentário com uma observação muito particular. Depois de se instruir com as descrições e o cotejo dos três pensadores abordados, e de aprender a pensar junto com eles, o leitor é contemplado com o acréscimo de reflexões mais livres. Afinal, o livro que apresentara um perfil quase "pessimista" – pode-se dizer – da nossa contemporaneidade, abre-se, ao final, para possibilidades outras que a autora faz emergir do interior dos mesmos pensadores e para além deles. São expectativas positivas, apresentadas intensamente no uso abundante de expressões como: novo direito ou novo uso do direito, nova política, nova ideia de comunidade, novo elemento ético, nova forma de vida. Por isso – também se pode dizer – o livro conclui-se como uma convocação à esperança.

*Márcio Alves da Fonseca*
*Salma Tannus Muchail*

# Introdução

*A filosofia é "uma fenda no guarda-sol [...] que [...] rasga até o firmamento, para fazer passar um pouco do caos livre e tempestuoso e enquadrar numa luz brusca, uma visão que aparece atrás da fenda".*[1]

O livro que apresento aos leitores tem como ponto de partida a ideia de que a soberania, como racionalização de poder, acima de todos os outros poderes, contém em si, por um lado, o gérmen ou mesmo a exigência de uma democracia radical e, por outro, a sua negação.

Há uma percepção de que o conceito de soberania seja mesmo um paradoxo:

1. A sua razão de ser, ou seja, para não expressar uma simples razão de força, deve deduzir-se a partir das vontades dos indivíduos que lhe são submetidos.
2. Não há soberania sem a suspensão de vontades individuais, ficando estas, ainda que minimamente que seja, reféns da vontade soberana.

A questão, na verdade, permeia a compreensão do que seja soberania como vontade e como representação.

Para Hobbes, a soberania como vontade explica a obediência, na medida em que o desejo soberano se identifica com aquele dos súditos. Tal

1 DELEUZE, G.; GUATTARI, F. *O que é a filosofia?*. Rio de Janeiro: Ed. 34, 1992, p. 261.

identidade traduz a ideia de que não há submissão, mas, sim, a representação do povo pelo soberano que instituiu o próprio ser do povo representado: "porque é a unidade do representante, e não a unidade do representado, que faz que a pessoa seja una".[2]

A vontade não pode pensar-se, assim, como representação, a não ser recorrendo à mitologia de um corpo feito de muitos corpos individuais, com uma razão e um interesse comuns transubstanciados na vontade particular de um rei ou de uma elite, de um tirano ou de uma classe dirigente.

A soberania pensada como representação, fundamenta-se, de outro lado, na possibilidade de controlar o poder político atribuído a quem não pode exercê-lo pessoalmente. Trata-se de um mecanismo político particular para a realização de uma relação de controle entre governantes e governados.[3] Os elementos constitutivos ao entendimento do conceito de soberania, nesta hipótese, ocupam-se de unidades de representação, afastando-se daquelas de vontade. É neste contexto que se insere uma organização integrada pela separação de poderes, pelo Estado misto e pela supremacia da lei.

As diferentes técnicas empregadas para a representação nesta tripartite organização, traduzida para um conceito jurídico-político de constitucionalismo, estão inteiramente orientadas a combater toda a concentração e unificação de poder e a dividi-lo de forma equilibrada entre os órgãos da estrutura do Estado.

A soberania, entretanto, como representação, no âmbito do constitucionalismo, manifesta uma fragilidade de soluções teóricas que são aplicadas às questões da realidade. Fala-se em um esvaziamento de seu conceito, uma crise da soberania na qual o político, o direito e a economia se dissolvem, compondo um cenário único e homogêneo, carente do real. Essa questão é central neste livro.

---

2 HOBBES, T. *Leviatã ou matéria, forma e poder de um estado eclesiástico e civil.* São Paulo: Abril Cultural, 1974, p. 102. (Os pensadores).

3 BOBBIO, N.; MATTEUCI, N.; PASQUINO, G. *Dicionário de Política.* São Paulo: Editora UNB, 2004, p. 1102.

Desde meados do século XVI, o problema da soberania tem sido fundamental à teoria política. De Bodin a Hobbes e a Rousseau, bem como para os estudiosos modernos, as principais questões da política evoluíram em relação ao desafio singular de proporcionar, tanto na formulação teórica como na prática jurídica, uma fundação legítima para as formas cada vez mais seculares do poder constitucional.

O eclipse do conceito de soberania é crucial no pensamento de Carl Schmitt, Michel Foucault e Giorgio Agamben, que repensam, segundo concepções e metodologias próprias, conceitos teórico-políticos fundantes da estrutura estatal.

A relação desses autores com o paradoxo que parece persistir é o fio condutor que se pretende apresentar ao leitor.

Há uma antinomia intrínseca e natural do conceito de soberania, próprias da superação da vontade pela representação, o que permite a manutenção do seu conceito universal, abarcando fatos historicamente diferentes para a compreensão do político na modernidade? Ou, nenhuma antinomia? E, assim, um esvaziamento conceitual que torna a soberania um trivial sinônimo de poder, transformando a questão da política em uma questão de polícia?

Carl Schmitt contextualiza o seu estudo sobre a soberania em um contexto histórico como se vê do prefácio à edição italiana de uma coletânea de seus textos[4], entre os quais a *Teologia política*. Ele destaca que a primeira metade do século XX foi um período em que a Europa veio gradualmente perder a até então incontestável superioridade política e intelectual. Nessa conjuntura, as grandes teorias e os "conceitos clássicos" da filosofia política moderna começam a ser postos em confronto e sofrem uma forte contestação, pois foi justamente essa modernidade filosófica a grande responsável pela hegemonia do velho continente, que estava, catastroficamente, desmoronando. Mediante a crise dos velhos modelos

---

4 SCHMITT, C. Le categorie del "Politico". Bologna: Il Mulino, 1972. Apresentação.

políticos europeus, ganhava força o pensamento liberal, importado dos Estados Unidos da América pela burguesia, a quem a mercantilização dos poderes instituídos era bastante conveniente.

Este processo de despolitização levará os Estados europeus a se reduzirem a grandes máquinas administrativas, com funções e poderes essencialmente econômicos, pondera Carl Schmitt. Tornara-se então imperioso redefinir os conceitos-base de uma teoria política do Estado, de modo que este não sucumba perante a neutralidade moral e política da razão econômica. É este um dos principais intuitos dos seus "Quatro capítulos sobre a doutrina da soberania".[5] O jurista apresenta os trabalhos como herdeiros da filosofia política moderna, essencialmente devido aos conceitos clássicos que neles são trabalhados, como o de Estado, o de soberania ou o de decisão, conceitos que, precisamente nos autores dos séculos XVIII e XIX, atingem o seu ápice de rigor teórico e aplicação prática.

Carl Schmitt não se conformava com a alternativa que se impunha à Europa, não acreditando na validade do modelo liberal, e encontrou, naquela herança, uma boa base para criticá-lo incisivamente.

Interessa-nos aqui, na temática da soberania, a Teoria do Direito de Carl Schmitt,[6] que pode ser entendida no período de 1919 até 1933,

---

5 FRANCO DE SÁ, A. Do decisionismo à teologia política. Carl Schmitt e o conceito de soberania. Covilhã: Universidade da Beira Interior, 2009, p. 25. (Colecção Artigos Lusosofia).

6 Não obstante a inegável envergadura da produção teórica de Carl Schmitt, sua adesão ao regime de Hitler, muito compreensivelmente, o tornou um intelectual proscrito. A controvérsia parece estéril a Antonio Cícero, que apresenta a obra *A crise da democracia parlamentar* (São Paulo: Scritta, 1996). É como, diz o filósofo, considerar que Heidegger nazista faz com que sua metafísica tenha a mesma condição. É agudíssima a crítica de Schmitt, prossegue Antonio Cícero, ao sistema parlamentar, que pode tanto instigar a crença de que a "casamata ideológica" que vela pelas democracias modernas é teoricamente insustentável, quanto ape-

a qual ele próprio define como *decisionista*, como uma expressão mais consciente e radical de uma metafísica da positividade. O jurista é um ferrenho adversário do positivismo jurídico e toda a sua polêmica com Kelsen, que é um dos maiores representantes dessa concepção, advém da sua vontade de elucidar e de denunciar os pressupostos desta corrente e de salientar a sua incompreensão a respeito da relação fundamental entre direito e política.

Assim, neste percurso, o livro compreende essencialmente os escritos de Carl Schmitt no período mencionado; e, nesses momentos, a sua construção teórica fundamenta-se em dois grandes pilares:[7] o primeiro é o tema da *secularização*. Para o autor, os principais conceitos produzidos ao longo da tradição da filosofia política ocidental são formas seculares de noções de fundo religioso. O exemplo mais notório, destaca Renato Lessa, é o conceito de *soberania*, cujo fundamento remete à discussão acerca dos atributos divinos. O segundo, presente nas formas da filosofia política, diz respeito ao tema da adversidade, ou do caráter necessariamente polêmico de qualquer discurso que incida sobre o campo da política. Schmitt reconhece a presença compulsória de um drama adversarial e estabelece o *conceito de amigo-inimigo*. O critério de inimigo é para ele um objeto de pensamento, ou ainda, uma construção intelectual da qual ele procura definir a sua posição teórica. Para o autor, o inimigo apresenta a condição moral de uma *ameaça à forma de vida*.[8]

---

nas advertir os apóstolos liberal-social-democratas sobre a necessidade de cobrir certos buracos de sua ortodoxia, ou seja, torná-la mais sólida. SCHMITT, C. *A crise da democracia parlamentar*. São Paulo: Scritta, 1996, p. X e XI.

7 Renato Lessa, em prefácio da obra de FERREIRA, B. *O risco do político*. Crítica ao liberalismo e teoria política no pensamento de Carl Schmitt. Belo Horizonte: Editora UFMG; Rio de Janeiro: IUPERJ, 2004.

8 LESSA apud FERREIRA, ibidem.

A *centralidade* do poder soberano, que se identifica não só na teoria de Schmitt, mas na elaboração de todo o pensamento jurídico ocidental, recebe de Michel Foucault um *deslocamento* que problematiza a insuficiência desse conceito clássico. O autor elabora uma analítica do poder em lugar de abordar a gênese do poder soberano, que é ainda a finalidade perseguida pela teoria da soberania. Foucault se afasta de dois sistemas de poder: o de repressão e o do conceito de soberania como categoria jurídica central da filosofia política moderna.

O poder como soberania, teoria dos filósofos do século XVIII, articula-se em torno do poder concebido como um direito originário de cessão e, outro, como de contrato na condição de fonte do poder político.[9] A aula de Foucault de 1976, *Em defesa da sociedade,* ocupa-se então da questão quanto ao conceito de guerra e sua adequação à análise das relações de poder. Nesse contexto, ele estabelece as diferenças entre uma análise de poder em termos de confrontação e de lutas, ou seja, de guerra, e outro, em termos jurídicos; de direito, portanto.

Foucault, nessa discussão, na oposição mesma à centralidade do conceito de soberania como categoria jurídica, investiga o conceito de dominação. Segundo o pensador, a elaboração do pensamento jurídico ocidental, desde a Idade Média, teve sempre como eixo a figura do rei. O direito é, no Ocidente, direito real.[10] Os direitos legítimos da soberania e sua contrapartida, a obrigação legal da obediência, serviram para pulverizar, na verdade, as formas de dominação. A proposta de Foucault, assim, é a de inversão deste trajeto.

A despeito da célebre recusa do pensador francês em se dizer "filósofo", a sua atividade, sem dúvida filosófica, do diagnóstico do presen-

---

9 FOUCAULT, M. *Em defesa da sociedade.* São Paulo: Martins Fontes, 2000, p. 19.

10 CASTRO, E. *Vocabulário de Foucault.* Belo Horizonte: Autêntica, 2009, p. 404.

te, interessa particularmente à proposta do tema da crise do conceito de soberania. A sua ontologia do presente não se esgota, registre-se, em um diagnóstico negativo, ainda que, por vezes, possa parecê-lo quando Foucault analisa as formas de poder, a disciplina e a biopolítica. Para ele, diagnosticar é levar a cabo o esforço de pensar de outra maneira.

E pensar de outra maneira para Foucault significa[11] que o seu trabalho vai da morte do sujeito (das filosofias do sujeito, das ciências do homem) à sua constituição desde o ponto de vista das práticas. Não é, dessa forma, *o poder, mas o sujeito que se insere no tema geral de seus trabalhos.*[12] Em lugar de estudar a gênese do soberano, que é ainda a finalidade perseguida pela teoria da soberania como se disse, a sua genealogia se ocupa da fabricação de sujeitos.

Giorgio Agamben, um intelectual perturbador e exigente, pretende uma *retomada* e uma proposta de *superação* do problema da soberania.

O pensador italiano, em meio a uma produção bibliográfica complexa e ainda em andamento, traça em *Mezzi senza fine* - note sulla politica[13], um projeto filosófico-político de todas as suas reflexões que problematizam o papel do jurídico no campo político e social da contemporaneidade. Uma das chaves do pensamento do autor é do papel secundário e subalterno da política em relação ao direito, à religião e à economia. O pensador constata uma perda de seu *status* ontológico.

11 Idem, p. 175.

12 Idem.

13 AGAMBEN, G. *Mezzi senza fine* - note sulla politica. Torino: Bolatti Boringhieri, 1996, "Avvertenza".

Na trilha deste objetivo, o autor lança paradigmas,[14] que descreve como "genuinamente políticos"[15] e que, segundo defende, estão cercados de experiências e fenômenos não considerados políticos.

Em *Signatura Rerum*[16], Agamben explicita melhor esta opção por paradigmas ao considerá-los não como hipóteses por meio das quais se pretende explicar a modernidade, reconduzindo-a a alguma coisa como uma causa ou origem histórica. Ao contrário, segundo o pensador italiano, os seus paradigmas desempenham um papel de inteligibilidade a uma série de fenômenos cujo vínculo escapa ou poderia escapar de um olhar histórico. E essa inteligibilidade, detalha Agamben, tem uma característica

---

14 Idem. Giorgio Agamben, após mais de dez anos da publicação de *Mezzi senza fine*, em 2008 publica *Signatura rerum*. A obra é um estudo pormenorizado sobre o método das investigações nas ciências humanas e nela há um capítulo especialmente dedicado ao *paradigma*. O autor, assim, firma este conceito nas premissas de que o paradigma é uma forma de conhecimento não indutiva e nem dedutiva, mas analógica e que se move da singularidade à singularidade. Na medida em que neutraliza a dicotomia entre geral e particular, o paradigma substitui a lógica dicotômica pela analogia bipolar. A estrutura que Agamben estabelece entre exceção soberana e sacralidade é um exemplo desta analogia bipolar, assim como o é a indiscernibilidade que ele estabelece entre os conceitos de potência e ato para o seu significado de soberania. Segue, ainda o autor, pontuando que o caso paradigmático assim se revela, suspendendo e expondo ao mesmo tempo o seu afastamento do todo, de modo que não é mais possível separá-lo da exemplaridade e singularidade. O todo paradigmático não é nunca um pressuposto do paradigma, mas a ele é imanente. O paradigma, ainda, não é uma origem ou *arché:* cada fenômeno é origem e cada imagem é arcaica. Por fim, a historicidade do paradigma não está na diacronia ou na sincronia, mas no seu cruzamento.

15 AGAMBEN, *Mezzi senza fine* - note sulla politica, "Avvertenza".

16 AGAMBEN, G. *Signatura rerum* - Sul metodo. Torino: Bolatti Boringhieri Editore, 2008, p. 33.

ontológica e não se refere a uma relação cognitiva entre sujeito e objeto, como em Foucault, mas ao ser. Trata-se, dirá ele, de uma ontologia paradigmática.[17]

É por meio de uma analogia bipolar que os paradigmas agambeanos estabelecerão, assim, eixos de entendimento para os fenômenos e experiências que destituíram o caráter político do direito.

Os paradigmas eleitos por Agamben, e nos quais se vislumbram a discussão acerca da soberania, são a vida natural restituída ao centro da pólis; o estado de exceção, que se revela estrutura cada vez mais fundamental e perene; o campo de concentração, uma zona de indiferença entre o público e o privado e, justamente, a matriz escondida do espaço político em que vivemos; os refugiados que, fraturando o nexo entre o homem e o cidadão, tornam-se, de uma figura marginal, fator decisivo da crise Estado-Nação moderno. E, mais recentemente, a teologia política que fundamenta no único Deus a transcendência do poder soberano, derivando deste paradigma a teoria moderna da soberania.[18]

A soberania para o filósofo italiano é eixo central das obras *Homo sacer - o poder soberano e a vida nua I*, *Estado de exceção* e *O que resta da Auschwitz*[19] e dessas se ocupa este livro.

Em *O reino e a glória* (*Homo sacer II*), Agamben aborda, todavia, a articulação dessa temática com o conceito de governo. Há o anúncio desse

---

17 Idem.

18 AGAMBEN, G. *O reino e a glória* - uma genealogia teológica da economia e do governo, Homo sacer, II, 2. São Paulo: Boitempo, 2011, p. 13.

19 Neste sentido, CASTRO, E. *Introdução a Giorgio Agamben*. Tradução de Beatriz de Almeida Magalhães. Uma arqueologia da potência. Belo Horizonte: Autêntica, 2012, p. 75; DE SANCTIS, A. Agamben, nuda vita, oikonomia. Minima et Moralia, 2011. Disponível em: <http://www.minimaetmoralia.it/wp/agamben-nuda-vita-oikonomia/> (Texto gentilmente cedido pelo Professor Selvino José Assmann); e MURRAY, A.; WHITE, J. *The Agamben Dictionary*. Edinburgh: Edinburgh University Press, 2011, p. 180.

projeto no subtítulo da obra: uma genealogia teológica da economia e do governo. Percorrer aqui em detalhe esse vastíssimo percurso, porém, excederia em muito os objetivos deste trabalho.[20] Nos moldes daquela trilogia registrada em parágrafo anterior, o interesse também neste livro de Agamben é a herança de Carl Schmitt e Michel Foucault para a compreensão dos fundamentos do poder ocidental.

Giorgio Agamben inicia, desta forma, uma genealogia do poder repensando todas as categorias da nossa tradição política à luz de uma relação entre poder soberano e a vida nua, segundo ele mesmo explicita na apresentação de seu *Homo sacer – o poder soberano e a vida nua I*. Modelos jurídicos, nesta dimensão estabelecida, são revisitados e a soberania é, ao que parece, a chave de um paradoxo constitutivo de todo o ordenamento legal.

E Agamben, neste caminho, é importante já registrar, vale-se de uma fórmula: *preferiria não*. Trata-se da resistência do protagonista *Bartleby*,

20 Em item próprio, porém, terão lugar neste livro, afastando-se desta profunda investigação genealógica da teologia, considerações sobre argumentos centrais da soberania e sua imbricação com o conceito de governo. Com efeito, a teologia cristã esmiuçada por Agamben neste denso livro desdobra-se na teologia política e na teologia econômica. Da primeira, deriva o paradigma da teoria moderna da soberania, na medida em que ela fundamenta no único Deus a transcendência do poder soberano. Essa aproximação, ainda que o trabalho se afaste da genealogia teológica, será objeto de considerações. Não será objeto de estudo, porém, a teologia econômica e sua substituição da política pela *oikonomia* e sua derivação da biopolítica moderna "até o atual triunfo da economia e do governo sobre qualquer outro aspecto da vida social". (*O reino e a glória*, p. 12). Muito embora a biopolítica moderna tenha um essencial diálogo na temática da soberania, e nessa medida foi por diversas vezes aqui tratada, o desdobramento do pensador italiano não prescindiria de um fôlego do qual este trabalho não tem alcance.

da obra de Herman Melville, à barbárie do mundo moderno e ela será decisiva para o seu conceito de potência.

Com efeito, o conceito de potência, no contexto amplo da obra do pensador, é fundamental. A potência não se esgota no ato. A possibilidade de execução indefinida não só aumenta a potência de seu executor como o possibilita à escolha de não o executar. É "poder não-não passar ao ato".[21] Essa é a grandeza e a miséria da potência humana que se cuida de cultivar e de promover e é esta a grandeza e a miséria do ser humano que se encontra praticamente anulada na forma de vida que se estabeleceu, transformando a nossa vida em *nuda vita*. A biopolítica, portanto, se consolida como domínio sobre a vida. E o filósofo, nesta esteira, considera que com uma profanação se poderá resistir a tudo isto, tentando-se uma nova política, um novo ser humano, uma nova comunidade, pensando e promovendo o reverso da vida nua, vale dizer, a potência da vida, e a vida humana como potência de ser e não ser.

A potência nos obriga a repensar na política o poder constituinte no poder constituído, dirá Agamben na obra *La potencia del pensamento*.[22] Obriga-nos, também e neste caminho, à compreensão do conceito de soberania, Estado de direito, de direitos humanos, de nação e de universalismo, entre outras categorias jurídicas aparentemente tão consolidadas e que, para o filósofo, estão comprometidas na luta da ética, por esta luta, ele afirma, não se satisfaz mais ao exigir o cumprimento de normas jurídicas, nacionais e internacionais, de caráter fundamental.[23] A luta da ética é, na verdade, uma luta pela liberdade e que demanda o experimento da nossa "própria existência como ser".[24]

---

21 AGAMBEN, G. *La potencia del pensamento*. Buenos Aires: Adriana Hidalgo, 2007, p. 282.

22 Ibidem, p. 386.

23 SELVINO, J. A. Apresentação. In: AGAMBEN, G. *Profanações*. São Paulo: Boitempo, 2007.

24 AGAMBEN, G. *La comunidad que viene*. Valencia: Pre-textos, 2006, p. 39.

Para Agamben, a soberania é um paradoxo, mas não aquele paradoxo de um conceito unívoco ou não porque, neste momento, já se detecta também para ele um esgotamento da soberania representativa, e sim porque o soberano está, ao mesmo tempo, dentro e fora do ordenamento jurídico.

Dirá Agamben, no apoio teórico de Walter Benjamin, que a exceção é a forma originária do direito. Se a exceção é a estrutura da soberania, ela não é, então

> um conceito exclusivamente político, nem uma categoria exclusivamente jurídica, nem uma potência externa ao direito (Schmitt), nem uma norma suprema do ordenamento jurídico (Kelsen): ela é a estrutura originária na qual o direito se refere à vida e a inclui em si através da própria suspensão.[25]

A atualidade, a crítica e as linhas de força das ponderações de Schmitt, Foucault e Agamben permitiram uma possibilidade de se vislumbrar aproximações e distanciamentos teóricos entre eles, ao lado, porém, de uma angústia. Este "procedimento hermenêutico é arriscado e desperta a desconfiança dos especialistas, pois se arrisca a perder aquilo que neles é a marca de sua unicidade como pensadores".[26]

O perverso distanciamento da realidade com o direito, os celebrados catálogos de normas fundamentais em que a vida e a sua dignidade são a razão de ser e esta mesma vida é exposta a todo tempo à morte nas prisões de São Paulo, universo de trabalho desta autora, motivou e motiva uma tentativa de maior compreensão do tempo presente. O potencial crítico da desconstrução de fórmulas normativas consagradas que foi identificado nos pensamentos de Schmitt, Foucault e Agamben foi, na verdade, a fer-

---

25 AGAMBEN, G. *Homo sacer* - o poder soberano e a vida nua, I. Belo Horizonte: Editora UFMG, 2002, p. 35.

26 DUARTE, A. M. *Vidas em risco:* crítica do presente em Heidegger, Arendt e Foucault. Rio de Janeiro e São Paulo: GEN/Forense Universitária, 2010, p. 4.

ramenta de uma busca pessoal para o apaziguamento desta inquietação. O livro, então, debruça-se na tentativa arriscada de uma interpretação de suas perspectivas pelo liame da ontologia crítica do presente que os une.[27]

As primeiras impressões deram conta de que Foucault deliberadamente se afasta de um papel central do Estado e de uma teoria unitária de poder, como já se registrou. Agamben, ao revés, sustenta uma indissociabilidade dos modelos jurídicos à biopolítica e, neste sentido, o deslocamento do Estado na analítica de poder efetivada por Foucault, segundo o pensador italiano, não permite a compreensão da implicação da vida nua na esfera política, uma das teses centrais do *homo sacer*,[28] constitutiva do núcleo originário do poder soberano.

Em outras palavras: Agamben revê, primeiramente, o pensamento de Foucault em dois aspectos. O primeiro, como a natureza da passagem

---

27 Compreendem-se por ontologia crítica do presente os debates estabelecidos por Agamben, Foucault e Schmitt que se constituem de matizes do pensamento contemporâneo que enfrentam o tempo presente no cotejo dos insuperáveis dilemas já pensados pela tradição política, suscitando ainda, pelo estranhamento de antigos padrões, novas perspectivas sobre a atuação do poder. Seria muito provavelmente um consenso entre Agamben e Schmitt a síntese foucaultiana sobre a ontologia crítica: "é preciso considerar a ontologia crítica de nós mesmos não certamente como uma teoria, uma doutrina [...] é preciso concebê-la como uma atitude [...] uma via filosófica em que a crítica do que somos é simultaneamente análise histórica dos limites que nos são colocados e prova de sua ultrapassagem possível" (FOUCAULT, M. *O que são as Luzes?* In: _____. *Ditos & Escritos II*. Rio de Janeiro: Forense Universitária, 2008, p. 351).

28 Trata-se de uma figura enigmática resgatada por Agamben do direito romano. Era um homem que se incluía na legislação na exata medida em que se encontrava totalmente desprotegido por ela, pois ele era aquele indivíduo que poderia ser morto por qualquer um sem que tal morte constituísse delito, bastando apenas que tal morte não fosse resultado de um sacrifício religioso ou de um processo jurídico.

entre o exercício do poder soberano por um lado e aquilo que o pensador francês cunhou como poder biopolítico de outro; o segundo aspecto reporta-se à ambiguidade com que esse trânsito é avaliado, na medida em que a emergência da biopolítica, ao significar a ultrapassagem da violência patente por parte da soberania moderna, não pôde deixar de ser analisada por Foucault como a origem das formas mais sutis, mas também mais poderosas de exercício de poder.

Desta maneira, a mudança moderna da relação entre *zoé* e *bios*[29] é o primeiro contexto no qual Agamben se confronta com Foucault e acaba por vaticinar consequências catastróficas dessa ligação moderna entre natureza e política. Assim, para esclarecer essa situação atual da *zoé*, Agamben retoma um conceito que Foucault utiliza, indicando, porém, seus limites históricos. Trata-se da soberania.

É que para Foucault, a partir do século XVIII, o poder disciplinar passa a ser um novo tipo de poder, e articulando a sua diferença com o poder soberano, Foucault revela:[30] o direito de soberania é, portanto, ou de fazer morrer ou deixar viver. E depois, no século XIX, com o biopoder, este novo direito se instala como *o direito de fazer viver e de deixar morrer*. Para Agamben, diferentemente, este diagnóstico não é um fenômeno moderno. Ele se dá desde a inscrição da vida no nascimento do Estado.

Na origem da política, há a relação moderna entre *homo sacer* e soberano, quer dizer, as condições da produção da vida nua. E, para Agamben, o elemento político originário não é só a simples vida nua, mas também a exposição à morte.[31] Dessa forma, a biopolítica moderna caminha em direção a uma tanatopolítica e, justamente nesse ponto, há uma tentativa de superação do pensador italiano ao projeto precursor de Foucault.

---

29 Termos aristotélicos frequentemente utilizados por Agamben. *Bios* é a vida qualificada, que merece ser vivida e que, portanto, é protegida e incentivada. A *zoé* constitui-se da vida nua, desprovida de garantias e exposta à morte.

30 FOUCAULT, *Em defesa da sociedade*, p. 276.

31 AGAMBEN, *Homo sacer: o poder soberano e a vida nua, I*, p. 83.

A aproximação entre Agamben e Schmitt é expressa: "Soberano é quem decide sobre o estado de exceção"[32].

Com efeito, a conclusão do pensamento de Schmitt é a de que o estado de exceção é inerente à vida política e a democracia liberal não é capaz de enfrentá-lo. Para o jurista, o mundo pacificado pelo liberalismo tornou-se despolitizado. Esta despolitização priva as concepções do Estado Moderno de seu conceito de soberania ao reduzir o político ao âmbito da moral, do direito e da economia.[33] Para Schmitt, é necessária uma decisão soberana para estabelecer a ordem e para que a própria ordem jurídica tenha sentido.[34] Soberania é, desta maneira, a competência para decidir sobre a vida e a morte. É quem decide o estado de exceção.

Para Schmitt, o soberano é ainda fundamentalmente uma figura secularizada de Deus. Mas não se trata de uma identidade ou semelhança. Há na decisão soberana uma dimensão representativa em um movimento de mediação que remete a alguma coisa transcendente.

A superação teórica parece igualmente estar no horizonte de Agamben ao apropriar-se da teoria schmittiana da soberania. A perspectiva-limite que o jurista empresta a este conceito é ponto de partida decisivo para que o pensador italiano de fato conclua que a exceção é forma originária do direito.

A secularização dos conceitos teológicos pela moderna doutrina do Estado, outro importante eixo no pensamento do jurista, como anotado, é o apoio de Agamben para a sua igualmente analogia estrutural entre o pensamento teológico e político.

---

32 SCHMITT, C. *Teologia política*. Belo Horizonte: Del Rey, 2006, p. 7. AGAMBEN, *Homo sacer: o poder soberano e a vida nua, I*, p. 19.

33 VILLAS-BOAS, P. A despolitização da democracia liberal no pensamento de Carl Schmitt. *Revista Brasileira de Ciências Sociais*, São Paulo, v. 26, n. 77, out. 2011.

34 SCHMITT, *Teologia política*, p. 13.

E, por fim, o entendimento do filósofo italiano ao explorar a *suspensão legal da lei* parece tributário ao de Schmitt quanto à crença de que uma racionalização possa assegurar a vida por meio de critérios normativos.

Este trabalho se propõe, a partir do pensamento de Carl Schmitt, Michel Foucault e Giorgio Agamben, tentar acompanhá-los no diagnóstico e no trato da soberania e está desta forma articulado: o primeiro capítulo se ocupa do realismo político do jurista alemão. Na alternativa entre ser e dever-ser, entre real e ideal, Schmitt privilegia a particularidade dos antagonismos políticos (estratégia do amigo-inimigo) e das relações de poder e de força em oposição à crença na possibilidade de conter a vida pública dentro dos princípios racionais e universais. O Capítulo 2 é dedicado a Michel Foucault. Procurou-se acompanhar a analítica de poder do pensador que se caracteriza, em grande parte, por tentar se afastar dos mecanismos jurídicos formais nos moldes da filosofia política clássica da centralidade do poder soberano. Foucault privilegia o funcionamento concreto do poder analisando as técnicas de dominação. O terceiro e o quarto capítulos abordam o pensamento de Giorgio Agamben. As formas complexas de seus trabalhos parecem pretender alcançar uma filosofia da potência capaz de dar conta do passado e diagnosticar no presente a catástrofe da soberania. A superação deste conceito, tratado no Capítulo 4, implica uma profanação.

Um registro da herança schmittiana e foucaultiana no pensamento de Agamben é também tratado no terceiro capítulo. São pensadores muito singulares e aqui relacionados a um conceito esvaziado como indica ser o da soberania. Na trilha investigativa dos passos do filósofo italiano, porém, era sempre presente um cotejo tanto de Schmitt como de Foucault. Tornaram-se, então, inevitáveis o recorte e a seleção daquilo que se pudesse considerar uma herança. Herança mesmo entendida como um tecido conectivo que nos permite dialogar com mundos distantes, mas profundamente interligados por novas perspectivas de atuação do poder.

Os últimos dois capítulos apresentam-se, proporcionalmente aos anteriores, mais volumosos. Não que a complexidade dos primeiros autores deixasse de merecer maior detenção, até porque as suas premissas teóricas são decisivas para o pensamento de Agamben, possibilitando inclusive um item próprio deste legado. No entanto, o seu percurso filosófico, em pleno desenvolvimento de ideias, acabou por enredar a autora para o sério risco de tentar seguir mais proximamente esses passos.

Permitiu-se, ainda, ao final, uma breve reflexão acerca de uma autonomia ontológica da soberania popular, considerando a possiblidade de uma nova brecha de pensamento permitida à autora pelos incipientes estudos da filosofia e a uma instigante possibilidade de reação à impotência normativa da realidade.

CAPÍTULO 1

# A noção de soberania em Carl Schmitt

## O pensamento de Carl Schmitt

Carl Schmitt privilegia a particularidade dos antagonismos políticos - estratégia do amigo-inimigo - e das relações de poder e de força em oposição à crença na possibilidade de conter a vida pública dentro dos princípios racionais e universais.

O jurista se preocupa então em preservar a *autonomia da política* como esfera de determinação das bases da existência coletiva em face da crescente regulação técnica e econômica da vida social. Interessante anotar um diagnóstico análogo de Giorgio Agamben que entrevê no tempo presente um papel secundário e subalterno do direito.

Os eixos de pensamento de Carl Schmitt, para as suas considerações sobre a soberania, pressupõem a compreensão: do mundo político em oposição ao liberalismo; do romantismo em confronto com os temas da soberania e da decisão; das premissas individualistas sobre as quais se fundam as instituições liberais, representando uma negação da própria possibilidade de ordem; da emergência das democracias de massa que esvaziam o sistema parlamentar; e, por fim, da estrutura racional da Igreja Católica e da ideia de representação. Essas ideias serão abordadas nos próximos itens.

## O conceito de amigo-inimigo e o liberalismo

Para Carl Schmitt, todos os conceitos, representações e vocábulos políticos apresentam um sentido polêmico. Encontram-se, na verdade, imbricados em uma situação concreta, cuja consequência é um agrupamento na fórmula de amigo-inimigo. A vida política é, para o autor, indissociável da hostilidade entre grupos humanos e encontra na guerra uma possibilidade última e real que condicionaria o comportamento político dos homens.

A guerra, dessa forma, é sempre um pressuposto real e, nessa medida, considerada um método que parte da premissa de que o "núcleo das coisas" somente se torna manifesto para quem o considera a partir de uma posição extrema. É por isso que o inimigo, segundo Carl Schmitt, apresenta uma condição moral de uma ameaça à forma de vida. Aquilo que está em jogo não é aquilo que apenas se julga como substancialmente negativo no outro, mas uma consideração a respeito de si mesmo, tendo em vista a preservação da própria forma de vida coletiva. Daí a ideia de que a independência do político baseia-se em uma "objetividade conforme o ser",[1] explica Bernardo Ferreira. Vale dizer: a luta de vida e de morte, associada ao caso extremo do conflito político, tem um significado existencial que não se reduz à mera preservação de uma existência física ameaçada.

Dessa maneira, somente os envolvidos no conflito poderiam dizer se o inimigo representa uma ameaça concreta à sua forma de existência. O antagonismo político, segue Bernardo Ferreira, de acordo com o pensamento do jurista alemão,

> escapa a princípios normativos, sejam eles morais ou jurídicos, pois apenas os próprios interessados estariam em condições de decidir sobre a possibilidade do "caso crítico". Se a hostilidade política remete à possibilidade última da aniquilação física do outro é porque a sua alteridade se apresenta como a negação da própria forma de vida.[2]

1 FERREIRA, *O risco do político*, p. 43.

2 Premissas lançadas por Carl Schmitt em especial no livro *Der Bregriff des Politischen*, 1996a, texto original de 1931, apud FERREIRA, *O risco do político*, p. 43.

A assunção do caráter radical da inimizade como condição de conhecimento político implica uma definição em relação ao inimigo e uma posição. Essa situação traduz-se, necessariamente ao jurista, em *uma decisão*. Uma decisão que se confronta com a possibilidade limite da morte. Todo o pensamento político se funde, consciente ou inconscientemente, em uma decisão em função da qual ela adquire a sua razão de ser e se situa em relação ao seu próprio tempo.

Levada às últimas consequências, essa concepção polêmica do pensamento de Schmitt conduz à assimilação da imagem que ele faz da vida política à própria estrutura de seu argumento. Assim, "o conhecimento político torna-se, para ele, uma espécie de simulação intelectual da natureza extrema de conflito político".[3] Em outras palavras: presente ou ausente em termos reais, Schmitt faz da simulação do caso limite da exceção um modo próprio de conhecimento político e tais questões[4] dizem respeito ao estatuto epistemológico da inimizade na elaboração de seu pensamento e, como se disse, inimigo para Schmitt é um *objeto do pensamento*.

A construção polêmica do inimigo é elemento central, portanto, da reflexão teórica de Schmitt e inimigo, para ele, durante a República de Weimar, é o *liberalismo*.

A obra de Carl Schmitt que trata mais proximamente do pensamento liberal é *O conceito do político*.[5] Nesse livro, o liberalismo se apresenta como uma *negação do político*. Segundo o autor, essa característica do pensamento liberal resulta de uma tentativa de neutralizar e despolitizar a existência política. É precípua do liberalismo a diluição dos antagonismos políticos em contraposições despojadas de toda a carga polêmica. Destaca-se o trecho:

---

3 FERREIRA, *O risco do político*, p. 48.

4 Idem.

5 SCHMITT, C. *O conceito do político*. Petrópolis: Vozes, 1992.

> o pensamento liberal, de uma maneira sumamente sistemática, contorna ou ignora o Estado e a política e move-se, em lugar disso, em uma típica polaridade, em permanente retorno, entre duas esferas heterogêneas, ou seja, entre ética e economia, espírito e negócio, cultura e propriedade. A desconfiança crítica contra o Estado e a política se esclarece facilmente a partir dos princípios de um sistema para qual o indivíduo deve permanecer "*terminus a quo*" e "*terminus ad quem*".[6]

No mundo liberal, as escolhas tendem a ser relativas e todas as alternativas, moderadas. Para o jurista, as oposições se tornam políticas quando intensificadas até o extremo, o ponto em que a radicalidade dos antagonismos coloca a "possibilidade real de provocar a morte física".[7] Em oposição à ausência de medida para a distinção entre amigo e inimigo, inerente do pensamento liberal, o *político*, para Carl Schmitt, é concebido como o que *confere a medida.* Somente essa medida empresta à comunidade política sua superioridade sobre as demais associações humanas, já que ela tem o direito, no caso extremo, de "exigir o sacrifício da vida".[8]

De fato, para Schmitt, cuja inspiração em Donoso Cortés, filósofo e apologista de um governo forte, é muito marcada, a característica do liberalismo é "suspender a decisão no ponto decisivo enquanto se nega que haja uma coisa geral por decidir".[9] O debate parlamentar fica suspenso por uma discussão eterna (pela *clasa discutadera*). A singularidade do pensamento de Cortés é pensar o liberalismo à luz de um ponto de vista extremo. Um ponto de vista em que a exigência de um posicionamento em face de uma situação de confronto se coloca de forma imperativa, em que, portanto, a decisão se torna uma necessidade. Para Schmitt, essa perspectiva permite considerar, de forma privilegiada, o caráter neutro e apolítico das ideias e instituições liberais. A neutralidade liberal, a crença

6 Ibidem, p. 37.
7 Ibidem, p. 37.
8 Ibidem, p. 37.
9 Ibidem, p. 54.

na possibilidade de eliminar o conflito do horizonte das relações humanas revela, com isso, sua verdadeira face e suas consequências últimas. Trata-se de uma atitude que recusa assumir uma decisão e um posicionamento perante as situações críticas. Mais ainda, uma atitude que não admite necessidade de decisão e que, ao confiar na solução pacífica dos conflitos políticos, acaba por tornar relativas todas as diferenças. Na verdade, trata-se da contradição baseada na *decisão por não decidir*. Kervégan fala em "*metafísica da indecisão*".[10]

Destaca-se a conclusão de Schmitt nesse ponto na obra *Teologia política*: "assim como o liberalismo discute e transige em cada particularidade política, ele também gostaria de dissolver a verdade metafísica de uma discussão".[11]

A perspectiva de Donoso Cortés se coloca, na análise de Carl Schmitt, no polo oposto das neutralizações liberais. De fato, "enquanto as instituições e ideias liberais tenderiam a suspender a decisão e a relativizar as diferenças políticas, Cortés se voltaria para o núcleo último de toda a posição política, para os seus princípios metafísicos e sua teologia".[12]

Desse modo, retida a ideia de que o liberalismo é para Schmitt um *inimigo*, segue-se na tentativa de compreensão de seu pensamento.

## A secularização e o direito

A teologia e a metafísica, para Schmitt, parecem ser fatores estruturantes da vida política porque ele as coloca como contraponto do reino da objetividade e da técnica, compreendido aqui o direito. Para o autor, não há possibilidade de conjugação entre a técnica e a metafísica.

De fato, a ideia do que parece ser uma "conceitualidade radical"[13] defendida por Schmitt se inscreve em uma proposta mais ampla de análise

---

10 KERVÉGAN, J. F. *Hegel, Carl Schmitt:* o político entre a especulação e a positividade. Barueri: Manole, 2006, p. 114.

11 SCHMITT, *Teologia política*, p. 67.

12 SCHMITT, *O conceito do político*, p. 59.

13 FERREIRA, *O risco do político*, p. 73.

histórica e sistemática dos conceitos jurídico-políticos, chamada por ele de *teologia política*. Segundo o jurista,

> todos os conceitos significativos da moderna doutrina do Estado ("*Staatsllehre*") são conceitos teológicos secularizados. Não apenas de acordo com o seu desenvolvimento histórico, já que eles foram transportados ("übertragen") da teologia à doutrina do Estado [...] mas também na sua estrutura sistemática.[14]

A abordagem teológico-política proposta por Schmitt, sob diversos aspectos, representa uma tentativa de pensar na contramão das tendências, aos seus olhos, fundamentalmente seculares, da ideia liberal. Dessa forma, ele vincula a análise dos conceitos jurídico-políticos a uma consideração das condições histórico-espirituais da época moderna e, nesse contexto, de uma particular insensibilidade para o problema da política e do Estado.

A análise dos conceitos jurídico-políticos em termos da secularização pretende estabelecer, entre o pensamento da moderna doutrina do Estado e a teologia, um vínculo que uma *concepção secular* da política se recusaria a admitir. Com efeito, a secularização implica a crença de que seja possível eliminar da análise da realidade todos os fatores extramundanos e tudo aquilo que escapa a um ponto de vista imanente. Há uma recusa manifesta do que pareça não ser assimilável e redutível a um quadro de referência científico-racional.

Assim, no pensamento de Schmitt, o vínculo entre teologia e política se verificaria muito claramente e em dois planos. Por um lado, por meio de um processo de transferência de conceitos do campo da teologia para a política. Dessa forma, o desenvolvimento histórico da esfera pública-estatal moderna se explicaria pela secularização do pensamento teológico, em razão da qual, "por exemplo, o Deus todo-poderoso se tornou o legislador onipotente".[15] Por outro lado, trata-se de evidenciar a analogia

---

14 SCHMITT, *Teologia política*, p. 43.

15 SCHMITT, *O conceito do político*, p. 43.

estrutural entre o pensamento teológico e o pensamento político. Nesse caso, não está em questão o desenvolvimento histórico, mas o "significado metódico e sistemático de semelhantes analogias".[16]

Essa outra face das relações entre teologia e política envolve, para Schmitt, o reconhecimento de que, mesmo sob sua forma mundana e secular, o pensamento jurídico-político moderno mantém um parentesco estrutural com a metafísica e a teologia.

Os temas da teologia e da metafísica, no pensamento de Carl Schmitt, serão retomados mais detidamente neste capítulo, sob o item próprio da soberania.

No entanto, para Carl Schmitt, o romantismo tem influência decisiva na dinâmica de funcionamento do liberalismo e do direito. São importantes, dessa forma, algumas considerações sobre o texto *Romanticismo político*.[17]

Com efeito, o abalo da ontologia tradicional ocorrida pelo pensamento de Descartes não só remete o homem, segundo o jurista, para dentro de si, mas também esvazia a "realidade do mundo externo" de sua substância. A busca do interior do próprio sujeito e o autocentramento subjetivo filosófico daí resultante custam à ontologia tradicional a perda de sua própria realidade.

Para Schmitt, o romantismo consumaria a tendência, inaugurada por Descartes, de buscar em um "processo subjetivo interno" o fundamento último da experiência da realidade, o que implica o abandono da regularidade objetiva das coisas, ele avalia. Ao centrar-se em si mesmo, o sujeito moderno torna problemática a própria ordem do mundo que fora consagrada pela antiga ontologia. O romantismo é, para o autor, uma tentativa de fundamentar a ordem no próprio sujeito.

Assim, essa elevação do indivíduo a "ponto último de legitimação na realidade histórica"[18] conduz à diluição de todo princípio objetivo da ordem e, finalmente, à impotência epistemológica, ao niilismo moral e ao

---

16 Idem, *Teologia política*, p. 43.

17 SCHMITT, C. *Romanticismo político*. Milano: Giuffrè, 1986.

18 SCHMITT, *Romanticismo político*, p. 165.

*imobilismo político*.[19] Esse quadro, para Schmitt, configura um "ocasionalismo político"[20] e seu "movimento de secularização de Deus no sujeito genial"[21] seria a expressão mais acabada dessas tendências.

Na atividade autocentrada do sujeito romântico, verificaria-se a renúncia às regras e aos valores comuns, a dissolução de todo princípio normativo sobre o qual fundar uma ordem. Nesse sentido, destaca-se:

> uma emoção que não ultrapassa a esfera do subjetivo não pode fundar uma comunidade, a embriaguez da sociabilidade não é base de um vínculo duradouro [...] porque nenhuma sociedade pode se encontrar sem um conceito do que é normal e do que é Direito. O normal é, por definição, não romântico, porque toda a norma destrói a independência ocasional do romântico.[22]

Para Schmitt, o processo de emancipação do sujeito em face dos pressupostos da ontologia tradicional não só desestabiliza a possibilidade de uma fundamentação substancial dos princípios normativos, como também implica a renúncia à própria ideia de uma ordem normativa. Sua nulidade política, conclui Bernardo Ferreira,[23] não se distingue de sua impotência normativa. Se o sujeito romântico, como acentua Schmitt, não é capaz de nenhuma decisão, é porque ele não admite se sujeitar a um posicionamento normativo diante da realidade. A incapacidade romântica de decisão seria, em última análise, a incapacidade de estabelecer uma ordem fundada em parâmetros de normalidade partilhados e minimamente estáveis.

Nesse trajeto teórico de Schmitt, as questões da ordem e da norma ocupam um lugar central em dois livros por ele publicados no início dos anos 1920. Trata-se de *A ditadura*, de 1921, e *Teologia política*, de 1922.

---

19 Ibidem, loc. cit.

20 Ibidem, loc. cit.

21 Ibidem, loc. cit.

22 Ibidem, p. 167.

23 FERREIRA, *O risco do político*, p. 98.

## A norma e a decisão

Não só a neutralidade de Kelsen incomoda Schmitt, mas a célebre hierarquização das normas é, para ele, uma falácia. Somente há, registra o jurista alemão, hierarquias de homens e instâncias concretas. Esse é um pensamento-chave, pode-se dizer, que fundamenta toda a sua crítica da ordem normativa.

Carl Schmitt não admite a possibilidade de um consenso normativo baseado em critérios universais e objetivos e que traria a exigência de uma instância de validação da norma. Noções como "justiça", "liberdade", "dignidade", na medida em que carecem de um sentido unívoco, necessitam, sempre, de uma interpretação específica para um significado concreto. E o jurista preconiza que a necessidade de criação de condições de vigência de uma lei transfere a questão do plano do juízo ético ou jurídico para o político.

É justamente nesse ponto, na impossibilidade de um conteúdo normativo se tornar efetivo por si mesmo, que se revelaria, em toda a sua amplitude, o tema da exceção - temática de clara imbricação à da soberania. Em uma situação anormal, seria possível, para Schmitt, reconhecer as condições de validade de uma norma. Segundo o autor, essa validade não é, como a perspectiva racionalista gostaria de crer, incondicional: a norma não pode valer em situação de exceção, ou seja, uma situação fora da norma, à qual, por princípio, ela não se aplica. Dessa forma, observa Schmitt:

> [...] quem parte da ideia de estar em presença de uma situação anormal - ou porque contempla o mundo em um estado de anormalidade radical, ou porque apenas considera uma situação como anormal - resolverá o problema da política, da moral e do direito de forma distinta de quem está convencido da sua normalidade de princípio, somente transtornada por pequenas perturbações.[24]

---

24 *Idee der Staatsräson*, apud FERREIRA, *O risco do político*, p. 100.

Em face da perspectiva do estado de exceção, diante da possibilidade de uma situação concreta em que a validade de um sistema normativo é necessariamente suspensa, seria preciso admitir, pontua Bernardo Ferreira,[25] que a "normalidade factual", ou seja, concreta, e nesse ponto há um claro contraponto à teoria de Kelsen,[26] não é apenas um "pressuposto externo", mas sim algo que diz respeito à "validade imanente". Schmitt, na verdade, aponta que as concepções de Kelsen quanto à soberania fundamentam-se na *negativa de sua existência*. Para Kelsen, o soberano não é o Estado, mas sim o direito.

Na perspectiva, assim, de uma validade imanente, afirma Schmitt que todo o "direito é direito situacional".[27] A vigência de um sistema normativo precisaria ser concebida em termos das condições concretas em que uma proposição é publicamente reconhecida como norma. Com isso, a reflexão jurídica de Schmitt abre-se, necessariamente, para uma consideração da realidade histórica e política, sem que isso signifique para ele uma simples redução do direito aos seus condicionamentos concretos.

Schmitt procura pensar nas condições do governo normativo da realidade a partir da situação-limite em que a aniquilação do direito se confunde com sua própria criação. Daí a importância no pensamento do jurista de se considerar a realidade a partir do "caso-limite" de uma situação anormal - em que a suspensão das normas e da normalidade colocaria o problema de sua própria instauração - e não a partir do "caso normal" - em que a vigência das normas se faria enganosa.

---

25 FERREIRA, *O risco do político*, p. 101.

26 A *Teoria pura do direito* do jurista austríaco pretende mesmo considerar a hipótese da validade da norma com objetividade e exatidão. Em sua busca por uma descrição neutra e objetiva do fenômeno jurídico, o autor procura desvencilhar o direito de todos os elementos que lhe são estranhos, pertencentes a outras ciências como a psicologia, a sociologia, a ética e a teoria política.

27 SCHMITT, *Teologia política*, p. 21.

Para Schmitt, a insistência no tema exceção está diretamente associada ao tema da "realização do direito".[28] Sua rejeição é, dessa forma, a generalidade abstrata de uma norma contida em si mesma e desligada de toda a situação concreta. Em texto de 1934, o jurista anota:

> a norma ou a regra não cria a ordem; ao invés disso, ela tem apenas, com base em uma dada ordem e, no interior dela, uma certa função reguladora, cuja validade é, em medida relativamente restrita, autônoma e independente da situação das coisas.[29]

E na ditadura, dirá Carl Schmitt, haverá a possibilidade de separação entre a norma do direito e as normas de realização do direito. O ditador, para Schmitt, elimina obstáculos à efetivação do direito na vida social, não se confundindo com a figura do déspota, todavia, já que os poderes extraordinários exercidos por aquele têm como objetivo criar as condições concretas nas quais o direito possa ter vigência.

A característica da ditadura permite ao pensador considerar de forma mais precisa o conceito de exceção. Isso porque essa condição excepcional revela um "caso de conflito" em que a ruptura das bases da convivência social inviabiliza a efetivação de um princípio normativo. Trata-se de um direito de *autoconservação* em que a proteção do Estado prevalece sobre a norma jurídica.[30] O afastamento do campo não normativo não significa, para Schmitt, a saída da esfera do direito. O estado de exceção se define, em última análise, em relação às normas que nele não têm vigência.

É ainda na exceção que o pensamento de Carl Schmitt encontra um dos eixos do "realismo político", na medida em que ele consiste não apenas no fundamento da ordem jurídica, mas na busca de um fundamento concreto

---

28 FERREIRA, *O risco do político*, p. 102.

29 Traduzido do alemão *Überdie rei Arten des rechwissenchaflichen Denkens*. Cf. FERREIRA, *O risco do político*, p. 102.

30 SCHMITT, *Teologia política*, p. 19.

que está indissocialmente ligado à afirmação do caráter não normativo e, dessa maneira, indeterminado da vida social e política. Em suas palavras,

> justamente em filosofia da vida concreta não se pode se retrair diante da exceção e do caso extremo, mas se deve interessar por ele na mais alta medida [...] Na exceção, a força da vida real rompe a crosta de uma mecânica entorpecida pela repetição.[31]

E, ainda em Schmitt, a imagem da exceção é: "o não subsumível [...] e o que perturba a unidade e a ordem do esquema racionalista".[32] Na exceção, a vida real mostra-se como algo que não pode ser contido dentro dos parâmetros de uma racionalidade normativa, mas que, ao mesmo tempo, precisa ser governada juridicamente. Dessa forma, a premissa da falta de uma correspondência imediata entre justiça normativa e realidade concreta se desdobra em uma reflexão sobre o potencial desestabilizador e, ao mesmo tempo, inovador da vida política.

A existência política, no pensamento de Carl Schmitt, não se apresenta *ontologicamente fixada*,[33] manifestando-se na exceção sob a forma de uma crise, ou, ainda, de uma ruptura da aparente naturalidade do *continuum* da vida ordinária. A questão do concreto, para o autor, está associada à impossibilidade de fundar a vida comum sobre bases incontroversas e à afirmação da necessidade de que a ordem reconheça seu próprio fundo de desordem.

De fato, a ênfase de Schmitt na natureza existencial da "vida real" reveste o conceito de exceção de uma clara ambivalência.[34] A quebra do *continuum*, da repetição do cotidiano, é comparada pelo jurista ao milagre

---

31 Ibidem, p. 21.

32 Ibidem, loc. cit.

33 RACINARO, R. Esistenza e decisione in Carl Schmitt. *Il centauro*, n. 16, 1986, p. 160.

34 FERREIRA, *O risco do político*, p. 110-111.

da religião. Em ambos os casos, ocorre uma ruptura que, em razão de sua radical alteridade, abalaria a aparente naturalidade da norma geral. Assim, nesse contexto, a análise da ditadura por Schmitt é ilustrativa dessa ambiguidade da exceção.

Nessa trilha, o autor realiza uma distinção entre ditadura comissarial e ditadura soberana, bem como entre poderes constituinte e constituído. Na ditadura comissarial, a suspensão da ordem jurídica e os poderes extraordinários do ditador objetivam a proteção de uma Constituição que está sob ameaça. Na ditadura soberana, cria-se uma nova Constituição. Ela apresenta um caráter revolucionário e o ditador encontra sua fundamentação no poder constituinte. Aqui, Schmitt se apoia em Sieyès, para quem o poder constituinte é a força originária do direito capaz de gerar ordem e formas jurídicas, mas que não se deixa jamais fixar a si mesma. Para o pensador, o poder constituinte é a própria exceção. Esse poder, na verdade, invoca não uma constituição existente, mas uma a ser implementada.[35] O ditador, dessa maneira, atua na condição de comissário do povo, em nome de uma vontade constituinte, para eliminar as resistências políticas ao estabelecimento da nova ordem. Nesse contexto, o tema jurídico da *decisão* assume uma importância central e será a partir dele que o estado de exceção e a teoria da soberania se vincularão.[36]

Com efeito, na premissa de Schmitt da correspondência imediata entre norma e realidade, a decisão teria uma função mediadora, como condição da efetividade de uma ordem normativa para o estabelecimento de uma situação normal.

Dessa forma, a decisão apresenta um caráter eminentemente político, dirá o autor na obra *Teoria da Constituição*.[37] Ao aproximar o caso de exceção e a possibilidade extrema do conflito político, Schmitt associa

---

35 SCHMITT, C. *La dictadura*. Madrid: Alianza, 1985, p. 134.

36 CASTRO, *Introdução a Giorgio Agamben*, p. 80.

37 SCHMITT, C. *Teoría de la constitución*. Madrid: Editorial Revista de Derecho Privado, 1954, p. 298.

igualmente a decisão sobre a exceção e a decisão sobre o inimigo. A eliminação do inimigo e a construção de um consenso por exclusão acabam por se apresentar como condições de criação da própria normalidade e de uma unidade política, uma vez que, em suas palavras,

> designa sempre o mais intenso grau de unidade, através do qual, por conseguinte, também é determinada a mais intensa diferenciação, o agrupamento amigo-inimigo. A unidade política é a unidade suprema, mas não porque dita todo-poderosa ou porque ela nivela todas as demais unidades, mas porque decide e pode impedir que, no seu interior, todos os outros agrupamentos antagônicos se dissociem até a inimizade extrema (ou seja, a guerra civil). Lá onde ela está presente, os conflitos sociais podem ser decididos, de forma que existe uma ordem, ou seja, uma situação normal. Ou a unidade mais intensa está presente ou não está; ela pode dissolver, então a situação normal deixa de existir. Mas inevitavelmente ela é sempre unidade, porque não existe pluralidade de situações normais, e enquanto estiver lá, a decisão parte inexoravelmente dela. Uma vez que o político não tem substância própria, o ponto do político pode ser alcançado a partir de todas as esferas e todo grupo social - igreja, sindicato, conglomerado empresarial, nação - se torna político e, com isso, estatal, quando se aproxima da mais alta intensidade. Ele nutre com seus conteúdos e seus valores a unidade política, a qual vive de diferentes esferas da vida e do pensamento humanos e extrai as suas energias da ciência, cultura, religião, direito e língua.[38]

A diferenciação entre amigo e inimigo implica uma decisão que se volta não apenas para fora, mas também para dentro da unidade política, o que se passa em um duplo aspecto. Em sentido mais comum, a decisão envolve uma pacificação no interior do Estado por meio mesmo dessa distinção[39] e, portanto, a possibilidade de declarar como *fora da lei*, *banir*, desterrar aqueles que venham a ser considerados como ameaça à ordem da unidade

38 Ibidem, loc. cit.

39 SCHMITT, *O conceito do político*, p. 46.

política. Em uma perspectiva-limite e originária da "exceção absoluta",[40] essa decisão é, paradoxalmente, constitutiva da própria unidade política.

A decisão para o jurista deve ser fundamentada e está relacionada a uma "fixação ontológica" da realidade concreta em oposição, justamente, à sua caracterização do romantismo. Ao eterno diálogo, indefinição, imobilismo político, Schmitt contrapõe uma imagem de decisão como ação política por excelência e, nesse passo, formula seu conceito de soberania, ou seja, o sujeito da decisão.

## A soberania segundo Carl Schmitt

Já se pontuou que, nas considerações de Carl Schmitt, os principais conceitos produzidos ao longo da tradição da filosofia política ocidental são formas seculares de noções de fundo religioso. O exemplo mais relevante é o conceito de soberania, cujo fundamento remete à discussão acerca dos atributos divinos. Repise-se, por oportuno, a frase que inaugura a obra *Teologia política:* "Soberano é quem decide sobre o estado de exceção".

A soberania, para Carl Schmitt, é um conceito-limite. Trata-se de uma instância de decisão última em um quadro de falências das referências normativas, no "nada normativo" do caso da exceção. Em uma situação em que todas as decisões tendem a se tornar equivalentes, o "monopólio da decisão última"[41] pelo soberano significaria a possibilidade de sustar a multiplicação de interpretações sobre a natureza do interesse público e acabar com o conflito em torno dos princípios da própria ordem, instituindo autoritariamente a normalidade e os parâmetros de existência coletiva. Daí a ideia de que "a questão da soberania é a questão da decisão de um conflito existencial",[42] ou seja, de um conflito que não pode ser solucionado em função de critérios normativos, mas cuja resolução é, ela mesma, a origem de padrões normativos. A decisão do soberano,

---

40 Idem, *Teologia política*, p. 13.

41 SCHMITT, *Teologia política*, p. 13.

42 FERREIRA, *O risco do político*, p. 124.

para Schmitt, comentando Hobbes, "cria o direito, ao decidir a luta em torno do direito".[43]

Na ideia de que soberania seja mesmo um paradoxo, Schmitt propõe, na *Teologia política*, que "a autoridade [...] não precisa ter direito, para criar o direito".[44] A decisão soberana perfaz um movimento de conformação à vida real e, embora nasça de uma exceção concreta, não se deixa diluir na natureza informe e imediata dessa condição.

Além disso, a decisão soberana não é declaratória, mas constitutiva da exceção. O soberano decide *sobre* (über) o estado de exceção, e não propriamente *o* estado de exceção. E, assim, além de constatar um conflito que escapa da normalidade, ele se torna parte do próprio conflito e o assume como condição de estabelecimento da ordem. Essa ação tornaria evidente que a norma não é universalmente válida e que não contém em si o seu próprio fundamento. De outro lado, a contraface da decisão sobre o estado de exceção é a decisão sobre a normalidade. O mesmo soberano que decide sobre o estado de exceção também apresenta condições de determinar em que consiste a ordem pública e quando foi restaurada.

Para Schmitt, o soberano está, contraditoriamente, "fora do ordenamento jurídico normalmente em vigor, todavia, faz parte dele, porque é competente para a decisão sobre se a constituição *in toto* pode ser suspensa".[45]

O caráter demiúrgico do soberano, aponta Renato Lessa,[46] é que determinará as condições objetivas diante das quais o caos será detectado e estabelecerá os fundamentos de uma nova ordem.

A analogia, portanto, entre exceção e milagre elaborada por Schmitt parece advir de forma clara. Em ambos os casos, a ruptura com a continuidade da experiência cotidiana pressupõe o reconhecimento de uma ação

---

43 SCHMITT, C. *La dictadura*. Madrid: Alianza, 1985, p. 21.

44 Ibidem, loc. cit.

45 Idem, *Teologia política*, p. 14.

46 LESSA, R. *Agonia, aposta e ceticismo* - ensaio de filosofia política. Belo Horizonte: Editora UFMG, 2003, p. 55.

e de uma intervenção extraordinárias. A exceção traria consigo a imagem de uma instância externa à própria ordem das coisas, capaz de suspender seu funcionamento corriqueiro e, com isso, instaurar uma situação excepcional. Com efeito, a suspensão das normas no estado de exceção permitiria pensar o sujeito da decisão como alguém que, à imagem e semelhança de Deus, decide sobre o que é e onde está a ordem.

Dessa maneira, a crítica do pensador à metafísica do sujeito moderno como um fator de dissolução da ordem não é incompatível com o papel que ele atribui a uma decisão pessoal no estabelecimento da ordem. Schmitt refuta, na verdade, a ideia de que a crise dos fundamentos da vida coletiva possa se resolver por meio de sua premissa apoiada no sujeito individual e na esfera do privado. De fato, essa reflexão sobre o problema da ordem jurídico-política é indissociável da pergunta sobre o lugar do sujeito da decisão. No pensamento do jurista, o soberano pode ser visto como o contraponto da absolutização do indivíduo no mundo liberal burguês. E, tanto em um caso como em outro, são figuras secularizadas de Deus.

Com efeito, para Schmitt, enquanto a transformação do sujeito individual em ponto último de legitimação da realidade aniquila todo e qualquer fundamento, pulveriza e, finalmente, anula o Deus tradicional da metafísica cristã, a decisão soberana, neste passo, significa, para o autor, um caminho de volta até Ele. O soberano, nessa perspectiva, pode ser visto como um *metassujeito*,[47] supraindividual e público, como um lugar de decisão pessoal a ser ocupado no interior da ordem jurídico-política e, ao mesmo tempo, situado acima dela.

O lugar de decisão última, porém, que distingue a soberania, não implica competência previamente assegurada. Essa competência é "por princípio ilimitada", uma vez que diz respeito à "suspensão do conjunto da ordem existente".[48] Ainda na obra *Teologia política*, questiona-se: "quem decide sobre as competências não reguladas constitucionalmente, ou seja,

47 LESSA, *Agonia, aposta e ceticismo*, p. 55.

48 SCHMITT, *Teologia política*, p. 18.

quem é competente quando o ordenamento jurídico não dá resposta alguma à pergunta pela competência?".[49]

A resposta, na trilha mesma do pensamento de Schmitt, é política. A competência do soberano está associada à sua capacidade de monopolizar a diferenciação entre amigo e inimigo. Dessa maneira, o lugar da soberania, da instância de decisão última no ordenamento jurídico, é um lugar a ser ocupado. Vale dizer: "um lugar que se define existencial e politicamente por meio da própria decisão soberana".[50] De fato, o soberano não existe como entidade jurídica previamente constituída, mas se constitui a si mesmo no próprio ato de decisão.

Nesse percurso, a crítica de Schmitt ao sujeito romântico se justifica: não se trata somente de ponderações anti-individualistas à privatização da experiência do mundo liberal burguês, mas também de uma crítica à ideia mesma de um fundamento prévio da ordem. Por oposição à moderna metafísica do sujeito, que privatiza e subjetiviza o princípio de ordem, a soberania oferece um princípio de *ordem.*[51]

A decisão soberana para Schmitt é, portanto, política e a única a restabelecer a ordem no estado de exceção. Mas há, para o jurista, uma aporia na legalidade liberal que impede uma ordenação do real. Essa correlação será tratada no próximo item.

## O liberalismo e a soberania

Para Schmitt, a escolha da estrutura de poder do Estado Moderno, na forma da observação da divisão organizada de poderes, traduz-se de uma "concorrência" entre eles, o que acaba por relativizar o próprio Estado e reprimir o domínio do político. Nas obras *Teoria da constituição* e *O conceito do político*, principalmente, o autor trata do liberalismo como um siste-

---

49 Ibidem, loc. cit.

50 FERREIRA, *O risco do político*, p. 128.

51 É interessante notar que essa subjetividade política nasce de uma cisão que nega, ao mesmo tempo, ideias de unidade e identidade.

ma despolitizante e voltado para a preservação da liberdade privada, em prejuízo da dimensão pública.

O problema do pensamento liberal não é, para o jurista, propriamente o de organização do Estado, mas sim o fato de que a autonomia individual ocupa primordialmente as formas de existência da vida social.

A organização do poder público nas constituições liberais tem como escopo a limitação e o controle do Estado. No entanto, para Schmitt, essa perspectiva se nutre de uma desconfiança em relação aos seus possíveis abusos e há uma pretensão de evitá-los tornando seu exercício calculável.

E, nesse passo, vislumbra-se, talvez, uma formulação de Carl Schmitt que possivelmente não seja de todo alheia às tonalidades que a noção de biopolítica virá a adquirir no pensamento de Foucault e Agamben.

Nesse sentido, vale a transcrição, traduzida por Bernardo Ferreira:[52] "todas as atividades estatais [...] se dissolvem em um funcionamento calculável (*berenchenbares Funktionierem*) e que se realiza segundo normas estabelecidas antecipadamente" (Verfassungslehre, 131). E acrescenta esse autor:

> Quanto mais o Estado se vê submetido às possibilidades de cálculo de um sistema de normas previamente constituídas, tanto mais ele tende a se transformar em um aparato técnico e pretensamente neutro. Thomas Hobbes, levado às suas últimas consequências o constitucionalismo liberal, resultaria de uma [...] formalização e neutralização do conceito de "Estado de Direito" em um sistema de legalidade estatal que funciona de maneira calculável, sem consideração a conteúdos de fins ou de verdade e de justiça.

De fato, para o jurista, a ordem liberal parece prender-se a uma aporia e ele desenvolve essa ponderação à luz do conceito de Estado de Direito.

O Estado de Direito é o Estado que está sob a égide de lei. Essa ideia de dominação da lei negaria, para Schmitt, a necessidade de uma instância que atribuísse validade ao próprio texto legal. O domínio da lei,

52 FERREIRA, *O risco do político*, p. 134.

portanto, não encontraria seu fundamento na *auctoritas* do Estado, mas em uma *veritas* que antecede a própria ordem política. A autoridade do Estado, nesse passo, remanesce secundária aos princípios jurídicos que a antecedem. Há, conclui o jurista, "um triunfo do direito sobre o poder"[53] e, nesse quadro, a noção de autoridade como algo identificado à existência de uma esfera pública-estatal e como condição de validade da ordem jurídica perderia sua razão de ser.

A concepção da lei como norma geral teria, como pressuposto, o caráter universal, tanto de sua validade quanto de sua aplicação. Nada mais característico desse fato que a crença, própria ao constitucionalismo liberal, como aponta Schmitt, de que haveria condições de "abranger, sem resíduos, todas as possibilidades de ação do estado em um sistema de normações".[54] Ao atribuir a esse sistema de normas a capacidade para predeterminar o futuro, o liberalismo tenderia a desconhecer e recusar a própria ideia de soberania. E, justamente ao exemplificar esse argumento, Schmitt refere-se ao estado de exceção. Há uma recusa liberal da soberania ao conceituá-la juridicamente. Segundo Schmitt, o pensamento liberal acredita poder fixar antecipadamente as competências extraordinárias nesse contexto dos fatos, o que torna o Estado de Direito refém de seu próprio conceito de ordem e "para os inevitáveis atos de soberania se desenvolve, então, um método de atos apócrifos de soberania". Isso implicaria, pontua Schmitt,

> a ficção (*es wird fingiert*) de que, primeiro, a constituição nada mais é do que um sistema de normações (*Normierungen*) legais, segundo, de que esse sistema seja fechado, e, terceiro, de que ele "é soberano", ou seja, não pode em ponto algum ser rompido ou sequer influenciado com base nas razões e necessidades da existência (*Existenz*) política.[55]

53 Ibidem, loc. cit.

54 Ibidem, loc. cit.

55 SCHMITT, apud FERREIRA, *O risco do político*, p. 134.

O ponto de partida da ideia liberal da lei estaria, dessa forma, na crença jusnaturalista de que as normas jurídicas "contêm um autêntico dever--ser, sem levar em conta a realidade do seu ser, ou seja, a realidade jurídico-positiva".[56]

Essa condição mesma de que o direito possa abranger toda a ação do Estado, para Schmitt, significa uma recusa da própria ideia de soberania. A defesa liberal do "domínio da lei" toma como certa a possibilidade de substituir a soberania do Estado pela soberania da lei. A superioridade da lei em relação ao Estado pressupõe uma confiança no Legislativo que acaba por subjugá-lo à liberdade privada dos indivíduos.

A ideia de um Estado Legislativo, um conceito teológico secularizado, como já se disse, é mais explicitada no livro *Legalidad y legitimidad*. Assim,

> o legislador, e o procedimento legislativo por ele empregado, é o último guardião de todo o Direito (*Rechts*), a última garantia da ordem existente, a última fonte de toda a legalidade, a última segurança e a última proteção contra o que não é direito (*Unrecht*). O abuso do poder legislativo e do procedimento legislativo tem que permanecer, na prática, fora de consideração.[57]

Essa formalização da lei, para o jurista, a desvincula de um ideal de Razão e Justiça porque passa a depender da confiança na racionalidade e na justiça do legislador e do procedimento legislativo. A análise de Schmitt sobre esse processo de esvaziamento e funcionalização do sistema de legalidade do Estado de Direito apresenta essenciais implicações nesta obra.

Schmitt inicialmente segue o pensamento de Max Weber sobre a transformação da legitimidade em legalidade, mas registra que essa análise representa uma negação da própria legitimidade e ilustra sua perspectiva na crítica ao positivismo jurídico para o problema da validade da ordem legal. Com o positivismo jurídico, defende Schmitt,[58] o direito é des-

---

56 FERREIRA, *O risco do político*, p. 134-137.

57 SCHMITT, C. *Legalidad y legitimidad*. Madrid: Aguilar, 1971, p. 21.

58 Ibidem, p. 143.

pojado de todos os elementos que asseguravam sua validade extralegal. A identificação entre lei estatal e direito significaria a eliminação de todas as justificações associadas ao dever-ser da legalidade: as normas legais já não valem pela sua correspondência ao Direito, à Justiça ou à Razão, mas pelo simples motivo de que existem como realidade positiva. Dessa maneira, o problema da justificação da ordem legal se reduz à questão da validade de um "mero fato".

Para o autor, a legalidade liberal, assim como sua expressão extrema no positivismo jurídico, seria incapaz de qualquer justificação normativa da existência empírica. Com a redução da lei a "mero fato", o direito se tornaria dependente de um tipo de pensamento que se mantém absolutamente objetivo (*sachlich*), ou seja, nas coisas (*bei den Dingen*).[59] Daí sua aproximação entre a concepção da legalidade liberal-positivista e o pensamento técnico-científico e econômico.[60]

No pensamento de Schmitt, a economia e o direito, no modelo jurídico do Estado de Direito, consideram a realidade a partir da lógica de uma imanência plena, na qual a ordem das coisas prescindiria de qualquer justificação. Essa seria, antes de tudo, uma ordem cuja razão de ser estaria dada em si mesma e que seria capaz de conter em si a totalidade das situações concretas. Assim, à lei entendida como uma norma geral, impessoal – "que não conhece nenhuma individualidade e tem validade, sem exceção, como lei natural"[61] –, Schmitt contrapõe a ideia de uma decisão pessoal, que extrai seu fundamento de validade do "caso de exceção", e não da possibilidade de sua aplicação universal.

---

59 Idem, *Romanticismo político*, p. 27.

60 Parece ser essa igualmente a trilha de Agamben ao vislumbrar uma relação intrínseca entre juridicização e economicização das relações humanas, conforme ele assinalou também na conferência que fez em Notre-Dame em 2009. AGAMBEN, G. *La Chiesa e il Regno*. 2011. Disponível em: <http://www.giugenna.com/2011/02/18/agamben-la-chiesa-e-il-regno/>.

61 SCHMITT, *La dictadura*, p. 105.

Nessa trilha, Schmitt ainda considera que o mesmo movimento que transforma o direito no sinônimo da legalidade tenderia a esvaziá-lo de seu conteúdo e a despojá-lo de sua capacidade de ordenação do real. Para o autor, quanto mais "a lei se tornou um instrumento técnico destinado a tornar calculável o manejo do poder do Estado", tanto mais o *direito* pôde ser concebido como algo *imanente ao funcionamento do sistema de legalidade*[62] e, com isso, o jurista acredita que o direito perde sua abertura para a realidade concreta, pois vem a ser pensado como uma ficção normativista de um sistema de legalidade fechado, ou seja, da ficção de que seria possível abranger a totalidade das situações concretas no interior da ordem legal.

Por conceber o direito, assim, de uma forma autorreferente e por imaginar possível tornar a existência social racionalmente previsível, o sistema de legalidade do constitucionalismo liberal se mostraria incapaz de uma "configuração substancial da realidade histórica e social".[63] Para o jurista, o Estado legislativo acabaria por se tornar presa de seu próprio caráter abstrato e, nesse passo, vulnerável à contingência da vida política, às exceções concretas e às situações anormais. E esse sistema de legalidade estaria diretamente associado a uma tendência de "mecanização da concepção do Estado", a serviço da liberdade dos indivíduos.

Pondera ainda Schmitt: "a relativização do poder do Estado contida no ideal constitucional do Estado de Direito anda par a par com a sua instrumentalização e, finalmente, com a sua tecnificação", traduz Bernardo Ferreira da obra de Schmitt sobre Hobbes,[64] "o que acaba por implicar uma perda de característica essencial do Estado, vale dizer, a sua unidade política, a sua dimensão soberano-representativa".

Além disso, com o descrédito da metafísica da Razão e da Justiça, o conceito de lei, característico ainda do constitucionalismo liberal, tende-

62 FERREIRA, *O risco do político*, p. 144.

63 SCHMITT, *La dictadura*, p. 14.

64 FERREIRA, *O risco do político*, p. 145.

ria a tornar-se "neutro em relação ao conteúdo",[65] o que significa, pode-se dizer, uma negação do ideal de legalidade do próprio Estado de Direito.

O caráter neutro se caracteriza, para Schmitt, como essencial na ordem pública liberal no objetivo de garantir a autonomia dos indivíduos. A organização do Estado liberal limita-se, em suas constituições, a regulamentações organizacionais de procedimentos.[66] Essa seria a garantia de que as formas do sistema de legalidade poderiam estar "abertos e acessíveis a diferentes opiniões, direções, movimentos e objetivos".[67] O mesmo movimento que neutraliza e formaliza a ordem liberal pretende torná-la aberta e inclusiva. Essa forma de inclusão, para Schmitt, transforma o Estado em um órgão "insciente, que não estabelece diferenciações, agnóstico".[68]

Para o pensador, a ordem liberal precisaria garantir a chance incondicional igualitária de todas as opiniões, direções e movimentos concebíveis para alcançar a maioria. Essa ideia, todavia, pressupõe para Schmitt que cada concorrente, uma vez no poder, respeitará o direito alheio de participar da competição política em igualdade de condições. E, dessa maneira, tão somente, é que se tolera a renúncia ao direito de resistência por parte da minoria derrotada. Em última análise, para Schmitt, "a legalidade liberal só se sustenta na medida em que encontra condições políticas favoráveis, isto é, condições que não ponham em xeque os seus próprios princípios e a ideia de normalidade a eles associada".[69]

Em suma, a crença da possibilidade de uma ordem inclusiva no Estado de Direito liberal tem como premissa a ideia de que a vida social é essencialmente pacífica, o que denota sua incapacidade, insiste Carl Schmitt, na diferenciação entre amigo e inimigo, na negação do político.

---

65 SCHMITT, *Legalidad y legitimidad*, p. 53.

66 Ibidem, p. 27.

67 Ibidem, loc. cit.

68 FERREIRA, *O risco do político*, p. 152.

69 Ibidem, p. 153.

É importante ainda para esta obra a análise do autor sobre o parlamentarismo, na medida em que, segundo ele, esse sistema está marcado pela imagem de que as instituições liberais e as ideias que lhe servem de fundamento já não seriam capazes de dar conta da realidade política surgida com as democracias de massa.

Os dois princípios centrais do parlamentarismo, para Schmitt, são a discussão e a publicidade, dos quais se imagina a obtenção da verdade e da justiça. Assim, a discussão pública é a concretização de um autogoverno da sociedade e as resoluções do parlamento, a expressão da vontade geral. A discussão permite, dessa maneira, uma mediação traduzida por normas gerais, justas e racionais, que regulam o conjunto da vida estatal. A publicidade, por outro lado, nasceu da necessidade da contestação do segredo das monarquias absolutistas.

Esses ideais centrais do parlamentarismo são as premissas de Schmitt em sua crítica à democracia nesse sistema. Logo após a publicação da *Teologia política*, o autor escreve *A situação intelectual do sistema parlamentar atual*. A crise das bases filosóficas do parlamentarismo, nessa obra especialmente tratada, reside no fato de que as democracias de massa realmente existentes, com suas organizações partidárias transformadas em máquinas eleitorais e seus parlamentos em palcos de barganhas de interesses raramente confessáveis, tornaram estes dois objetivos (publicidade e discussão) peças de ornamento.[70]

Nesse passo, o Parlamento não representa verdadeiramente a vontade geral como inicialmente concebido. As definições mais importantes se realizam em comissões parlamentares e no interior de partidos políticos, sendo o sistema parlamentar um instrumento técnico e "culturalmente cego",[71] porquanto não confere autoridade política às suas decisões. O Parlamento está, por isso, desprovido de seu "*ethos* de convicção".[72]

---

70 SCHMITT, *A crise da democracia parlamentar*, Apresentação de Cícero Araújo, p. XII.

71 Ibidem, p. 4 e 5.

72 Ibidem, loc. cit.

A soberania do Estado, nesse contexto, dá lugar à soberania dos grupos sociais e a unidade política surge dos acordos e compromissos que esses grupos estabelecem entre si, submetendo-se a regras meramente contratuais, e não de caráter público.

A relativização liberal da unidade política, na percepção de Schmitt, acabaria por liberar o potencial de conflituosidade da vida social, sem êxito para extrair dele a força necessária para criar uma situação normal. A fragmentação de que resultam esses grupos sociais seria uma das manifestações mais claras da renúncia liberal ao risco e à responsabilidade de uma decisão e, por conseguinte, uma expressão de sua incapacidade de dar forma à natureza potencialmente informe da existência política.[73]

Na análise da crise da ordem liberal construída por Schmitt – e Agamben dará especial atenção a este ponto – que existia em potência como que se atualiza em ato, de forma que, com a associação entre democracia de massa e princípios liberais, *a situação de exceção tende a se tornar o estado normal da vida política,* posto que os tempos atuais não são de normalidade, mas, ao contrário, o de consolidação do estado de exceção como regra, de acordo com o que se verá em item próprio.

A avaliação dessa "concreta situação constitucional do presente",[74] ou seja, um estado de exceção permanente, forja para Schmitt seu conceito de Estado total, associado claramente a uma crise do monopólio estatal do conceito do político.

Vale o destaque no texto próprio de Schmitt:

> Todas as contraposições até agora habituais, baseadas no pressuposto de um Estado neutro, que apareceram na sequência da diferenciação entre Estado e sociedade e são apenas casos de aplicação e paráfrases dessa diferenciação, deixam de existir. Separações antitéticas como Estado e sociedade, Estado e cultura, Estado e educação e, além disso, política e economia, política e escola, política e religião, Estado e direito, política e direito, que têm um significado quando correspondem objetivamente a grandezas ou esferas concretas e se-

73 FERREIRA, *O risco do político*, p. 220.

74 Ibidem, loc. cit.

paradas, perdem o seu sentido e ficam sem objeto. A sociedade tornada Estado transforma-se em um Estado de economia, de cultura, de assistência, de bem-estar, de providência; o Estado tornado auto-organização da sociedade e, portanto, não mais separável dela, se apodera de tudo o que é social, isto é, tudo o que diz respeito à vida comum dos homens. Não existe mais nenhuma esfera em relação a qual o Estado possa observar uma neutralidade incondicional, no sentido de não intervenção. Os partidos, nos quais os diferentes interesses e tendências da sociedade se organizam, são a sociedade tornada um Estado de partidos, e porque existem partidos determinados economicamente, confessionalmente, culturalmente também não é mais possível que o Estado se mantenha neutro em relação ao econômico, confessional, cultural. No Estado tornado auto-organização da sociedade, não existe nada que não seja, ao menos potencialmente, estatal e político.[75]

De fato, o conflito político como condução normativa da vida social parece ser central às preocupações de Carl Schmitt. Essa temática não trata de uma derivação da ordem de princípios normativos abstratos que, em última análise, é para ele um dos eixos da crítica ao normativismo liberal. Manejar o conceito de condução normativa da vida envolve não só o problema do conflito político e da decisão, mas também o tema da forma jurídico-política e da representação. Envolve a ideia de uma configuração da existência social capaz de transcender sua realidade imediata e lhe conferir uma direção específica.

Dessa forma, ainda no âmbito do pensamento de Schmitt, com objetivo de elaborar a problematização da soberania, é oportuna uma breve consideração de sua obra, intitulada *Catolicismo romano e forma política.*[76]

---

75 Ibidem, p. 222.

76 SCHMITT, C. *Catolicismo romano e forma política.* Lisboa: Hugin, 1998. De fato, a estrutura racional da Igreja Católica tratada por Schmitt na representação de um pensamento técnico-econômico possui desdobramentos para o escopo desta pesquisa, ainda que não aprofundados tanto em Michel Foucault e Giorgio Agamben em razão de um necessário recorte mais adiante explicitado.

De fato, esse texto se detém na crítica do jurista à imanência da técnica e da ordem liberal e permite maior entendimento de seus conceitos de soberania, decisão e político. A partir da discussão de Schmitt sobre o catolicismo, é possível considerar como sua ponderação sobre o liberalismo é indissociável de uma reflexão sobre o mundo moderno.

Para Carl Schmitt, em um mundo crescentemente dominado pela lógica instrumental da técnica moderna, a Igreja Católica seria a verdadeira portadora de um princípio de uma forma jurídica e uma ideia política. Na sua concepção, isso ocorreria sobretudo porque a Igreja seria a mais acabada expressão de uma *complexio oppositorum.* Ao contrário da experiência moderna da realidade, que acentua as diferenças entre os indivíduos, no catolicismo, os contrários se encontrariam reunidos em uma espécie de unidade capaz de abarcar as mais diferentes oposições, sem reduzi-las, no entanto, a uma síntese qualquer. A nota que distingue, de fato, a *complexio* católica seria, antes de tudo, sua capacidade de *formação* da realidade.[77]

Nas precisas palavras do autor,

> considerada do ponto de vista da ideia política do catolicismo, a essência da "*complexio oppositorum*" romano-católica reside em uma superioridade especificamente formal sobre a matéria da vida humana, como nenhum Império até hoje conheceu. Aqui se alcança uma configuração substancial da realidade histórica social, que, a despeito do seu caráter formal, se mantém na existência concreta, plena de vida, e, no entanto, é racional na mais alta medida.[78]

O catolicismo, segundo Schmitt, é dotado de um racionalismo característico, por ele denominado "pensamento técnico-econômico". A despeito, assim, de sua dimensão dogmática e sobrenatural, a Igreja Católica se distinguiria por um "racionalismo institucional e jurídico". Trata-se, para ele, de "uma capacidade de conformação da realidade humana que,

77 Ibidem, p. 16.

78 Ibidem, p. 14.

ao contrário do racionalismo técnico, não se traduz em simples domínio e utilização da matéria".[79]

De fato, a peculiaridade da racionalidade jurídica do catolicismo estaria em uma maneira de pensar interessada na condução normativa da vida social dos homens. Isso porque o catolicismo molda a matéria viva da experiência sem sua redução a esquemas abstratos. Esse movimento de dar forma à experiência se contrapõe, para o autor alemão, à crença moderna da possibilidade de subjugação racional da realidade.

Esse interesse sobre a condução normativa da vida social dos homens apresenta relação com a oposição que o autor estabelece entre os pares economia-técnica e política-direito. Para Schmitt, o racionalismo técnico-econômico, em seu projeto de domínio e utilização do real, seria presa de uma inevitável deriva, fruto da incessante reprodução de suas próprias premissas dualistas, revelando-se incapaz de estabelecer a partir delas qualquer tipo de unidade. À racionalidade característica do pensamento econômico, observa o autor, "lhe falta o todo".[80] Aos olhos do jurista, dessa maneira, o racionalismo católico não significa meramente "o polo com alma da ausência da alma",[81] mas sim uma maneira de pensar que permita esse tipo de polaridade e detenha aquela deriva. Por isso, nos diz ele, o catolicismo possui uma "força criadora racional"[82] própria que "dá uma direção à escuridão irracional da alma humana, sem levá-la à força até a luz. Ela não dá, como o racionalismo técnico-econômico, receitas para a manipulação da matéria".[83]

É dessa maneira que Schmitt entende a racionalidade católica como algo que transcende o imediato da realidade, incorporando-a em uma ordem que pressupõe algum tipo de totalização – o revés do pensamento

79 Ibidem, loc. cit.

80 FERREIRA, *O risco do político*, p. 254.

81 Ibidem, loc. cit.

82 Ibidem, loc. cit.

83 Ibidem, p. 255.

técnico-econômico, que resultaria de um ponto puramente imanente, nas coisas.[84]

A antítese entre economia-técnica e política-direito insere-se, dessa forma, em uma perspectiva que pretende se contrapor à "metafísica da imanência" da época moderna, atendendo-se à necessidade de um elemento ideal e transcendente na constituição da unidade política.

Carl Schmitt interpreta a estrutura transcendente da racionalidade católica do ponto de vista de seu significado jurídico e interessa-lhe a compreensão do "religioso jurídico". O catolicismo romano constitui, no sentir do autor, um modelo de forma política. A Igreja Católica detém uma "capacidade de forma" e, justamente, "pressupõe a seu lado o Estado político".[85] Para o autor, há nesse contexto um potencial unificador e totalizante em oposição às formas vazias da precisão e da calculabilidade da técnica. Há uma natureza normativa substancial em oposição aos esquemas reificados de uma perspectiva imanente em razão de uma estrutura transcendente.

O eixo dessas oposições se encontra, segundo Schmitt, na natureza representativa da Igreja. Para ele, a "peculiaridade formal do catolicismo romano reside na rigorosa realização do princípio da *representação*".[86]

Para Schmitt, a Igreja *representa* a própria pessoa de Cristo e, por meio dela, o fenômeno da encarnação se *atualiza* e o filho de Deus se mantém *presente* entre os homens.[87] O autor não se revela propriamente interessado na dimensão mística, mas no caráter institucional da Igreja. Para ele, semelhante presença ganharia concretude e visibilidade na estrutura institucional da Igreja, que não só remonta ao próprio Cristo, mas torna possível sua *personificação* no exercício da função sacerdotal e, portanto, na cadeia de ofícios. A Igreja realiza, nas palavras de Schmitt, "uma re-

---

84 No alemão, *bei den Dingen*, tradução de Bernardo Ferreira.

85 SCHMITT, *Catolicismo romano e forma política*, p. 42.

86 Ibidem, p. 14, grifo nosso.

87 Ibidem, loc. cit.

presentação concreta de uma personalidade concreta".[88] A peculiaridade formal e a força normativa da representação eclesiástica se evidenciaram no fato de que essa atualização da presença de Cristo na Igreja confere dignidade pessoal ao sacerdote, ao mesmo tempo que desvincula de sua pessoa individual. A força da ideia política do catolicismo estaria em sua capacidade de transformar a realidade humana a partir de um princípio de unificação que transcende essa mesma realidade e, simultaneamente, atualiza-se nela.

Hasso Hoffmann[89] pontua que, para Schmitt, a Igreja se apresenta como um modelo de um processo por meio do qual se realiza "a transformação de uma condição qualquer em condição jurídica".[90] Trata-se de uma mediação entre ideal e real e sua superioridade sobre uma época de pensamento econômico está na dimensão representativa.

Schmitt acredita ser possível firmar, entre a representação eclesiástica e a estatal, um parentesco no plano da forma, porque, em ambos os casos, a constituição de uma ordem e de uma unidade concretas (*complexium oppositorum*) remete a uma totalização que não está presente no mundo das coisas. Representar a unidade do povo significa conferir expressão concreta, visibilidade, forma a uma noção ideal, em última análise, transcendente. Há, dessa maneira, na utilização de uma característica da "teologia política", uma analogia estrutural calcada no *princípio da representação.* Na obra *Teoria da constituição,* vê-se:

> [...] representar significa tornar visível e presentificar [...] um ser invisível por meio de um ser publicamente presente [...]. A dialética do conceito reside no fato de que o invisível é pressuposto como ausente e, todavia, ao mesmo tempo, tornado presente.[91]

---

88 Ibidem, p. 31.

89 HOFFMANN, H. *Legimittà contro legalittà*. Nápoles: ESI, 1999, p. 93.

90 Ibidem, loc. cit.

91 SCHMITT, *Teoría de la constitución*, p. 209-210.

Há uma diferença, todavia, anotada por Schmitt. A representação política distingue-se da eclesiástica porque é posta por ela mesma e não por transcendência divina e, nesse passo, mais uma vez o jurista vê na ordem liberal uma transposição do significado público. Nesse caso, segue o autor, o representante colocar-se-ia em uma situação de dependência em relação à vontade do representado e a própria representação iria se ver reduzida a uma dimensão puramente funcional.

Para Schmitt, na verdade, a representação possui um sentido existencial porque ela pertence à esfera do político[92] e a aproximação entre a existencialidade do político e a atividade representativa tem algumas implicações importantes. Em primeiro lugar, a representação teria um papel decisivo na constituição de um quadro de normalidade capaz de assegurar a vigência de princípios normativos. Além disso, se a representação é sempre uma representação da ideia de uma unidade política do povo há, como exposto, uma necessária exclusão. Sendo assim, conclui o autor, a representatividade não é um modo de dar expressão à vontade popular ou aos interesses sociais, mas sim uma maneira de constituir e formar "a unidade do todo".[93] A representatividade, enfim, é apenas uma forma substancial, cujo conteúdo permanece indeterminado.

No entanto, é importante destacar que o eixo da crítica de Schmitt ao normativismo não significa uma recusa do caráter normativo do direito, tampouco da racionalidade do ordenamento jurídico.[94] Ao que parece, o que Schmitt afasta é, na verdade, o pressuposto de uma norma e de uma racionalidade, dotado de um fundamento em si mesmo e anterior à própria existência política. Dessa forma, compreende-se que sua análise do liberalismo, além do conjunto de sua reflexão jurídico-política, está marcada por uma crítica ao problema do fundamento da ordem. Para Schmitt, o núcleo da metafísica liberal estaria na possibilidade de uma fundamenta-

92 Ibidem, p. 211.

93 Ibidem, loc. cit.

94 KERVÉGAN, *Hegel, Carl Schmitt*, p. 326-327.

ção da ordem em si mesma. No liberalismo, a ordem se vê reduzida à sua absoluta imanência; vê-se reduzida, enfim, à condição de coisa.

Do que foi alinhavado até aqui, pode-se considerar que, na anáise de Schmitt, nas obras que se pretendeu considerar de relevo à temática da soberania, há um dualismo radical da época moderna, sem qualquer possibilidade de mediação entre uma objetificação dos processos sociais, cuja expressão máxima se encontraria na hegemonia do pensamento técnico-econômico, e a subjetivização das bases da ordem coletiva, cuja consequência extrema se observaria no ocasionalismo do sujeito romântico. Essa condição da modernidade impediria a constituição de uma ordem concreta, registra Schmitt. O discurso representativo do parlamentarismo, também se consignou, não é capaz de superar essa questão.

Nesse ponto, à guisa de conclusão acerca do tema da soberania em Schmitt, destacam-se suas principais ponderações.

De fato, o autor formula uma crítica à imagem do direito como uma realidade autossuficiente. Ao se articular em torno dos eixos da exceção e da decisão, essa análise assume a necessidade do conflito e da violência como fatores de instauração da ordem e impõe o reconhecimento de um dado irracional originário, que seria inerente a toda a racionalidade normativa. O poder, entretanto, não prova nada para o direito, dirá o jurista. Nessa perspectiva, prossegue ele, "o vínculo entre o poder supremo de fato e o direito é o problema fundamental do conceito de soberania".[95] Ainda que não possa ser deduzida das normas jurídicas, a decisão soberana extrairia sua razão de ser de um vínculo com o direito e com a ideia de racionalidade jurídica. E, ainda, para Schmitt, conceber a soberania como uma mera manifestação de força significaria renunciar à pretensão que tem o direito de governar a existência concreta, ou, ainda, impedir a criação de condições concretas de vigência do direito.

A decisão do soberano sobre o estado de exceção se define em relação à norma que ela própria exclui. Em outras palavras: a exceção é sempre uma exceção em face de uma determinada ideia do direito. Faz parte,

95 SCHMITT, *Teologia política*, p. 26.

para o jurista, da própria natureza da decisão soberana, o paradoxo que seria característico da ditadura, ou seja, o fato de que ela: "ignora o direito [...] para realizá-lo".[96]

Assim, em contraste com a precisão impessoal da forma técnica, Schmitt argumenta que

> a forma jurídica é dominada pela ideia do direito e pela necessidade de aplicar uma concepção jurídica a uma situação de fato, ou seja, pela realização do direito no sentido mais amplo. Uma vez que a ideia do direito não pode se realizar por si mesma, ela precisa, para a toda transposição na realidade, de uma configuração e conformação particulares.[97]

E assim, por oposição à imagem de uma norma objetiva, impessoal e universalmente válida, característica do Estado de Direito no liberalismo, o jurista afirma a necessidade de uma instância última de decisão pessoal, capaz de determinar as condições de validade de uma ordem normativa. Trata-se de uma *representação da unidade como um todo.*

Neste passo, a ideia da "teologia política" como a teoria da secularização assume relevo. Assim, na condição de uma suspensão da vigência da norma pelo soberano, há não uma instauração, mas uma constituição do estado de exceção. Trata-se de uma intervenção externa similar a um milagre por meio da qual se consuma a ruptura com as regras de vida ordinária e se institui uma situação extraordinária. Por essa razão, Schmitt acredita que a verdadeira natureza da soberania somente se manifesta no caso-limite de uma situação fora da norma. Por ser capaz de suspender a ordem jurídico-política em vigor, o soberano se situa fora da própria ordem. Dessa maneira, elucida-nos o autor, "o caso de exceção revela com o máximo de clareza a essência da autoridade estatal".[98]

---

96 Idem, *La dictadura*, p. XVIII.

97 Idem, *Teologia política*, p. 35.

98 Ibidem, p. 19.

Na exceção, tornar-se-ia evidente de que modo a ordem jurídica não possui um fundamento em si mesma, mas pressupõe uma autoridade que está para além dela e que, na sua ulterioridade, constitui a condição da própria ordem.

Assim, a aproximação que Schmitt estabelece entre soberano e Deus não deve ser interpretada como mera semelhança ou uma autêntica identidade,[99] mas sim o reconhecimento, quanto à decisão soberana, de uma dimensão representativa e, nessa trilha, um movimento de mediação que remete a algo transcendente. Pensa-se, portanto, a ideia da "teologia política" em termos de uma "estrutura radical de implicação da transcendência".[100]

Para Carl Schmitt, enfim, a modernidade técnico-econômica neutralizaria o problema da teologicidade do político. A ordem se veria reduzida ao produto automático de uma ilegalidade imanente e só haveria "tarefas técnico-organizacionais",[101] socioeconômicas, porém não mais problemas políticos.

A preocupação da crença na ideia de que o direito seja, enfim, autorreferenciado, além da estratégia das perspectivas-limite como objeto do pensamento de Schmitt, é decisiva para sua construção da teoria da soberania. E essas premissas serão, como se tratará em capítulo próprio, cruciais para a percepção de Giorgio Agamben do paradoxo que esse conceito embute.

---

99 DUSO, G. *La rappresentanza:* un problema di filosofia politica. Milão: Franco Angeli, 1988, p. 116.

100 Ibidem, loc. cit.

101 Ibidem, loc. cit.

CAPÍTULO 2

# O deslocamento do problema da soberania em Michel Foucault

Michel Foucault, ao realizar sua genealogia de poder, adota caminho distinto dos dois sistemas de análise usuais: o poder como repressão e o poder como soberania.

O pensador inverte a direção da análise do discurso do direito na modernidade. Ele faz sobressair o fato da dominação em seu íntimo e em sua brutalidade e, a partir daí, mostra não só como o direito é, de modo geral, o instrumento dessa dominação, mas também como, até que ponto e sob que forma do direito – compreendidas nesse conceito as regras e práticas judiciárias e suas instituições – operacionaliza e veicula relações que não são de soberania, mas de dominação.

O entendimento do que seja dominação é expresso na aula de Foucault *Soberania e disciplina*.[102] Não se trata de uma dominação global de um sobre os outros, ou de um grupo sobre outro, mas das múltiplas formas de dominação que se podem exercer na sociedade.

---

102 FOUCAULT, M. Soberania e disciplina. In: _____. *Microfísica do poder*. Organização e tradução de Roberto Machado. Rio de Janeiro: Edições Graal, 1979, p. 181.

O eixo na analítica de poder em Foucault é, dessa maneira, deslocado da centralidade do poder soberano. Não a soberania em seu edifício único, dirá ainda o pensador, mas as múltiplas sujeições que existem e funcionam no interior do corpo social. Dominação e sujeição são, portanto, as questões postas sobre a temática da soberania.

A despeito da célebre recusa do pensador francês em se dizer "filósofo", sua atividade, sem dúvida filosófica, do diagnóstico do presente, interessa particularmente à pesquisa aqui proposta da soberania. Sua ontologia do presente não se esgota, registre-se, em um diagnóstico negativo, ainda que, por vezes, possa parecê-lo quando Foucault analisa as formas de poder, a disciplina e a biopolítica. Para ele, diagnosticar é levar a cabo o esforço de pensar de outra maneira.

E pensar de outra maneira, para Foucault,[103] implica largamente um trabalho que passa tanto pela morte do sujeito – ou, ainda, de um dado modo de se pensar o sujeito – quanto à análise de sua constituição do ponto de vista das práticas, como já anunciado na nota introdutória deste livro.

Dirá Foucault: "não é o poder, mas o sujeito, que constitui o tema geral de minha pesquisa".[104]

A genealogia de Foucault, com efeito, no percurso distinto da análise do poder como repressão e soberania, irá se ocupar da fabricação de sujeitos.

Nos próximos itens, segue a tentativa de apreensão desse deslocamento.

---

103 CASTRO, *Introdução a Giorgio Agamben*, p. 175.

104 FOUCAULT, M. *Le sujet et le pouvoir [1982]*. In: _____. *Dits et écrits (1976-1984)*, vol. II, Éditions Gallimard "Quarto", 2001, n. 306, p. 1042.

## O poder na sua genealogia

Como destacam Márcio Alves da Fonseca[105] e Roberto Machado,[106] não existe, para Michel Foucault, uma teoria geral do poder. Essa questão, muito embora não expressa nos seus primeiros trabalhos, foi identificada na complementação de uma arqueologia do saber pelo projeto de uma genealogia de poder.

É a partir dos livros *Vigiar e punir* (1975) e *A vontade de saber* (1976) que o pensador inicia suas investigações históricas sobre a questão do poder capaz de explicitar a produção de saberes.

São oportunas as preleções de Roberto Machado acerca da arqueologia e da genealogia foucaultianas. A primeira, procurando estabelecer a constituição dos saberes, privilegiando as inter-relações discursivas e sua articulação com as instituições, "respondia a *como* os saberes apareciam e

---

105 FONSECA, M. A. *Michel Foucault e o direito*. São Paulo: Max Limonad, 2002, p. 95. A analítica do poder em Foucault não representa a elaboração de uma teoria sobre o poder, nem se constrói em apenas um de seus trabalhos. A diferença entre uma "teoria" e uma "analítica" de poder é fundamental, esclarece Márcio Alves da Fonseca, na medida em que uma teoria do poder supõe, de algum modo, a identificação de um objeto. Seu ponto de partida seria a determinação de algo como o "ser" do poder, a partir do que seria possível uma série de descrições de sua estrutura, suas regras de funcionamento, seus efeitos. Uma analítica do poder, por outro lado, não parte da pressuposição de uma essência, não procura definir "o" poder, mas se limita a perceber diferentes situações estratégicas a que se chama "poder". É o que se procurará demonstrar ao longo deste item da investigação. No mesmo sentido da ausência de uma teoria do poder para Foucault, ver CASTRO, *Vocabulário de Foucault*, p. 323, verbete *poder*.

106 MACHADO, R. Introdução: por uma genealogia do poder. In: FOUCAULT, M. *Microfísica do poder*. Organização e tradução de Roberto Machado. Rio de Janeiro: Edições Graal, 1979, p. VII a XXIII.

se transformavam".[107] A análise que em seguida é proposta – a genealogia – tem como ponto de partida a questão do *porquê*.[108] Foucault, no registro genealógico, não tem por objetivo principal a descrição das compatibilidades e incompatibilidades entre saberes a partir da configuração de suas positividades. Ele intenciona explicitar o aparecimento de saberes a partir das condições de possibilidade externas aos próprios saberes, ou melhor, que imanente a eles – pois não se trata de considerá-los como efeito ou resultante – os situam como elementos de um dispositivo de natureza essencialmente estratégica.

Essa opção pelo método genealógico, aliás, pondera Márcio Alves da Fonseca,[109] poderia ser entendida inclusive como uma "anticiência", na medida em que faria aparecer saberes desqualificados, descontínuos, locais e não legitimados diante de qualquer instância teórica que atuaria sobre eles, ordenando, filtrando e hierarquizando-os em nome dos direitos de uma "ciência". As genealogias realizariam, propriamente, a insurreição dos saberes sujeitados como parte de uma estratégia de poder. Longe assim, destaca Marcio Alves da Fonseca, de ser apenas um procedimento teórico-metodológico, a genealogia seria também uma estratégia engajada de poder. Essa análise, ainda para Foucault, permitirá o avanço para o reconhecimento dos diferentes dispositivos de poder que atuam no presente, destacando-se de uma representação jurídica, como adiante se verá.

Assim, a partir das obras *Vigiar e punir* e *A vontade de saber*, o próprio pensador demarca que não pretende fundar uma teoria geral e globalizante, mas realizar uma analítica do poder capaz de dar conta de seu funcionamento local, em campos e discursos específicos e em épocas determinadas. Assim, nas suas palavras:

> O que está em jogo nas investigações que virão a seguir é olharmos menos para uma "teoria" do que para uma "analítica" do poder: para uma definição

107 MACHADO, Introdução: por uma genealogia do poder, p. X.

108 Ibidem, loc. cit.

109 FONSECA, *Michel Foucault e o direito*, p. 100.

do domínio específico formado pelas relações de poder e a determinação dos instrumentos que permitem analisá-los.[110]

Michel Foucault não se debruça sobre a origem do poder, mas adota uma perspectiva mais descritiva, identificando os diferentes mecanismos, táticas e estratégias das relações de poder em sociedade. É o que salienta no seguinte trecho de *Microfísica do poder*:

> o problema não é de constituir uma teoria do poder que teria como função refazer o que um Boulainvilliers ou Rousseau queriam fazer. Todos os dois partem de um estágio originário em que todos os homens são iguais, e depois o que acontece? Invasão histórica para um, acontecimento mítico para outro, mas sempre aparece a ideia de que, a partir de um momento, as pessoas não tiveram mais direitos e surgiu o poder. Se o objetivo for construir uma teoria do poder, haverá sempre a necessidade de considerá-lo como algo que surgiu em um determinado momento, de que se deveria fazer a gênese e depois a dedução. Mas se o poder na realidade é um feixe aberto, mais ou menos coordenado (e sem dúvida mal coordenado) de relações, então o único problema é munir-se de princípios de análise que permitam uma analítica do poder.[111]

Ainda nesse âmbito das reflexões de Michel Foucault, é importante mesmo registrar que não há, de sua parte, uma opção por encontrar uma forma universalizante da analítica de poder.

Nesse sentido, Roberto Machado explica:

> Mas é preciso ser menos geral e englobante. Porque a análise de Foucault sobre a questão do poder é o resultado de investigações delimitadas, circunscritas, com objetivos bem demarcados. Por isso, embora às vezes suas afirmações tenham uma ambição englobante, inclusive pelo tom muitas vezes provo-

---

110 FOUCAULT, M. *História da sexualidade I*. A vontade de saber. Rio de Janeiro: Edições Graal, 2007, p. 92.
111 MACHADO, Introdução: por uma genealogia do poder, p. XV.

cativo e polêmico que as caracteriza, é importante não perder de vista que se trata de análises particularizadas, que não podem e não devem ser aplicadas indistintamente sobre novos objetos, fazendo-lhe, assim, assumir uma postura metodológica que lhes daria universalidade.[112]

Compreendido dessa maneira, o objetivo do projeto foucaultiano, o primeiro traço a se destacar é o seu abandono de uma visão tradicional que consistiria na atuação sistematicamente repressiva ou proibitiva do poder. Foucault, na obra *A vontade de saber*,[113] é contundente ao afirmar que a história dos últimos séculos da sociedade ocidental não mostrava a atuação de um poder essencialmente repressivo, o que, de certa forma, causa um estranhamento, tendo em vista o histórico de dominação dessas mesmas sociedades e de suas iniquidades. De fato, para Foucault, a uma concepção negativa - que identifica o poder com o Estado e o considera essencialmente como aparelho repressivo, no sentido de que seu modo básico de intervenção sobre os cidadãos se daria na forma de violência, coerção, opressão - ele opõe uma concepção positiva, que pretende dissociar os termos dominação e repressão.

Michel Foucault quer explicitar em suas análises, explica ainda Roberto Machado,[114] que a dominação capitalista não conseguiria se manter caso fosse exclusivamente baseada na repressão. Prossegue esse autor ponderando que a ausência, em Foucault, de uma pesquisa específica sobre a ação do Estado nas sociedades modernas revela uma ideia, talvez das suas mais significativas, na análise do poder: ele possui uma eficácia produtiva, uma positividade,[115] em contraponto ao sistemático aspecto

---

112 Ibidem, p. XVI.

113 FOUCAULT, *História da sexualidade I*, p. 105.

114 MACHADO, Introdução: por uma genealogia do poder, p. XV.

115 O poder visto como realidade positiva, ou seja, como produtor de individualidade, advém da crítica história de Foucault da hipótese repressiva ou hipótese de Reich. Na obra *A vontade de saber*, o autor coloca três indagações acerca da hipótese repressiva: a repressão é uma evidên-

negativo, que anteriormente se mencionou. É justamente esse aspecto que explica o fato de que o poder tenha como alvo o corpo humano, não para supliciá-lo, mas para aprimorá-lo, adestrando-o e tornando-o dócil. Trata-se de um objetivo político-econômico: o poder deve maximizar a força de trabalho e mitigar a força política, a capacidade de resistência.

É exatamente pela rejeição de Foucault à visão de que o poder mantém um caráter de proibição, como se viu, que há o abandono do modelo legal: "É preciso construir uma analítica do poder que não tome o Direito como modelo".[116]

Na aula de 14 de janeiro de 1976 no Collège de France, *Soberania e disciplina*,[117] Foucault percorre os princípios gerais da escolha da sua genealogia de poder e distingue o que denomina precauções metodológicas justamente na questão das relações entre direito e poder.

Fala-se em poder sob duas maneiras: a couraça jurídica que mantinha o corpo vivo da soberania no monarca e a necessidade de limitação de seu poder por meio de regras de direito. A soberania, assim, para Foucault, é o problema maior com o qual a teoria do direito irá se ocupar.

---

cia histórica? A mecânica do poder é da ordem da repressão? O discurso contra a repressão libera ou, na realidade, forma parte do mesmo poder que denuncia? Não se trata, em realidade, de formular uma contra-hipótese a propósito de cada uma das dúvidas que essas perguntas colocam. A proposta é, antes, ressituar cada um desses elementos em uma economia geral do poder. Em *A vontade de saber*, cada uma dessas dúvidas acerca do poder é colocada em relação às práticas da sexualidade (discursos, técnicas de exame, regulamentos, etc.). Foucault mostra como, a partir do século XVII, mais do que uma repressão do discurso acerca da sexualidade, assistimos a uma proliferação discursiva (CASTRO, *Vocabulário de Foucault*, p. 325). A discussão do poder pensado nos termos de uma "hipótese repressiva" tem importante destaque na obra *A vontade de saber* e percorrerá todo o seu texto.

116 FOUCAULT, *História da sexualidade I*, p. 87.

117 Idem, *Soberania e disciplina*, p. 179-191.

O trajeto eleito por Foucault para prestigiar o fato da dominação em detrimento da figura do rei, no propósito mesmo do deslocamento pretendido, leva em consideração:

1. Não analisar as formas legítimas e regulamentares em seu centro, mas, ao contrário, captar o poder em suas extremidades, suas últimas ramificações, em que ele se torna capilar. Michel Foucault assim exemplifica: em vez de tentar saber onde e como o direito de punir se fundamenta na soberania como esta é apresentada pelo direito monárquico ou democrático, há o exame da punição e do poder de punir na sua materialização em instituições locais, regionais e materiais.
2. A questão não é perscrutar o motivo do desejo do domínio, mas o funcionamento dos processos de sujeição. Não se indaga, nos escritos do pensador, o porquê da soberania na posição fulcral, mas sim como foram constituídos os súditos a partir da multiplicidade dos corpos, das forças e do pensamento. A teoria da soberania para o direito debruça-se sobre a maneira pela qual, a partir da multiplicidade dos indivíduos e de seus desejos, é possível formar uma vontade única, um corpo único, movido por uma alma que seria a própria soberania (*Leviatã*, Hobbes). Foucault afasta-se do Leviatã para investigar os corpos periféricos e múltiplos constituídos como sujeitos pelos efeitos de poder.
3. O poder se exerce e funciona em rede. Não há concentração de um indivíduo ou grupo. O indivíduo não é o outro do poder, mas um de seus efeitos e seu centro de transmissão.
4. Michel Foucault propõe uma análise ascendente do poder, focando os procedimentos de poder investidos por fenômenos mais globais, vale dizer, como poderes mais gerais ou lucros econômicos podem inserir-se no jogo dessas tecnologias de poder, que são, para o autor, ao mesmo tempo, relativamente autônomas e infinitesimais. À burguesia, segue o filósofo, não interessa a loucura, a sexualidade ou a delinquência, porquanto não revela importância econômica. Importa, sim, o estudo acerca do conjunto de mecanismos que controlam, seguem e punem essas categorias.

5. O autor não identifica no poder uma construção ideológica: ele se manifesta por formação, organização e circulação do saber.

No percurso de suas investigações sobre o poder e de suas precauções metodológicas, Foucault anota a importância do fato histórico da teoria jurídico-política da soberania[118] e lhe empresta o desempenho de quatro papéis: referência a um mecanismo de poder efetivo, o da monarquia feudal; justificativa para a constituição das grandes monarquias administrativas; no século XVI e, sobretudo, no século XVII, a soberania na guerra das religiões serviu para o limite e o reforço do poder real, consubstanciando-se em grande instrumento da luta política e teórica em relação aos sistemas de poder desses séculos; um quarto papel da soberania se dá na reativação do Direito Romano, construindo um modelo alternativo contra as monarquias administrativas, autoritárias ou absolutas, qual seja, a democracia parlamentar.

A partir dos séculos XVII e XVIII, Michel Foucault registra um fenômeno bastante significativo que direciona, na verdade, o rumo de suas pesquisas: um mecanismo de poder que extrai dos corpos tempo e trabalho e que necessita antes de uma vigilância, impondo-se um sistema de coerções materiais, do que da existência física de um soberano.

A teoria da soberania, destaca o pensador, ainda na aula *Soberania e disciplina*, vincula-se a uma forma de poder que se exerce muito mais sobre a terra e seus produtos do que sobre os corpos e seus atos.[119] Essa teoria funda-se na apropriação pelo poder dos bens e da riqueza, e não do trabalho; permite, ainda, transcrever em termos jurídicos obrigações descontínuas e distribuídas no tempo; possibilita fundamentar o poder na existência física do soberano, sem se socorrer do sistema de vigilância contínuo e permanente e, finalmente, permite fundar o poder absoluto

---

118 Ibidem, p. 187.

119 O autor investiga esta ideia especialmente no curso dado no Collège de France (1977-1978), *Segurança, território e população.*

no gasto irrestrito, mas não no cálculo do poder como gasto mínimo e eficiência máxima.

Essas distinções, de fato, justificam para Foucault um deslocamento do eixo do estudo do poder.

Ele, assim, denota a substituição da soberania pelo poder disciplinar e vai além: ao seu olhar, essa forma de poder deveria ter provocado o desaparecimento do grande edifício jurídico da teoria da soberania e, ao contrário, o que se constata é que ela permaneceu não só existindo como uma ideia fundante, mas também organizou estatutos jurídicos inspirados nos códigos napoleônicos dos quais a Europa se estruturou no século XIX.

O autor dá conta da persistência do discurso da soberania ao longo dos séculos XVIII e XIX. Para Foucault, ela era ao mesmo tempo crítica da monarquia, mas se sobrepunha, por meio do sistema do direito, aos mecanismos disciplinares, possibilitando a ocultação de seus procedimentos e técnicas de dominação, garantindo o exercício dos direitos soberanos de cada um, coletivamente, por meio da soberania do Estado.

Assim:

> os sistemas jurídicos – teorias ou códigos – permitiram uma democratização da soberania através da constituição de um direito público articulado com a soberania coletiva, no exato momento em que essa democratização fixava-se profundamente, através dos mecanismos de coerção disciplinar.[120]

Existe, para Foucault, nas sociedades modernas, a partir do século XIX até os dias de hoje, de um lado, uma organização do direito público em torno do corpo social e da delegação de poder, e, de outro, um sistema detalhado de coerção disciplinar que garante a coesão desse corpo social. Ainda, aos seus olhos, *esse sistema disciplinar não pode ser transcrito no interior do direito*, ao mesmo tempo que dele é complemento necessário.

Não se trata de uma ausência do discurso da disciplina. Ele deriva, na verdade, de uma regra natural, de uma normalização.

---

120 FOUCAULT, *Soberania e disciplina*, p. 189.

É desse conceito fundamental de normalização para Foucault que ele classifica o exercício do poder por meio do direito e das técnicas disciplinares. Identifica ainda o pensador um discurso mediador de um tipo de poder e saber por meio do qual a sacralização científica neutraliza o permanente conflito dos sistemas jurídicos de soberania e as normalizações disciplinares.

Assim, para o autor, não é no recurso da soberania contra a disciplina que os efeitos do poder poderão ser limitados, diferentemente do que se afere da essência do constitucionalismo nas sociedades democráticas ocidentais dessa forma organizadas. O modelo de atuação do poder do Estado, naqueles democráticos, tem mesmo na lei, em especial de índole constitucional, essa limitação de que se afasta Foucault.

Ao afastar-se, assim, do modelo legal, Michel Foucault aponta para uma nova percepção do fenômeno do poder. Ele não é algo detido por uma classe (dos dominantes) que o teria conquistado, alijando-se totalmente da sua participação e atuação os dominados. Para ele,

> o poder vem de baixo; isto é, não há, no princípio das relações de poder, e como matriz geral, uma oposição binária e global entre os dominadores e dominados, dualidade que repercuta de alto e baixo e sobre grupos cada vez mais restritos até as profundezas do corpo social. Deve-se, ao contrário, supor que as correlações de força múltiplas que se formam e atuam nos aparelhos de produção, nas famílias, nos grupos restritos e instituições, servem de suporte a amplos efeitos de clivagem que atravessam o conjunto do corpo social. Estes formam, então, uma linha de força geral que atravessa os afrontamentos locais e os liga entre si; evidentemente, em troca, procedem as redistribuições, alinhamentos, homogeneizações, arranjos de série, convergências desses afrontamentos locais. As grandes dominações são efeitos hegemônicos continuamente sustentados pela intensidade de todos estes afrontamentos.[121]

---

121 FOUCAULT, *História da sexualidade I*, p. 104-105.

Para o pensador, o poder se exerce como estratégia resultante de manobras táticas e de caráter técnico, presumindo-se um enfrentamento perpétuo.

Nesse sentido, há um trecho esclarecedor de *Vigiar e punir*:

> Ora, o estudo desta microfísica supõe que o poder nela exercido não seja concebido como uma propriedade, mas como uma estratégia, que seus efeitos de dominação não sejam atribuídos a uma "apropriação", mas a disposições, a manobras, a táticas, a técnicas, a funcionamentos; que se desvende nele antes uma rede de relações sempre tensas, sempre em atividade, que um privilégio que se pudesse deter; que lhe seja dado antes a batalha perpétua que o contrato que faz uma cessão ou uma conquista que se apodera de um domínio. Temos, em suma, que admitir que esse poder se exerce mais do que se possui, que não é um "privilégio" adquirido ou conservado da classe dominante, mas o efeito conjunto de suas posições estratégicas - efeito manifestado e às vezes reconduzido pela posição que são dominados.[122]

Nessa perspectiva, para quem "uma sociedade sem relações de poder somente pode ser uma abstração",[123] há uma compreensão de que qualquer agrupamento humano estará sempre permeado por relações de poder, posto que esse tipo de relação é coexistente à vida social. Nesse contexto, parece que, para Foucault, o Estado perde certo privilégio que a análise política lhe tem garantido como foco originador das relações de poder, sendo certo que, em sua analítica, o Estado tem o papel redimensionado. O fenômeno da dominação, com as inúmeras relações de poder que pressupõe, preexiste ao Estado.

Observa-se, na verdade, que, a partir da consolidação do Estado Nacional como forma por excelência de organização política, paulatinamente

---

122 Idem, *Vigiar e punir*. Petrópolis: Vozes, 1999, p. 2.

123 Idem, Sujeito e poder. In: DREYFUS, H. L.; RABINOW, P. *Michel Foucault:* uma trajetória filosófica - para além do estruturalismo e da hermenêutica. Rio de Janeiro: Forense Universitária, 2010, p. 291.

com o alargamento de suas funções, há uma captura de focos de poder pelo aparelho do Estado.

No texto *Sujeito e o poder*, esse redimensionamento fica claro:

> É certo que o Estado, nas sociedades contemporâneas, não é simplesmente uma das formas ou um dos lugares - ainda que seja o mais importante - de exercício do poder, mas que, de certo modo, todos os outros tipos de relação de poder a ele se referem. Porém, não porque cada um dele derive. Mas, antes, porque se produziu uma estatização contínua das relações de poder (apesar de não ter tomado a mesma forma pedagógica, judiciária, econômica, familiar).[124]

As relações familiares, judiciárias ou econômicas, de fato, não podem ser percebidas como projeção do Estado e, assim, dar conta dessa relação é uma das preocupações da analítica de poder do pensador na medida em que, entende ele, dificilmente se poderá alterar efetivamente o jogo de poder na sociedade sem entendê-las.

Bem por isso e como já se disse, a pesquisa de Foucault impõe um deslocamento em relação ao Estado, ao identificar a existência de uma série de relações de poder na sociedade atual que se colocam fora dele e que não podem de maneira alguma ser analisadas em termos de soberania, de proibição ou de imposição de uma lei.

Esse redimensionamento, por outro lado, não negligencia o papel do Estado, que é, na verdade, deslocado em relação às análises tradicionais.

Assim, como esclarece:

> Situar o problema em termos de Estado significa continuar situando-o em termos de soberano e soberania, o que quer dizer, em termos do Direito. Descrever todos esses fenômenos do poder como dependentes do aparato estatal significa compreendê-los como essencialmente repressivos: o exército como poder de morte, polícia e justiça como instâncias punitivas, etc. Eu não quero dizer que o Estado não é importante; o que quero dizer é que as relações de poder e, consequentemente, sua análise, se estendem além dos

124 Ibidem, p. 292.

> limites do Estado. Em dois sentidos: em primeiro lugar porque o Estado, com toda a onipotência do seu aparato, está longe de ser capaz de ocupar todo o campo de reais relações de poder, e principalmente porque o Estado apenas pode operar com base em outras relações de poder já existentes. O Estado é a superestrutura em relação a toda uma série de redes de poder que investem o corpo, sexualidade, família, parentesco, conhecimento, tecnologia e etc.[125]

A ideia de uma rede na analítica de poder de Michel Foucault, também mencionada, é um segundo aspecto ainda em relação ao Estado na medida em que se abandona qualquer modelo centralizador. O poder, para Foucault, não deve ser pensado como fundamentalmente emanado de um ponto, normalmente identificado com o Estado. De fato, essa rede se espraia por todo o corpo social, articulando e integrando os diferentes focos de poder, quais sejam, o Estado, a escola, a prisão, o hospital, o asilo, a família e a fábrica.

Como afirmará Foucault:

> Parece-me que se deve compreender o poder, primeiro como uma multiplicidade de correlações de força imanentes ao domínio em que se exercem e constitutivas de sua organização; o jogo que, através de lutas e afrontamentos incessantes as transforma, reforça, inverte; os apoios que tais correlações de força encontram uma nas outras, formando cadeias ou sistemas ou, ao contrário, as defasagens e contradições que as isolam entre si; enfim, as estratégias em que se originam e cujo esboço geral ou cristalização institucional toma corpo nos aparelhos estatais, na formulação da lei, nas hegemonias sociais.[126]

Antônio C. Maia,[127] em detalhado texto sobre a analítica do poder de Foucault, destaca esse importante princípio para o pensador. Trata-se

125 Idem, *L'impossible prison, recherches sur le systeme pénitentiaire au XIX siècle*. Paris: Éd. Du Seuil, 1980, p. 122.

126 Idem, *História da sexualidade I*, p. 88.

127 MAIA, A. C. Analítica de poder em Foucault. *Tempo Social, Revista de Sociologia*. São Paulo, v. 7, n. 1-2, out. 1995, p. 89.

da pluralidade de correlações de força entre os indivíduos ou grupos de indivíduos.

Com efeito, essa perspectiva foucaultiana de poder conduz a uma forma diversa de sua apreensão, na medida em que é por meio desse modelo relacional que se obtém a possibilidade de compreender com mais acuidade a dinâmica fragmentada, móvel e, às vezes, contraditória do poder em funcionamento na sociedade. Assim, dentro dessa percepção, o poder só pode ser concebido como algo que existe em relação, envolvendo forças que se chocam e se contrapõem. É importante destacar essa característica, pois ela é absolutamente essencial à compreensão de poder por esse filósofo.

Afinal, "o poder é uma relação de forças ou, antes, toda relação de força é uma 'relação de poder'",[128] Foucault destaca, talvez em uma das páginas mais elucidativas, na obra *A vontade de saber*. Para o autor, o poder deve ser compreendido

> primeiro como uma multiplicidade de correlações de força imanentes ao domínio em que se exercem e constitutivas de sua organização; o jogo que, através de lutas e afrontamentos incessantes as transforma, reforça, inverte; os apoios que tais correlações de força encontram uma nas outras, formando cadeias ou sistemas ou, ao contrário, as defasagens e contradições que as isolam entre si; enfim, as estratégias em que se originam e cujo esboço geral ou cristalização institucional toma corpo nos aparelhos estatais, na formulação da lei, nas hegemonias sociais.[129]

Esse aspecto relacional perpassa e informa toda a perspectiva foucaultiana, como ele mesmo irá explicitar a seguir:

> O que caracteriza, por outro lado, o poder que analisamos aqui é que ele coloca em jogo relações entre indivíduos (ou grupos). Pois não devemos nos enganar:

128 DELEUZE, G. *Foucault*. Paris: Les Éditions de Minuit, 1986, p. 77.
129 FOUCAULT, *História da sexualidade I*, p. 88.

> se falamos do poder das leis, das instituições ou das ideologias, se falamos de estruturas ou de mecanismos de poder, é apenas na medida em que supomos que "alguns" exercem um poder sobre os outros. O termo "poder" designa relações entre "parceiros" (entendendo-se por isso não um sistema de jogo, mas apenas - e permanecendo, por enquanto, na maior generalidade - um conjunto de ações que se induzem e se respondem umas às outras).[130]

Essas relações entre os indivíduos implicam constante enfrentamento, que, por não ser direto, face a face, justamente impede um antagonismo permanente. Bem por isso Foucault inclui o elemento liberdade na definição de exercício de poder. Para ele, o poder só se exerce sobre "sujeitos livres", entendendo-se como tais sujeitos individuais ou coletivos que têm diante de si um campo de possibilidades em que diversas condutas, reações e modos de comportamento podem acontecer. Não existe para o filósofo relação de poder em que as determinações estejam saturadas, na escravidão, exemplifica, mas somente quando ele pode se deslocar e, no limite, escapulir.

Nessas relações de poder, não há seu confronto com a liberdade em uma situação de exclusão, mas, para Foucault, um jogo muito mais complexo. A liberdade será, na verdade, uma condição de existência do poder ao mesmo tempo que lhe é precondição. Do contrário, haveria substituição da coerção pura ou simples violência.

Dessa maneira, o modo de relação próprio ao poder não deverá ser investigado do lado da violência e tampouco nas premissas do contrato ou da aliança voluntária, mas sim em um modo singular, qual seja, o *governo*. O momento fundamental desse percurso encontra-se na aula *A governamentalidade*, de 1978.[131] Foucault, na sequência de sua analítica de poder, elabora um inventário do surgimento, a partir do século XVI, de toda a literatura - estreitamente vinculada ao *Príncipe* de Maquiavel, quer por sua oposição, quer por sua recusa - que trata da arte do gover-

130 Idem, *Sujeito e poder*, p. 284.

131 Idem, *A governamentalidade*, p. 277.

no rompendo com a tradição da teoria jurídica da soberania, tema que se pretende esmiuçar em "quadra própria", no item desta reflexão sobre governamentalidade.

A história das práticas, como é levada a cabo por esse autor, toma distância não só do ponto de vista jurídico acerca do poder e da hipótese repressiva, mas também do que se conhece pelo conceito cardinal da historiografia política moderna: o conceito de revolução.[132] Na realidade, assinala Edgardo Castro,[133] tanto na concepção jurídico-liberal como na marxista, bem como na freudiana, acerca do poder, podem ser vistas diferentes versões do ideal revolucionário; cada uma, a seu modo, foi promessa de uma liberação. Para Foucault, o conceito de revolução é consequência de uma concepção de totalidade. E isso foi a causa, em grande parte, da ineficácia de certas formas de oposição ao poder. É por essa razão que o pensador, a partir do conceito de governo, privilegia as formas de resistência como práticas de liberdade em detrimento da luta com o poder na forma de revolução ou liberação.

O filósofo vai afirmar que a violência pode ser um instrumento utilizado nas relações de poder, mas não um princípio básico de sua natureza. Assim:

> O funcionamento das relações de poder, evidentemente, não é uma exclusividade do uso da violência mais do que da aquisição dos consentimentos; nenhum exercício do poder pode, sem dúvida, dispensar um ou outro e frequentemente os dois ao mesmo tempo. Porém, se eles são seus instrumentos ou efeitos, não constituem, contudo, seu princípio ou natureza. O exercício do poder pode perfeitamente suscitar tanto a aceitação quanto se queira: pode acumular as mortes e abrigar-se sob todas as ameaças inimagináveis. Ele não é em si mesmo uma violência que poderia, às vezes, se esconder ou

---

132 DREYFUS, H. L.; RABINOW, P. *Michel Foucault:* uma trajetória filosófica – para além do estruturalismo e da hermenêutica. Rio de Janeiro: Forense Universitária, 2010, p. 288.

133 CASTRO, *Vocabulário de Foucault*, p. 326.

> um consentimento que, implicitamente, se reconduziria. É um conjunto de ações sobre ações possíveis: ele opera sobre o campo de possibilidades em que se inscreve o comportamento dos sujeitos ativos; ele incita, induz, desvia, facilita ou dificulta, amplia ou limita, torna mais ou menos provável; no limite coage ou impede absolutamente, mas é sempre um modo de agir sobre um ou vários sujeitos ativos, e o quanto eles agem ou são suscetíveis de agir. Uma ação sobre ações.[134]

Para Foucault, uma relação de violência não age sobre um corpo, sobre as coisas. Ao revés, uma relação de poder se articula sobre dois elementos que lhe são indispensáveis para ser exatamente uma relação de poder: que o "outro" (aquele sobre o qual se exerce) seja reconhecido e mantido até o fim como o sujeito de ação e que se abra, explica o pensador, diante da relação de poder, todo um campo de respostas, reações, efeitos e invenções possíveis.

Segundo o autor, justamente pelas relações de poder se darem em um campo aberto de possibilidades, não exclusivo de uma classe dominante originária do poder e da violência, há a possibilidade de um espaço de resistência e alternativas de transformação. Assim, a capacidade de recalcitrar, de se insurgir, de se rebelar e resistir é elemento constitutivo da própria definição de poder.

Dessa forma,

> digo simplesmente: a partir do momento em que há uma relação de poder, há uma possibilidade de resistência. Jamais somos aprisionados pelo poder: podemos sempre modificar sua dominação em condições determinadas e segundo uma estratégia precisa.[135]

Depara-se, novamente, com um ponto fundamental da analítica do poder. Importa observar o seguinte: a possibilidade de resistência se apresenta

---

134 DREYFUS, RABINOW, *Michel Foucault*, p. 288.

135 FOUCAULT, *Microfísica do poder*, p. 241.

em múltiplos focos – da mesma maneira que o poder funciona a partir de uma multiplicidade de pontos no tecido social.

Como afirma Michel Foucault,

> que lá onde há poder há resistência e, no entanto (ou melhor, por isso mesmo) esta nunca se encontra em uma posição de exterioridade [...]. Não existe, com respeito ao poder, um lugar da grande recusa – alma da revolta, foco de todas as rebeliões, lei pura do revolucionário. Mas sim, resistências no plural, que são casos únicos: possíveis, necessárias, improváveis, espontâneas, selvagens, solitárias, planejadas, arrastadas, violentas, irreconciliáveis, prontas ao compromisso, interessadas ou fadadas ao sacrifício; por definição não podem existir a não ser no campo estratégico das relações de poder. [...] Elas não são o outro termo nas relações de poder; inscrevem-se nestas relações como interlocutor irredutível.[136]

Alhures registrou-se nessa pesquisa o contexto permanente, nas relações de poder, de enfrentamento perpétuo, destacando-se a essencial liberdade como condição de seu exercício. Outro aspecto capital da analítica de poder em Foucault que resulta desse embate é sua adoção do modelo da guerra. O poder, para o pensador, é a "guerra prolongada por outros meios".[137]

É em termos de confronto e de combate com suas táticas e estratégias, em que se tem por princípio acumular vantagens e multiplicar benefícios, preconiza esse autor, que melhor podemos compreender o modo pelo qual se desdobra e articula a extensa rede de poder que atravessa o corpo social.

Foucault, ao utilizar-se do paradigma da guerra, tenta escapar mais uma vez das insuficiências da análise tradicional do poder, em que, em geral, a reflexão se dá em termos de direito e soberania,[138] como já desta-

---

136 Idem, *História da sexualidade I*, p. 91.

137 Idem, *Microfísica do poder*, p. 176.

138 O modelo jurídico de soberania para Foucault, igualmente no curso *Em defesa da sociedade*, é repelido. Para o autor, esse modelo pressupõe o indivíduo como sujeito de direitos naturais ou poderes primitivos, assim

cado anteriormente, os quais, em geral, resvalavam em uma perspectiva na qual ele se exerceria basicamente por meio de aspectos negativos - proíbe, obstaculiza, constrange, etc. - e sob a forma da lei. A utilização desse modelo se inscreve na preocupação de Foucault de desenvolver o instrumental teórico necessário a uma nova análise do poder para a compreensão da dinâmica de suas relações.

A adoção do paradigma da guerra por Foucault, igualmente, implica rejeição de outro modelo importante, qual seja, o econômico.[139] Em trecho de oportuno destaque o próprio autor explicita:

> [...] parece-me que a história e teoria econômica forneceram (um bom) instrumento para as relações de produção; que a linguística e a semiótica ofereceram instrumentos para o estudo das relações de significação; mas para as relações de poder não há instrumentos para estudar. Nós temos recorrido somente a maneiras sobre o poder baseadas em modelos legais, isto é: O que legitima o poder? Ou então recorremos ao modo de pensar baseados nos modelos institucionais, isto é: O que é Estado?[140]

Esclareça-se, entretanto, que Foucault não se coloca na posição de descobridor do modelo da guerra como forma de inteligibilidade das relações sociais e de poder. Ou, ainda, que ele não menciona sua constante utilização quando procura evitar o modelo legal. Ele critica, sim, a má utilização desse modelo legal, apontando para a necessidade de um desenvolvimento do tipo de análise.

---

como tem por objetivo dar conta da gênese ideal do Estado. Tal modelo faz da lei a manifestação fundamental do poder, quando, como se viu, ele deriva de uma relação de forças, inseridas no corpo social (FOUCAULT, *Em defesa da sociedade*, p. 361).

139 MACHADO, R. *Foucault, a ciência e o saber*. Rio de Janeiro: Jorge Zahar, 2009, p. 171.

140 FOUCAULT, Sujeito e poder, p. 275.

Nesse sentido:

> O que me parece certo é que, para analisar as relações de poder, só dispomos de dois modelos: o que o Direito nos propõe (poder como lei, proibição, instituição) e o modelo guerreiro ou estratégico em termos de relações de forças. O primeiro foi muito utilizado e mostrou, acho eu, ser inadequado: sabemos que o Direito não descreve o poder. O outro sei bem que também é muito usado. Mas fica nas palavras: utilizam-se noções pré-fabricadas ou metáforas ("guerra de todos contra todos", "luta pela vida") ou ainda esquemas formais (as estratégias estão em moda entre alguns sociólogos e economistas, sobretudo americanos). Penso que seria necessário tentar aprimorar esta análise das relações de força.[141]

Há, com efeito, um redimensionamento das relações de força no contexto das pesquisas genealógicas do poder por parte do pensador.[142]

De fato, Foucault descobriu que os dispositivos da sexualidade não são apenas do tipo disciplinar, vale dizer, não atuam unicamente para formar e transformar o indivíduo pelo controle do tempo, do espaço, da atividade e pela utilização de instrumentos como a vigilância e o exame. A despeito de constituírem uma "anatomopolítica do corpo humano", centrada no corpo considerado como máquina, eles também se realizam por uma "biopolítica da população", pela regulação das populações, por

---

141 Idem, *Microfísica do poder*, p. 277.

142 Parece haver esse redimensionamento na percepção de André Duarte, Roberto Machado e Antônio Maia. Nesse sentido, ver DUARTE, A. M. De Michel Foucault a Giorgio Agamben: a trajetória do conceito de biopolítica. In: SOUZA, R. T.; OLIVEIRA, N. F. *Fenomenologia Hoje III* - Bioética, biotecnologia, biopolítica. Porto Alegre: Editora da PUCRS, 2008. Disponível em: <http://works.bepress.com/andre_duarte/17>, p. 6; MACHADO, *Foucault, a ciência e o saber*, p. 178; e MAIA, Analítica de poder em Foucault, p. 83-103, p. 92.

um biopoder que age sobre a espécie humana, sobre o corpo como espécie, com o objetivo de assegurar sua existência.[143]

Temas como o do nascimento e mortalidade, do nível de vida e da duração da vida estão imbricados não apenas ao poder disciplinar, mas a um tipo de poder que se exerce no âmbito da espécie, da população, com o objetivo de gerir a vida do corpo social. Essa asserção não significa que as estratégias e táticas de poder substituam o indivíduo pela população. A posição do pensador é de que, mais ou menos na mesma época, cada um foi alvo de mecanismos heterogêneos, mas complementares, que os instituíram como objeto de saber e poder.

A partir dessa mutação que complementa as análises relativas ao poder disciplinar, as figuras do Estado e do poder soberano voltam a ser importantes, pois ambos constituem a instância focal de gestão de políticas públicas.

## O biopoder. Do poder disciplinar à biopolítica

A preocupação com a identificação e a análise do processo pelo qual se dá a tomada do poder sobre os corpos, na sociedade ocidental, ocupará o centro das pesquisas de Foucault a partir de 1972. Sua analítica procurará retraçar a trajetória das diversas tecnologias de poder que se desenvolveram no Ocidente a partir do final do século XVI até constituírem uma sofisticada estrutura que envolve o homem contemporâneo. Esses diversos processos que acarretaram uma progressiva organização da vida social, por meio de meticulosos rituais de poder que têm como objetivo o corpo, deram-se por meio do que Foucault caracterizou como *biopoder*.

O estudo dessa problemática se encontra privilegiado nos dois livros de Foucault dos anos 1970, *Vigiar e punir* e *A vontade de saber*, cumprindo um dos projetos avançados no texto programático dessa fase de seu trabalho: *Nietzsche, a genealogia e a história*.

---

143 MACHADO, *Foucault, a ciência e o saber*, p. 178.

Nessa trilha:

> A genealogia [...] está, portanto, no ponto de articulação do corpo com a história. Ela deve mostrar o corpo inteiramente marcado, e a história arruinando o corpo.[144]

Na assertiva de Foucault, no início de *Vigiar e punir*:

> [...] o corpo também está diretamente mergulhado num campo político; as relações de poder têm alcance imediato sobre eles; elas o investem, o marcam, o dirigem, o supliciam, sujeitam-no a trabalhos, obrigam-no a cerimônias, exigem-lhe sinais.[145]

Para Foucault, nos dois corpos do rei, havia a garantia de sua soberania, mas que não se identificava com a sua singularidade somática. A relação entre soberania e disciplina foi desdobrada pelo pensador no curso *O poder psiquiátrico*[146] e, para ele, essa relação situava-se justamente abaixo do que denominou singularidade somática. Por um lado, o corpo dos súditos é um corpo fragmentado e exemplo disso é o ritual do suplício: o corpo é dividido, desmembrado, desarticulado. Por outro lado, como se viu, o corpo do rei é um corpo duplo. O dispositivo disciplinar, no entanto, tem por objetivo a singularidade somática. Mais precisamente, o objetivo das disciplinas é converter a singularidade somática em sujeito de uma relação de poder e, desse modo, fabricar indivíduos. O indivíduo não é outra coisa senão o corpo assujeitado.

Ao constatar que "houve, durante a época clássica, uma descoberta do corpo como objeto e alvo do poder",[147] Foucault buscou identificar as formas e os procedimentos múltiplos pelos quais se deu essa "ocupação"

---

144 FOUCAULT, *Microfísica do poder*, p. 22.

145 Idem, *Vigiar e punir*, p. 77.

146 Idem, *Poder psiquiátrico*. São Paulo: Martins Fontes, 2006, p. 25-48.

147 Idem, *Vigiar e punir*, p. 177.

dos corpos. Por consequência, a constituição de um arcabouço teórico que possibilitasse a análise e, também, a identificação do nível em que se dá esse encontro poder/corpos marcará suas preocupações. O que o interessará, entre outros assuntos, será destacar quais mecanismos, táticas e dispositivos serão progressivamente utilizados pelo poder na época clássica e como alguns deles, com certas transformações, permaneceram até os nossos dias integrando a enorme parafernália do poder que envolve a sociedade contemporânea. Entre esses mecanismos se encontram as disciplinas, isto é, "esses métodos que permitem o controle minucioso das operações do corpo, que realizam a sujeição constante de suas forças e lhes impõem uma relação de docilidade-utilidade".[148]

O que observa Foucault é que, a partir do fim do século XVII, ao longo do século XVIII e, especialmente, no início do século XIX, desenvolveu-se e estruturou-se uma nova tecnologia de aproveitamento/utilização da força dos corpos. Tal tecnologia organizar-se-á basicamente em torno da *disciplina*, isto é, de um processo técnico unitário pelo qual a força do corpo é, com o mínimo de ônus, reduzida como força política e maximizada como força útil, como diria o pensador em *Vigiar e punir*.

Vinculadas aos imperativos econômicos e políticos de uma nova ordem que se impunha,[149] as disciplinas - técnicas já conhecidas na civilização ocidental, como, por exemplo, nos conventos, nas oficinas e nas

---

148 Idem, *Vigiar e punir*, p. 126.

149 Em relação a essa nova realidade político-econômica que demandava a utilização das tecnologias disciplinares, esclarece Foucault: "Esse triplo objetivo da disciplina responde a uma conjuntura histórica bem conhecida. É por um lado a grande explosão demográfica do século XVIII: aumento da população flutuante (fixar é um dos primeiros objetivos da disciplina; é um processo de antinomadismo); mudança da escala quantitativa dos grupos que importa controlar ou manipular [...]. O outro aspecto da conjuntura é o crescimento do aparelho de produção, cada vez mais extenso e complexo, cada vez mais custoso também e cuja rentabilidade urge fazer crescer. O desenvolvimento dos modos disciplinares de proceder

legiões romanas – passam a ser utilizadas maciçamente. Fábricas, escolas, hospitais, hospícios, prisões, etc., instituições fundamentais ao funcionamento da sociedade industrial capitalista, se estruturaram e têm como lógica de funcionamento as técnicas e táticas oriundas desse processo de disciplinarização. Por conseguinte, fica claro que nessa conjuntura se articula uma nova relação entre o poder e os corpos, como ele explica:

> O momento histórico das disciplinas é o momento em que nasce uma arte do corpo humano, que visa não unicamente ao aumento de suas habilidades, nem tampouco aprofundar sua sujeição, mas a formação de uma relação que no mesmo mecanismo o torna tanto mais obediente quanto mais útil, e inversamente. Forma-se então uma política das coerções que é um trabalho sobre o corpo, uma manipulação calculada de seus elementos, de seus gestos, de seus comportamentos. O corpo humano entra numa maquinaria de poder que o esquadrinha, o desarticula e o recompõe. Uma "anatomia-política": que é também igualmente uma mecânica do poder, está nascendo [...] A disciplina fabrica assim corpos submissos, exercitados, corpos "dóceis".[150]

Nesse momento de sua obra, há o privilégio da análise das técnicas de poder que se centram no corpo, como que o tratando como máquina, adestrando-o, amplificando sua utilização, aperfeiçoando a extração do trabalho, integrando-o ao novo circuito da produção instaurado a partir do século XVIII. Nesse sentido, as análises de *Vigiar e punir*, em especial ao destacar a questão do panoptismo, isto é, "o princípio geral de uma nova 'anatomia política', cujo objeto e fim não são as relações de soberania mas as relações de disciplina",[151] marcam a emergência de uma nova forma de atuação do poder sobre os corpos: o poder disciplinar. O panóptico representa o modelo por excelência – utilizado em prisões, fábricas, esco-

---

responde a esses dois processos ou antes sem dúvida à necessidade de ajustar sua correção" (FOUCAULT, *Vigiar e punir*, p. 126).

150 Idem, *Vigiar e punir*, p. 127.

151 Ibidem, p. 183.

las, hospitais, etc. – dessa tecnologia de poder que se impõe ao longo do século XIX, e que tem, para Deleuze, "por pura função impor uma tarefa ou uma conduta qualquer a uma multiplicidade de indivíduos, desde que ela seja pouco numerosa e o espaço limitado, pouco extenso".[152]

A atuação do poder disciplinar apresenta aspectos distintos da maneira pela qual se articulava o poder político na Idade Média. Nessa época, pondera Foucault, esse poder funcionava essencialmente por meio de símbolos e taxas – sinais de lealdade ao senhor feudal, ritos e cerimônias, entre outros, e taxas, na forma de impostos, pilhagens e guerras.[153]

Diversamente, na Época Clássica (séculos XVII a XVIII), iniciou-se a estruturação de uma tecnologia de poder – que só estará plenamente desenvolvida no final do século XVIII – que teve referência em outras fundamentações. A tecnologia que funcionou em torno do poder disciplinar se sustentará mais em uma ação sobre os corpos e seus atos que sobre os produtos retirados da terra. O essencial é operacionalizarem-se mecanismos que possibilitem uma extração de tempo e trabalho dos corpos, relegando a um segundo plano as velhas formas de atuação que tinham seu objetivo primordial na extração imediata de bens e riquezas. Esse novo tipo de poder se exerce supondo mais um sistema minucioso de coerções materiais que a figura de um príncipe soberano, no entender do pensador.

A disciplina, para Foucault, parece ser, portanto, uma técnica, um dispositivo, um mecanismo, um instrumento de poder e se caracteriza pelo exercício em uma série de espaços do corpo social. Podem-se destacar, como princípios básicos, os seguintes aspectos: é uma arte de distribuição espacial dos indivíduos, exercendo-se pelo controle não sobre o resultado de uma ação, mas sobre seu desenvolvimento. Trata-se de uma técnica de poder que implica uma vigilância perpétua e constante dos indivíduos, além de, igualmente, exercer um controle do tempo.

---

152 DELEUZE, G. *Foucault*. São Paulo: Brasiliense, 2005, p. 79.

153 FOUCAULT, *L'impossible prison, recherches sur le systeme pénitentiaire au XIX siècle*, p. 125.

Assim é que, se essa discussão acerca da relação do poder sobre os corpos e a caracterização do poder disciplinar está nitidamente presente no período de 1974 e 1975, com o lançamento de *A vontade de saber*, em 1976, pode-se falar de uma mudança.

Michel Foucault não abandonará a ideia do poder disciplinar, mas a articulará com outra tecnologia, destacada nas análises dos anos subsequentes, ou seja, o *biopoder*, que se distinguirá do poder disciplinar em alguns aspectos, entre eles o fato de que essa nova forma de poder considerará "uma outra função [...] gerar e controlar a vida dentro de uma multiplicidade desde que ela seja numerosa (população), e o espaço estendido ou aberto".[154]

Embora o objetivo das análises ainda seja o corpo, agora é o corpo da população que será ressaltado. Foucault chamou essa tecnologia, própria às sociedades ocidentais, de *biopoder*.

Em suas palavras:

> O segundo [o biopoder], que se formou um pouco mais tarde, por volta da metadc do século XVIII, centrou-se no corpo-espécie, no corpo transpassado pela mecânica do ser vivo e como suporte dos processos biológicos; a proliferação, os nascimentos e a mortalidade, o nível de saúde, a duração da vida, a longevidade, com todas as condições que podem fazê-los variar; tais processos são assumidos mediante toda uma série de intervenções e controles reguladores (uma biopolítica da população) [...] A velha potência da morte em que se simbolizava o poder soberano é agora, cuidadosamente, recoberta pela administração dos corpos e pela gestão calculista da vida.[155]

Não se tratava, portanto, de descrever um fenômeno histórico do passado, mas de compreender o cerne da vida política contemporânea, motivo pelo qual Foucault anuncia, em *A vontade de saber*, que o homem "durante milênios permaneceu o que era para Aristóteles: um animal vivo e, além

---

154 DELEUZE, *Foucault*, p. 79.

155 FOUCAULT, *História da sexualidade I*, p. 131.

disso, capaz de existência política; o homem moderno é um animal, em cuja política, sua vida de ser vivo está em questão".[156]

Em outras palavras, ao descrever a dinâmica do exercício do biopoder, Foucault enunciou um diagnóstico a respeito da política e seus dilemas no presente.

Dessa forma, a partir da articulação da existência de um novo objeto à atuação do poder - a população, com suas regularidades: taxa de natalidade, mortalidade, longevidade, etc. -, estrutura-se toda uma nova tecnologia do poder.

É importante registrar que essa nova tecnologia, para Foucault, não implica o abandono da ideia e utilização do poder disciplinar; pelo contrário, os dois - poder disciplinar e biopoder - se integram para um controle e gestão mais efetivo dos corpos. Apenas uma nova área e forma de atuação do poder nas sociedades ocidentais são postas a nu pela análise do autor com a noção de biopoder.

A preocupação da investigação dessa realidade é marcante nos anos de 1976 a 1978. Se há somente uma breve descrição do biopoder no capítulo quinto de *A vontade de saber*, os cursos do Collège de France, nesse período, fornecem algumas indicações sobre essa problemática.

Pode-se observar que a questão do biopoder parece ter sido a menos trabalhada por Foucault: à exceção dos textos já mencionados, é escassa a referência a essa discussão. No texto *Em defesa da sociedade*, Foucault tratou da questão da utilização do modelo guerreiro como possibilidade de inteligibilidade das relações de poder, como já se registrou. É no curso de 1978 a 1979, *Nascimento da biopolítica*, que basicamente se tem informações, já que nele Foucault privilegiou a análise em termos da governamentalidade e no estudo da racionalidade liberal. No curso de 1977 a 1978, *Segurança, território e população*, há uma esclarecedora passagem acerca dessa questão da população, objeto do biopoder.

---

156 Ibidem, p. 134.

Destaca-se:

> Assim, começa a aparecer [...] o problema da população. Esta não é concebida como um conjunto de sujeitos de direito, nem como um grupo de braços destinados ao trabalho; ela é analisada como um conjunto de elementos que de um lado se aproxima do regime geral dos seres vivos (a população depende então da espécie "humana": noção nova à época, distinta da noção de "gênero humano") e de outro, pode dar lugar às intervenções concentradas (por intermédio das leis, mas também das mudanças de atitude, da maneira de fazer e de viver que podem ser obtidas pelas campanhas).[157]

É possível afirmar-se uma mudança de ênfase no trabalho de Foucault, posto que o nível de atuação do poder focalizado - diferentemente do poder disciplinar - apresenta-se em outro plano. Nesse momento, o objeto de análise é a forma de poder que se situa e exerce no nível da vida, da espécie, da raça e dos fenômenos maciços de população, como ele mesmo afirma em *A vontade de saber*.[158] Se a disciplina considerava os fenômenos individuais, o foco do autor passa a ser os fenômenos de massa, em série e de longa duração.

Aqui já se consignou a recusa de Foucault ao conceito tradicional de Estado como instância suprema de organização e coordenação de todo o poder. Mas era necessário, ante a nova perspectiva analítica da população, um novo léxico adequado para tratar do problema de gestão calculada e administrada da vida do corpo social.

É dessa forma que o pensador, seguindo o fio de sua análise, introduz a discussão da biopolítica - assim entendida como uma tomada de poder sobre a vida que já não objetivava marcar seu "poder sobre a vida pela morte que tem condições de exigir", signo do velho poder soberano, mas, em suas palavras, com a biopolítica "o direito da morte tenderá a

157 Idem, *Segurança, território, população*. São Paulo: Martins Fontes, 2008, p. 77-78.

158 Idem, *História da sexualidade I*, p. 129.

se deslocar ou, pelo menos, a se apoiar nas exigências de um poder que gere a vida e se ordenar em função dos seus reclamos".[159] E, ainda, em outro trecho de *A vontade de saber*, ele afirma que a velha potência da morte, que simbolizava o poder soberano, é agora, cuidadosamente, *recoberta* pela administração dos corpos e pela gestão calculista da vida, como já se consignou.

Ao mesmo tempo que Foucault repele o emprego do termo Estado, seu deslocamento, o suporte e a superveniência do velho poder soberano pela biopolítica tornam registrada uma nova dinâmica de exercício de políticas estatais.[160]

A biopolítica, na genealogia do poder de Michel Foucault, pode-se dizer, foi a descoberta de uma *nova forma* de exercício de políticas estatais, como se disse, e em nada semelhante ao exercício clássico da soberania.

Essa distinção vem muito marcada no último capítulo de *A vontade de saber - Direito de morte e poder sobre a vida.* O direito de vida e de morte, para Foucault, é um direito assimétrico. Quer dizer, o soberano só exerce, no caso, seu direito sobre a vida, exercendo seu direito de matar ou

---

159 Ibidem, p. 128.

160 É interessante notar que, tanto para André Duarte como para César Candiotto, o conceito de governamentalidade pode mesmo derivar de um exercício da biopolítica. Foi seguindo a via dessa terminologia, explica o primeiro, que Foucault passou a analisar o liberalismo como conjunto das práticas de governo. Estas, por certo, se referiam a um Estado que se foi constituindo por meio de sua atuação administrativa cotidiana, mas permitiam ao pensador francês fazer uma abstração do conceito de Estado em seu caráter de universalidade concreta e de pressuposto de toda e qualquer discussão em filosofia política. DUARTE, *Vidas em risco:* crítica do presente em Heidegger, Arendt e Foucault, p. 225. CANDIOTTO, C. *A governamentalidade política no pensamento de Foucault. Revista de Filosofia Unisinos*, jan/abr. 2010, v. 11, n. 1, p. 33-43.

contendo-o; só delimita seu poder sobre a vida pela morte quem tem condições de exigir, dirá o pensador. O direito, assim, que é formulado como "de vida e de morte" é, de fato, *o direito de causar a morte ou deixar viver*. A vida, dessa maneira entendida, era apenas uma concessão do poder constituído. Deixando de exercer seu direito de impor a morte, o poder soberano garantia a vida. Tratava-se aí do poder soberano adaptado à figura de uma sociedade na qual o poder se exercia por meio de um confisco, apoderando-se de bens, dos corpos e da própria vida dos súditos.

É preciso anotar, porém, que Foucault não afirma que foi no século XVIII que a população surgiu como objeto de atuação do poder pela primeira vez.[161] Já na Antiguidade clássica, em Roma, observou-se a existência de políticas públicas visando à regulamentação da dinâmica populacional, por meio de leis estimulando casamento, isenção de impostos para famílias numerosas, etc. No entanto, no Século das Luzes, a população começa a ser estudada, analisada e esquadrinhada por uma série de políticas que

---

161 Como explica Foucault: "Certamente o problema da população sob a forma: 'seremos nós muito numerosos, não suficientemente numerosos?', há muito tempo colocado, há muito tempo que se dá a ele soluções legislativas diversas: impostos sobre os celibatários, isenção de impostos para as famílias numerosas, etc. No entanto, no século XVIII, o que é interessante, em primeiro lugar, é uma generalização destes problemas: todos os aspectos dos problemas da população começam a ser levados em conta (epidemias, condições de *habitat*, de higiene, etc.) e a se integrar no interior de um problema central. Em segundo lugar, vê-se a este problema novos tipos de saber: aparecimento da demografia, observações sobre a repartição das epidemias, inquéritos sobre as amas de leite e as condições de aleitamento. Em terceiro lugar, o estabelecimento de aparelhos de poder que permitiam não somente a observação, mas a intervenção direta e manipulação de tudo isto. Eu diria que neste momento começa algo que se pode chamar de poder sobre a vida, enquanto antes só havia vagas incitações descontínuas para modificar uma situação que não se conhecia bem" (FOUCAULT, *Microfísica do poder*, p. 234-275).

apresentam como suporte as ciências do homem que se constituem nesse século, como a demografia e a medicina social.

Com a constituição da biopolítica, porém, vale dizer, com a entrada da vida no âmbito das preocupações políticas, a partir da metade do século XVIII, e sobretudo ao longo do século XIX, operou-se um relevante deslocamento no próprio modo de exercício do poder pelo Estado: haveria ele de continuar dotado da capacidade de impor a morte, mas sua lógica de atuação se transformaria em um "poder que gera a vida".[162] O poder soberano clássico, nessa trilha de pensamento, já não se definia mais por uma prerrogativa de matar; agora era o próprio direito de matar que se encontrava subordinado ao interesse inicial de fazer viver mais e melhor, ou seja, de estimular e controlar as condições de vida da população. Nesse divisor de águas, mesmo quando cabe ao poder soberano o mister de impor a morte, esse fato se dá agora em nome da preservação das condições vitais da população, e não mais em seu nome.

Há nessa separação uma importante nota: se antes o poder soberano exercia seu direito sobre a vida na medida em que podia matar de modo que nele se consubstanciava o "direito de fazer morrer ou de deixar viver", a partir do século XIX, impôs-se a transformação decisiva que deu lugar à biopolítica como uma nova modalidade de exercício de poder,[163] que passa a ser um "poder de fazer viver e deixar morrer".[164]

Nesse percurso, ao Estado interessa estabelecer políticas de caráter higienista e eugênica no objetivo do saneamento da população, bem como da depuração de infecções internas. E reside aí o grande paradoxo: do caráter humanitário da melhoria das condições de vida da sociedade, Foucault descobre o reverso da obsessão das políticas estatais. O pensador compreendeu que, a partir do momento em que a vida passou a se constituir no elemento político por excelência, o qual tem de ser administrado, calculado, regrado e normalizado, o que se constata não é um decrésci-

162 FOUCAULT, *História da sexualidade I*, p. 147.

163 DUARTE, *Vidas em risco*, p. 226.

164 FOUCAULT, *Em defesa da sociedade*, p. 287.

mo da violência. Muito ao revés, esse cuidado da vida porta consigo uma exigência contínua e crescente da morte em massa, uma vez que é no contraponto da violência depuradora que se garantem mais e melhores meios de vida e a sobrevivência de um corpo social.

As guerras, explica Foucault,[165] já não se travam em nome do soberano, mas sim em nome da existência de todos. E nunca foram tão sangrentas, acrescenta o pensador. Os massacres, dirá ele, tornam-se vitais. Foi como gestores da vida e da sobrevivência dos corpos e da raça que tantos regimes puderam travar tantas guerras, causando a morte de milhares de pessoas. O princípio "poder matar para poder viver", que sustentava a tática dos combates, tornou-se princípio de estratégia entre Estados; mas a existência em questão já não é aquela - jurídica - da soberania. É outra, elucida Foucault: trata-se da existência biológica de uma população. Se o genocídio é, de fato, o sonho dos poderes modernos, não é pelo retorno ao velho direito de matar, mas sim porque o poder se situa e exerce no nível da vida, da espécie, da raça e dos fenômenos maciços de população.

O poder, como nunca, domina a vida e o biológico reflete-se no político, pondera Foucault. Ele concluirá que a tanatopolítica é o lado contrário da biopolítica: "Se a população é sempre aquilo sobre o que o Estado vela em seu próprio interesse, bem entendido, o Estado pode massacrá-la quando necessário".[166]

Desde a concepção biológica do corpo social unificado e de sua população, é que se observa, a partir do século XIX, uma transformação decisiva na natureza do próprio racismo. Ele deixa de ser mero ódio entre raças ou expressão de preconceitos religiosos, econômicos e sociais para se transformar em doutrina política estatal.

No curso *Em defesa da sociedade* (1975-1976), Foucault traça uma genealogia do conceito de "luta de raças" que vai do século XVII até a formação da historiografia moderna.

Com efeito, o racismo, depois da Revolução Francesa, no século XIX, sofreu duas grandes transformações: por um lado, a formação

---

165 Idem, *História da sexualidade I*, p. 149.

166 Idem, *Dits et écrits*. v. IV. Paris: Gallimard, 1995, p. 826.

do discurso de lutas de classes, o discurso revolucionário e, por outro, sua transcrição biológica, ou seja, o racismo moderno. Nesta última, à distinção da primeira, o racismo não aparece como instrumento de luta de uma classe contra outra, mas como uma estratégia global do Estado, uma estratégia que a sociedade exerce sobre si mesma em termos de purificação permanente e normalização social. O tema da guerra histórica por Foucault será substituído pelo tema biológico, pós-evolucionista, da luta pela vida, com um sentido, portanto, biológico, vale dizer: da diferenciação das espécies, da seleção do mais forte e da manutenção das raças mais adaptadas. Igualmente, o tema de uma sociedade binária (dois grupos diferentes) será substituído por um monismo biológico, que se encontra ameaçado por elementos heterogêneos que se infiltraram.

O Estado, dessa maneira, não será o instrumento de uma raça contra outra, mas o garantidor da integridade, da superioridade e da pureza das raças.[167] Essa transcrição do discurso das raças em termos biológicos e estatais, analisará Foucault, foi antirrevolucionária. Dirá ele que, "se o discurso das raças, das raças em luta, foi a arma utilizada contra o discurso histórico político da soberania romana, o discurso da raça foi uma maneira de dar a volta nesta arma e utilizar seu fio em proveito da soberania conservada do Estado".[168]

Essa transcrição do discurso, ainda prossegue Foucault, sofreu duas transformações no século XX: nazista e soviética.

Por primeiro, a transformação nazista, que se utiliza de uma mitologia, dramática e teatral, reimplantando o racismo biológico no discurso de guerra das raças, retomando do discurso revolucionário seu caráter profético e apocalíptico. O modelo biopolítico nazista exterminava raças tidas como inferiores e, por meio da guerra, expunha a própria raça ao perigo da morte e extermínio. Não foi apenas o racismo ideológico que caracterizou a biopolítica do tipo nazista, mas o fato de que toda a problemática do cuidado da vida das populações, herdada da ciência da

---

167 Idem, *Em defesa da sociedade*, p. 72 et seq.

168 Ibidem, p. 73.

polícia e da demografia do século XVIII, tornou-se absoluta e se imiscuiu nas preocupações de ordem estritamente eugênica. E quando se torna impossível discernir *bios* e *zoe*, bem como política e ciências médico-biológicas, surge uma época em que a intervenção médica é política e a ação política é biologizante.[169]

O nazismo condensou em si mesmo o caráter paradoxal da biopolítica, na medida em que instaurou, ao mesmo tempo, o campo de uma vida que precisava ser cuidada, garantida, organizada e cultivada biologicamente e o "direito soberano de matar quem quer que seja - não só os outros, mas aos seus próprios".[170] Se é certo que apenas o nazismo elevou ao paroxismo a fusão entre direito soberano de matar e os mecanismos biopolíticos de controle da população alemã, essa conjunção se encontraria inscrita potencialmente no "funcionamento de todos os Estados",[171] dirá Foucault.

A transformação soviética, de outro lado, sem dramatização ou teatralização, retoma de maneira sub-reptícia e pretensamente científica o discurso revolucionário da luta de raças sob a forma de uma gestão policial que assegura a higiene da sociedade. O problema do socialismo, pondera Foucault,[172] é que ele nada fez para redefinir as linhas básicas de atuação do biopoder, mas apenas impôs readaptações à sua dinâmica de atuação, mantendo, entretanto, o mesmo mecanismo racista e normalizador quanto à desqualificação e eliminação dos que não se ajustam à norma de forma hegemônica imposta.

A primeira função do racismo moderno é introduzir uma ruptura no domínio da vida do qual o poder se fez cargo; ruptura entre o que deve viver e o que deve morrer. A segunda função é fazer funcionar a antiga relação de guerra (o desejo de viver implica possibilidade de matar) de uma maneira nova: entre a vida e a morte existe uma relação biológica. A morte do outro não é simplesmente a condição da vida em geral, mas a

---

169 DUARTE, *Vidas em risco*, p. 231.

170 Ibidem, loc.cit.

171 FOUCAULT, *Em defesa da sociedade*, p. 232.

172 Ibidem, p. 313.

tornará mais saudável e mais pura. Desse ponto de vista foucaultiano, o racismo é a condição de exercício do moderno direito de matar. O racismo aparece onde a morte é requerida: na guerra, na criminalidade, nos fenômenos de doença mental, etc.

O deslocamento do papel da guerra, da luta de raças, do interior do discurso histórico ainda será descrito por Foucault a partir da análise que faz da reelaboração política da ideia de "nação", como avalia Márcio Alves da Fonseca.[173] Todas as batalhas dão lugar a uma única, ou seja, aquela que a "nação" (Estado) empreende em defesa da sociedade. A guerra entre as "nações", entre as "raças", dá lugar ao embate contra tudo aquilo que pode ameaçar a estrutura social. Para Márcio Alves da Fonseca, em referência a Frédéric Gros, uma vez que o discurso histórico político da guerra das "raças" é incorporado pelo pensamento burguês,[174] ele dará lugar a uma exaltação pós-revolucionária da unidade nacional. O Terceiro Estado, prossegue Márcio Alves da Fonseca,[175] a *nação*, mediante a absorção de todas as funções estatais, vai assegurar as funções de universalidade. A burguesia torna-se *o povo, torna-se o Estado*. A única guerra a ser travada não será mais entre nações, mas contra aqueles que em seu interior apresentarem qualquer distância em relação à norma. A guerra que se trava em "defesa da sociedade" corresponde, assim, a procedimentos da biopolítica.

---

173 FONSECA, *Michel Foucault e o direito*, p. 206.

174 Foucault fala em "aburguesamento" do discurso histórico, que consistirá precisamente no deslocamento do papel da guerra no interior dos discursos das políticas estatais. Da guerra como elemento constitutivo da história passar-se-á para a guerra como elemento conservador e protetor da sociedade. Aparece nesse momento a ideia de uma "guerra interna", como já se disse, como defesa da sociedade contra os perigos que nascem de seu próprio corpo (FONSECA, *Michel Foucault e o direito*, p. 208).

175 Ibidem, loc. cit.

Como se vê, ao preconizar a complexa dinâmica do exercício do biopoder, Foucault legou para o século XXI uma de suas mais importantes descobertas para o diagnóstico da política e seus dilemas no presente.

É possível que essa discussão do biopoder seja mais bem percebida se encarada como uma espécie de transição entre as pesquisas de *Vigiar e punir* e uma temática que marcará seus últimos anos de trabalho: *a questão do governo*, como já se anotou.

Essa perspectiva se abre a partir do que Foucault afirma no início do curso do Collège de France de 1977 a 1978, *Segurança, território e população*:[176]

> [...] o curso tratou da gênese de um saber político que colocou, no centro de suas preocupações, a noção de população e os mecanismos suscetíveis de assegurar a sua regulação. Passagem de um "Estado territorial" a um "Estado de população". Sem dúvida não se trata de uma substituição, mas de uma mudança de acentuação, e da aparição de novo problema e de novas técnicas. Para seguir esta gênese, foi assumida como fio condutor a noção de governo.

Nesse momento, parece ficar nítida aquela que talvez seja a modificação mais radical dentro da genealogia do poder do autor. Para Foucault, a palavra governo

> [...] designava o modo pelo qual a condução de indivíduos ou grupos deveria ser orientada: o governo das crianças, das almas, dos bens, das famílias, dos doentes. Ele cobria não apenas as formas legitimamente constituídas de sujeição política ou econômica, mas também maneiras de agir destinadas a atuar sobre as possibilidades de ação das outras pessoas. Governar, neste sentido, seria estruturar o possível campo de ações dos outros.[177]

---

176 Idem, *Segurança, território e população*, p. 445.

177 Idem, *O sujeito e o poder*, p. 221.

## A governamentalidade

### Considerações iniciais

Em *Vigiar e punir*, Foucault marca a significação da questão do governo na sua obra: "para dizer as coisas claramente: meu problema é saber como os homens governam (eles mesmos e os outros)".[178]

Dessa maneira, o poder passa a ser trabalhado em outra perspectiva: é o governo de si e o governo dos outros – que obviamente pressupõem e estão inscritos nas relações de poder – que constituirão o cerne do trabalho de Foucault até sua morte.

Um texto central nessa perspectiva é *A governamentalidade*, de 1978.[179] Nele, o autor lança os princípios desse tipo de análise que lida com "o problema de como ser governado, por quem, até que ponto, com qual objetivo, com que método, e assim por diante".

Com efeito, Foucault faz o inventário do surgimento, a partir do século XVI, de toda a literatura – estreitamente vinculada ao "*O príncipe*" de Maquiavel, quer por oposição, quer por recusa – que trata da *arte de governo*. Essa teoria, contudo, não se resumiu a mero exercício acadêmico. As concepções da arte de governar estiveram ligadas desde o século XVI ao desenvolvimento do aparelho administrativo da monarquia territorial. Trata-se do aparecimento dos aparelhos de governo, como o filósofo menciona nesse mesmo trabalho.

A arte do governo, explica o pensador, rompe com a tradição da teoria jurídica da soberania fundamentada no governo do território, afirmando que "o governo é uma correta disposição das coisas".[180]

É importante frisar que a arte de governar se articula em torno de um tema importante à análise política: a razão de Estado, e aí não no sentido moderno do termo, mas naquele relacionado à racionalidade da atuação estatal.

---

178 Ibidem, loc. cit.

179 Idem, *A governamentalidade*, p. 277.

180 Ibidem, p. 286.

De fato, esse tema, pesquisado por Foucault no final dos anos 1970, não deve ser confundido com a ideia de razão de Estado como aquilo que justifica o desrespeito das regras formais do jogo político em nome de um interesse superior, em que estão, em geral, presentes o arbítrio e a violência. O sentido dado pelo autor se articula sim com uma noção de arte de governo, tematizada frequentemente ao longo do século XVII e início do XVIII.

Essa discussão de Foucault a respeito da governamentalidade ocorre no momento em que se dá a mudança mais drástica no projeto genealógico. Se, durante os anos 1970, as preocupações estiveram concentradas em reflexões de caráter eminentemente político, de 1978 até sua morte, em 1984, a ética ocupará, basicamente, sua atenção. Nesse sentido, as pesquisas sobre a governamentalidade marcam uma transição: do governo dos outros – e aqui incluídas todas as investigações sobre o poder – para o governo de si. Assim, é o continente da Ética o tema dos dois últimos livros de Foucault, *O uso dos prazeres* e *O cuidado de si.*

Com efeito, o estudo do filósofo sobre a Antiguidade não privilegiará os mecanismos de constrangimento, nem as insidiosas técnicas utilizadas à submissão dos corpos e almas. As pesquisas acerca da maneira como, no século IV a.C., na Grécia, e nos séculos I e II d.C., em Roma, as condutas sexuais eram objeto de ponderações de natureza ética se encontram em um cenário bem diferente das problematizações anteriores de Foucault. Há a passagem a um exame das práticas empregadas no governo de si. Não se estudam mais os efeitos do poder no processo de subjetivação dos sujeitos, mas sim as técnicas usadas no governo de si.

É possível que essa passagem para um universo tão diferente de pesquisa explique o fato de que Foucault não se deteve por muito tempo às investigações atinentes à governamentalidade. Além do texto já mencionado acerca dessa questão, há poucas referências. Os anais de curso do Collège de France dos anos de 1977 a 1978 destacam também essa investigação:

> Em seguida foi analisada, a respeito de alguns de seus aspectos, a formação de uma "governamentalidade política", isto é, a maneira pela qual um conjunto

> de indivíduos se encontra implicado, de maneira cada vez mais marcada, no exercício do poder soberano. Estas transformações importantes são assimiladas nas diferentes "artes de governo" que foram redigidas no fim do século XVI. Ela é ligada sem dúvida à emergência da "Razão de Estado". Se passa de uma arte de governar cujos princípios eram pedidos emprestados das virtudes tradicionais (sabedoria, Justiça, liberdade, respeito às leis divinas e aos costumes humanos) ou das habilidades comuns (prudência, decisões refletidas, cuidado de estar cercado dos melhores conselheiros) para uma arte de governar cuja racionalidade tem princípios e seu domínio específico de aplicação no Estado.[181]

Para Foucault, a razão de Estado não é o imperativo a partir do qual se podem ou devem balizar todas as outras regras. Ela é, na verdade, a nova matriz de racionalidade segundo a qual o príncipe deve exercer sua soberania governando os homens. Não se trata da virtude soberana da justiça ou daquela do herói de Maquiavel.

Como afirmou Michel Senellart, a governamentalidade constitui uma "figura original do poder, articulando técnicas específicas de saber, de controle e de coerção",[182] as quais somente se tornaram possíveis segundo uma "racionalização, historicamente definida, das relações de poder".[183]

A análise da governamentalidade abarca, em suma, em um sentido muito amplo, o exame do que Foucault denomina as artes de governar. Essas artes incluem, em sua máxima extensão, o estudo do governo de si – a ética; o governo dos outros – as formas políticas de governamentalidade; e, por fim, as relações entre governo de si e governo dos outros. Nesse campo, estariam incluídos: os cuidados de si, as diferentes formas de ascese, o poder pastoral, as disciplinas, a biopolítica, a polícia, a razão de Estado e o liberalismo.[184]

---

181 Idem, *Resumo dos Cursos do Collège de France*. Tradução Andréa Daher. Rio de Janeiro: Jorge Zahar, 1997, p. 82-83.

182 SENNELART, M. A crítica da razão governamental em Michel Foucault. *Tempo Social, Revista de Sociologia*, São Paulo, v. 7, n. 1-2, out. 1995, p. 2.

183 Ibidem, loc. cit.

184 CASTRO, *Vocabulário de Foucault*, p. 191.

É preciso, dessa forma, desenhar uma breve sistematização da genealogia da governamentalidade,[185] para, a partir daí, desenvolver os conceitos lançados por Foucault nesse trajeto.

A análise foucaultiana da ação governamental deter-se-á nesse momento sobre:

1. a ideia cristã do poder pastoral;
2. a razão de Estado;
3. o dispositivo da polícia.

O exame do pastorado seguirá, dessa forma, como o primeiro item a ser alinhavado.

A crise do pastorado, a partir do século XVI, inaugura uma nova política que Michel Foucault denomina governamentalidade. Por meio desse neologismo, o pensador retrata uma mentalidade nova camuflada nos conselhos de *O príncipe*, de Maquiavel. A articulação das noções de pastorado cristão e do conceito de governamentalidade traduz a constituição de um sujeito específico que constantemente passa pelo crivo de análises meritórias e punitivas, sendo assujeitado por redes contínuas de obediência e violência. Na modernidade, essa rede é desempenhada pela polícia, como conceito de *técnica de governo*, própria do Estado, que cuida das dominações técnicas que esperam uma intervenção estatal.

O príncipe, dessa maneira, deveria dominar as táticas manejando o funcionamento da estrutura econômica, política e administrativa do Estado.

---

185 A adoção da estrutura que sistematiza a governamentalidade em poder pastoral, razão de Estado e dispositivo da polícia segue apenas uma opção de compreensão desta autora da análise foucaultiana deste momento de suas investigações. As concepções do pensador a respeito da disciplina e biopolítica já foram tratadas ao longo deste capítulo e, somente por essa razão, foram excluídas agora do amplo campo do que Foucault considera as artes de governar. O liberalismo e o neoliberalismo, incluídos igual e amplamente nas artes de governar, serão comentados no final deste capítulo.

No curso *Segurança, território, população*, o pensador se debruçará sobre essas práticas governamentais e a criação de racionalidade política que, além do modelo jurídico, incide sobre a população.

A razão de Estado é o segundo item e abordará a pedagogia do príncipe, que, no advento do Estado Moderno, não prescindirá da polícia, mas agregará a necessidade do conhecimento de uma *economia política*. Após esse item, seguem-se as considerações sobre o dispositivo da polícia.

## O poder pastoral

Registre-se, inicialmente, que o estudo sobre as práticas do pastoreio, de condução e de governo será utilizado como comparativo quando Foucault desenvolver sua análise sobre o Estado governamentalizado, sobre a razão de Estado no século XVII e, sobretudo, sobre as ações do estado de polícia no século XVIII e XIX.

Para Foucault, o poder do Estado é uma forma ambígua, tanto individualizante quanto totalizadora.[186] No interior das estruturas políticas estatais, o pensador identifica uma combinação astuciosa dessas duas técnicas e atribui a responsabilidade a uma antiga tecnologia de poder que é originada nas instituições cristãs. O Estado Moderno ocidental a incorporou e Foucault empresta a denominação de poder pastoral.[187]

O cristianismo, pondera o filósofo, é a única religião a se organizar como uma Igreja. E, como tal, postula o princípio de que certos indivíduos podem, por sua qualidade religiosa, servir a outros não como príncipes, juízes e educadores, mas como pastores. Nas palavras de Foucault, poder pastoral designa uma forma muito específica de poder.

---

186 FOUCAULT, *Sujeito e poder*, p. 279.

187 Idem, Omnes et Singulatim: uma crítica da razão política. In: *Ditos e escritos*. vol. IV. *Estratégia, Poder-Saber*. Rio de Janeiro: Forense Universitária, 2006. p. 357-359.

Nesse sentido, ele é:

> 1. Uma forma de poder cujo objetivo final é assegurar a salvação individual no outro mundo; 2. O poder pastoral não é apenas uma forma de poder que comanda, deve também estar preparado para se sacrificar pela vida e pela salvação do rebanho. Portanto, é diferente do poder real, que exige um sacrifício de seus súditos para salvar o trono; 3. É uma forma de poder que não cuida apenas da comunidade como um todo, mas de cada indivíduo em particular, durante toda a sua vida; 4. Finalmente, essa forma de poder não pode ser exercida sem o conhecimento da mente das pessoas, sem explorar suas almas, sem fazer-lhe revelar os seus segredos mais íntimos. Implica um saber da consciência e a capacidade de dirigi-la.[188]

Dirá o pensador que essa forma de poder é orientada para a salvação, por oposição ao poder político. Além disso, é oblativa, na medida em que é um contraponto ao princípio da soberania. Também é individualizante, em mesma oposição ao poder jurídico. É, ainda, coextensiva e em continuidade à vida e, por fim, ligada à produção da verdade – a verdade do próprio indivíduo.[189]

Há uma caracterização bastante importante do autor quanto ao poder pastoral: não obstante a perda da vitalidade da institucionalização eclesiástica no século XVIII, sua função se ampliou e se multiplicou fora dela. E, nesse contexto, uma nova organização de poder individualizante nasce no interior do Estado Moderno, exigindo uma individualidade forjada por um conjunto de modelos muito específicos.

Conclui Foucault que o Estado é uma matriz moderna da individualização, o que para ele equivale a uma nova forma de poder pastoral. É também totalizador na medida em que este Estado busca agir igualmente na população.

---

188 Idem, *Sujeito e poder*, p. 280.

189 Ibidem, loc. cit.

A partir daí já não se tratava mais de uma questão de conduzir o povo para a salvação no outro mundo, mas de assegurá-la neste mundo. Nesse contexto, pondera Foucault, a palavra *salvação* terá diversos significados: saúde, bem-estar e segurança, por exemplo.

Ao mesmo tempo, haverá um reforço da administração pastoral: a polícia será também entendida como aquela que assegurará a manutenção da higiene e, igualmente, os empreendimentos particulares, filantropos e a própria medicina. Esta última, na condição de uma estrutura complexa, incluirá a iniciativa privada, com vendas de serviços em atenção à economia de mercado e, ainda, as instituições públicas como hospitais. Por fim, Foucault destacará que a multiplicação dos objetivos e agentes do poder pastoral privilegiará o desenvolvimento do conhecimento do homem sob o ponto de vista globalizador e quantitativo, no que diz respeito à população, e analítico, quando se fala do indivíduo.

Portanto, o apoio da multiplicidade de instituições ampliou enormemente o poder pastoral por todo o corpo social. Foucault considera tratar-se de uma estratégia individualizante[190] que caracteriza uma série de poderes, quais sejam, família, empregadores, medicina e psiquiatria, e arremata no curso *Segurança, território, população*: "o poder pastoral é um tipo de poder específico que se dá por objeto às condutas dos homens".[191] É um instrumento de condução de condutas.

## A razão de Estado

Neste item, o processo de formação da governamentalidade será discutido para a compreensão da racionalidade política no século XVI, o que se deve, em grande medida, à explosão das práticas de governo e conduta.

Foucault tratará o governo em sua forma política.[192] Na literatura sobre o governo, que se inicia com *O príncipe*, de Maquiavel, suas preocupações na investigação sobre a governamentalidade serão como e em que con-

190 Ibidem, p. 282.

191 Ibidem, p. 254.

192 Idem, A governamentalidade, p. 281 et seq.

dições se pode manter a soberania e um soberano sobre o Estado. Foucault citará Clausewitz nas relações entre política e estratégia e marcará a unidade territorial como decisiva.

Para o pensador, uma das maneiras mais adequadas de compreender a importância das várias artes de governar consiste em situá-las em oposição a um livro que, do século XVI até o século XVIII, foi objeto de repulsa e de indignação: *O príncipe*, de Nicolau Maquiavel (1469-1527). Como é de conhecimento, esse livro foi referência para seus contemporâneos e sucessores imediatos. No século XVI, Florença estava assolada por conflitos e sendo invadida por estrangeiros.

Maquiavel observa que os modelos de rei justo e bom já não servem para seu tempo. O bom rei medieval, que distribuía bens para os súditos, logo será substituído por outra figura, a do bom administrador. Agora, ele precisa dominar os conhecimentos necessários para gerir seu território, como cuidar da economia do Estado e do seu exército. Desde logo, percebe-se que o modelo medieval de rei justo e bom é mais pernicioso ao seu país que o soberano que se serve de todos os meios, inclusive ilícitos, para conservar o Estado que ele recebeu.

De fato, o soberano será bom se for eficaz, capaz de perpetuar-se no poder para obter a estabilidade do Estado, ainda que submeta outros príncipes. Mas, para Foucault, o problema de Maquiavel não é a conservação do Estado em si mesmo. Na verdade, o que ele procura salvaguardar é a relação do príncipe com aquilo sobre o qual ele exerce sua dominação, quer dizer, o principado como relação de poder do príncipe sobre seu território ou sua população.[193]

No século XVI, Maquiavel foi realmente o pensador mais incisivo a propor a separação entre moral e política. Enquanto a moral deve restringir-se à esfera da vida privada, a política é a técnica social que permite, quando for o caso, ações e decisões proibidas até mesmo pela moral. O dirigente eficaz é aquele hábil a agir, inclusive contra sua consciência, em favor de sua tarefa política. Maquiavel foi muito lido, de fato, no início

193 Idem, *Segurança, território, população*, p. 93.

do século XIX, em virtude do complexo contexto marcado pelas invasões napoleônicas, pelo problema da Revolução, pelo equilíbrio das relações de forças dos países europeus imposto pelo Congresso de Viena e pelos conflitos em torno da unidade da Alemanha e da Itália.

Maquiavel, realmente, já tratava do tema da unidade da Itália e, por essa razão, a indagação fundamental de sua obra política se mostrou muito atual no contexto do início do século XIX: "como manter a soberania de um soberano sobre o Estado?"

Foucault pesquisa, assim, uma literatura anti-Maquiavel. Trata-se, dirá ele, de escritos ignorados pelas teorias do poder jurídico-filosóficas e, neste passo, mais uma coerente recusa de Foucault da concepção jurídico-formal da soberania.

O pensador utilizar-se-á, então, do emblemático livro *Le miroir politique* (1567), de Guillaume La Perrière. No século XVI, o texto é considerado um dos símbolos da política da multiplicidade diante da perspectiva monolítica do governo, identificada com a soberania do príncipe. Ao contrário de Maquiavel, para o qual somente o soberano governa, para La Perrière, o termo "governante" é atribuível a uma pluralidade de agentes. O emprego do verbo "governar" por esse autor compreende o governo do lar, o governo das almas, o governo das crianças, o governo de uma província, o governo de uma ordem religiosa e, inclusive, o governo de si mesmo.

Essa multiplicidade das artes de governar observada no século XVI foi fundamental para a proposição foucaultiana de uma genealogia da governamentalidade em face da teoria da soberania, acentua César Candiotto.[194] Nessa teoria, eram demarcadas descontinuidades de natureza entre o governo do príncipe e qualquer outra forma de poder. Afinal, somente o soberano governa. Em contrapartida, nas investigações sobre governamentalidade, identifica-se uma imanência entre o governo soberano estatal e outras formas de governo.

---

194 CANDIOTTO, A governamentalidade política no pensamento de Foucault, p. 36.

Dirá o pensador francês:

> Há, pois, ao mesmo tempo, pluralidade das formas de governo e imanência das práticas de governo em relação ao Estado, multiplicidade e imanência dessa atividade que a opõe radicalmente à singularidade transcendente do "*O príncipe*" de Maquiavel.[195]

Com o objetivo de demonstrar essa diferença de perspectiva, Foucault coteja *O príncipe* com um livro de François de La Mothe Le Vayer intitulado *L'economique du prince* (1756). Assim, *O príncipe* de Maquiavel tem sustentação em um princípio basilar: ele está em posição de exterioridade em relação a seu principado. De fato, ele recebe seu principado seja por herança, seja por aquisição, seja por conquista. De todo modo, "ele não faz parte dele, é exterior em relação a ele".[196]

Haverá uma constante ameaça externa de domínio por força da ausência de uma relação de pertencimento natural entre o príncipe e seu principado e, igualmente, ameaça interna em relação àqueles que não aceitam sua soberania.

Dessa condição, decorre o objetivo maior do exercício do poder, qual seja, manutenção, reforço e proteção do principado, na medida em que ele materializa a relação do príncipe com aquilo que ele possui, quer dizer, o *território adquirido* e a submissão dos súditos.

Maquiavel, neste passo, analisa quais são os maiores perigos para o principado e sua origem; em seguida, como manipular as relações de força de modo a permitir ao príncipe proteger os vínculos entre seus súditos e seu território. Pode-se dizer que *O príncipe* é um tratado de sua habilidade na conservação do principado como forma única de governo.

La Mothe Le Vayer, por outro lado, indica que, nas artes de governar,[197] ocorre uma continuidade ascendente e outra descendente entre o go-

---

195 FOUCAULT, *Segurança, território, população*, p. 102.

196 Ibidem, loc. cit.

197 Idem, A governamentalidade, p. 284.

verno moral de si mesmo, o governo econômico da família e o governo político do Estado. Ascendente porque aquele que pretende governar o Estado, por primeiro, deve saber governar a si próprio e sua família e só posteriormente aquela estrutura. A pedagogia da formação dos príncipes assegura essa continuidade ascendente derivada das demais formas de governo. Continuidade também descendente, uma vez que a condição do bem governar a família e os bens estende-se, igualmente, ao Estado e o que o assegura é a polícia.

Foucault adverte, neste passo, que, entre esses diferentes tipos de governo, a economia no sentido que deriva dos gregos (*oikos*, sinônimo de habitação, e *nomos*, lei) ocupa o lugar central. Ele resgata a ideia contida no artigo *Economia política*, de Rousseau, de que essa palavra designa "o sábio governo do lar para o bem comum de toda a família".[198] Pontua, também, que entre os gregos é tautológico falar-se de governo econômico, uma vez que a arte de governar é precisamente o exercício do poder segundo o modelo de economia.

No entanto, aquela imanência, identificada por Foucault em La Mothe Le Vayer, entre essa multiplicidade de governar, desde o governo de si mesmo até o governo do Estado, é bastante proveitosa para os deslocamentos da analítica do poder, principalmente em sua compreensão do Estado. Este deixa de ser entendido exclusivamente como forma final, sedimentada, para ser compreendido como uma correlação originária entre forças heterogêneas.

A relação entre forças e formas é abandonada.[199] A partir desse ponto, Foucault entende que as relações de poder consistem em um campo de ações de múltiplas possibilidades, porém de uma mesma natureza: desde agir sobre uma população e sobre as ações de outrem (governo dos outros) até agir sobre a própria conduta (governo de si mesmo). A macropolítica torna-se indissociável da micropolítica.

---

198 Idem, *Segurança, território e população*, p. 99.

199 CANDIOTTO, A governamentalidade política no pensamento de Foucault, p. 37.

A ideia, portanto, segundo a qual aquilo que se governa são os indivíduos, que vem da economia em referência ao modelo do pai que governa a família, já estava presente no pensamento político do século XVI.

Foucault explicita então por quais razões essas artes de governar, em que pesem sua riqueza e potencial, foram simplesmente sufocadas pelas teorias da soberania, retendo-as em suas monarquias administrativas. A primeira e principal delas seria histórica: as artes de governar só poderiam se desenvolver em períodos de expansão, quer dizer, na ausência de urgências militares, econômicas e políticas. E o século XVII foi historicamente acometido pela Guerra dos Trinta Anos, pelas revoltas campesinas e urbanas e pela crise financeira.

Há, porém, uma outra razão, e de ordem política. No século XVII, o exercício da soberania, como questão teórica e princípio de organização política, ainda é preponderante, o que obstaculizou um desenvolvimento independente das artes de governar. O exemplo maior é o mercantilismo. Ainda que tenha sido a primeira racionalização do exercício do poder como prática de governo, o mercado mantinha, por objetivo, essencialmente, o incremento da potência do soberano, e não o crescimento do Estado.

Os juristas serão os responsáveis, no século XVII, por uma reatualização da teoria do contrato, pela qual se postula um envolvimento recíproco entre os soberanos e os súditos como princípio fundador e matriz da arte de governar. No entanto, para Foucault, isso sempre permaneceu no âmbito teórico do direito público, sem muita incidência no real. O desbloqueio das artes de governar, assim, somente se efetiva quando os Estados tiveram de tomar como objeto precípuo não a unidade do território, mas a complexidade de uma população.

A expansão demográfica do século XVIII propicia o desenvolvimento de uma ciência de governo e uma concepção diferente da economia, não mais centradas no modelo da família. A estatística, que na soberania somente funcionava no quadro da administração monárquica, tornar-se-á uma ciência de governo fundamental para tal desbloqueio. Essa nova ciência descobre que a população tem fenômenos específicos decorrentes de sua agregação, irredutíveis àqueles da família. O modelo familiar passa, então, a ser instrumento para o governo da população.

Governa-se para melhorar a vida e a saúde da população, assim como para aumentar sua riqueza e seu bem-estar. De fato, a população também é um instrumento do governo, na medida em que ele dela se vale, ainda que de forma imperceptível, por meio de campanhas relacionadas ao controle das taxas de natalidade e ao redirecionamento de seu fluxo, por exemplo. Ela é ainda sujeito de necessidade e, ao mesmo tempo, objeto nas mãos do governo.[200]

A população será o objeto levado em consideração pelo governante caso ele queira, no seu saber e nas suas observações, governar de maneira racional e refletida. Não há um saber governamental que prescinda do conhecimento de todos os processos que circundam a população.

E esse saber será denominado economia. A economia política surge, assim, quando a população é considerada um dos elementos fundamentais da riqueza. Foucault cita os fisiocratas,[201] cuja ciência do governo é aquela que tergiversa sobre as relações entre riquezas e população. O nascimento da economia política e o surgimento da população demarcam, nessa perspectiva, a passagem das artes de governar para a ciência política, das estruturas da soberania para as estruturas do governo.

Rousseau, no *Discours sur l'économie politique*, busca definir uma arte de governo irredutível ao modelo econômico da família. No *Contrato social*, quando trata de conceitos como "natureza", "contrato" e "vontade geral", ele procura estabelecer um princípio geral de governo em substituição ao princípio jurídico da soberania. Isso não significa, todavia, uma simples troca, mas, sim, uma reinterpretação de conceito.

---

200 O prestígio adquirido pela "população", investigado por Foucault nas artes de governar, é destacado por FONSECA, *Michel Foucault e o direito*, p. 215, e DUARTE, *Vidas em risco*, p. 245.

201 Designa-se fisiocracia a escola do pensamento econômico-político que se organiza em torno de François Quesnay. O pensamento político dessa escola funda-se na conciliação do despotismo legal e liberdade econômica (BOBBIO, MATTEUCI, PASQUINO, *Dicionário de Política*, p. 503).

Da mesma maneira Foucault, quando identificou a sociedade disciplinar sem a exclusão da soberania, a manteve na sociedade governamentalizada.

Na sociedade governamentalizada, assim, também as disciplinas serão reinterpretadas. Se estas encontraram seu desenvolvimento nos séculos XVII e XVIII em escolas, ateliês, fábricas, no âmbito das monarquias administrativas, agora serão prestigiadas quando se trata de gerir a população, não como massa global, mas em suas especificidades. Há, portanto, uma necessidade de redimensionar tanto a fundação da soberania quanto a questão das disciplinas. Poder-se-ia dizer que, no conceito de governamentalidade que Foucault se propõe a analisar, a soberania, as disciplinas e a gestão governamental, sem exclusão, estão articuladas.

Nas palavras de Foucault:

> Por "governamentalidade" entendo o conjunto constituído pelas instituições, procedimentos, análises e reflexões, os cálculos e as táticas que permitem exercer essa forma bem específica, ainda que complexa, de poder que tem por alvo principal a população, por forma maior de saber a economia política, por instrumento técnico essencial os dispositivos de segurança. Segundo, por "governamentalidade" entendo a tendência, a linha de força que, em todo o Ocidente, não cessou de conduzir, e desde muito tempo, à preeminência desse tipo de poder que podemos chamar de "governo" sobre todos os outros: soberania, disciplina, e que, por uma parte, levou ao desenvolvimento de toda uma série de aparelhos específicos de governo [e, de outra parte], ao desenvolvimento de toda uma série de saberes.[202]

Há, de fato, um triângulo soberania-disciplina-gestão governamental, cujo objetivo principal é a população e cujos mecanismos essenciais são os dispositivos de segurança.[203] Dispositivos de segurança entendidos como aqueles que visavam a administrar os fenômenos normais da população,

202 FOUCAULT, *Segurança, território, população*, p. 111.
203 Idem, A governamentalidade, p. 289.

como taxas de natalidade, emigração, imigração, mortalidade, enriquecimento, etc. e, a partir daí, como se disse, a população assume uma importância na medida em que se torna "um fenômeno da natureza que não se pode mudar por decreto", explicitará Foucault no curso *Segurança, território e população.*[204] Trata-se, pondera ele, da atribuição de uma verdadeira ciência da polícia a vigiar o conjunto das atividades humanas em um dado território, englobando suas relações sociais, econômicas, comerciais e de saúde, originária da *Polizeiwissenschaft:* uma disciplina acadêmica, ensinada na Universidade de Göttingen, Alemanha, de importância capital na história política da Europa no século XIX.[205]

## O dispositivo de polícia

No Estado Moderno, dirá Foucault,[206] a integração marginalista dos indivíduos à utilidade do Estado não toma a forma da continuidade ética característica da cidade grega. Nessa nova racionalidade política, ela é obtida com a ajuda de uma técnica particular que se chamou, assim, de polícia.

A doutrina da polícia define a natureza dos objetos da atividade racional do Estado, define a natureza dos objetivos que ele persegue e a forma geral dos instrumentos que ele emprega. A respeito da noção de polícia, os autores da época, explicita Foucault no texto de 1988, *A tecnologia política dos indivíduos*, não a entendiam como uma instituição ou um mecanismo no seio do Estado, mas como uma "técnica de governo própria do Estado".[207]

O pensador utiliza, nesse percurso analítico da polícia, dois autores: Turquet de Mayerne (*Le gouvernement composé des trois formes de legitimes republiques*, Paris, 1611) e Delamare (*Traité de police*, Paris, 1705).

---

204 Idem, *Segurança, território, população*, p. 73.

205 Idem, *Ética, sexualidade, política.* Rio de Janeiro: Forense Universitária, 2006, p. 314.

206 Ibidem, p. 309.

207 Ibidem, loc. cit.

Segundo Turquet, quatro magistrados devem secundar o rei com funções distintas: justiça, exército, impostos e polícia. Este último deve incular a modéstia, a caridade, a felicidade, a honestidade e a solidariedade. Atributos, portanto, vinculados à virtude. Posteriormente, esse autor introduz a noção da criação de conselhos das províncias para essas primeiras funções e, ainda, para o cuidado de bens e território. A "polícia", dessa forma, abarca relações entre os homens e suas relações com as coisas, a coexistência dos homens em um território, as relações da propriedade e sua produção e, por fim, a comercialização.

O verdadeiro objeto, portanto, da polícia é o próprio homem e, nesse contexto entendida, ela persegue dois objetivos fundamentais: a ornamentação, a forma e o esplendor de uma cidade e o desenvolvimento das relações de trabalho e de comércio entre seus habitantes, contribuindo para a ajuda e coexistência entre eles.

Foucault estuda ainda Delamare, que preconiza domínios das competências da polícia nos mais variados matizes, como comércio, fábricas, moralidade, religião, segurança pública, artes liberais e pessoas pobres. A polícia designa, dessa maneira, o novo domínio em que o poder político e administrativo do Estado centralizado pode intervir. A religião, ilustrativamente, não é tratada como verdade dogmática, dirá Foucault no texto mencionado, mas na condição de qualidade moral de vida – assim como a saúde, no objetivo de preservá-la. O pensador insiste nesse argumento, portanto: *o objeto da polícia é a vida.*[208]

Esse conceito será crucial na medida em que a razão de Estado e a polícia se inscrevem na formação da biopolítica.

Ainda nesse percurso, Foucault faz referência a autores alemães e, em especial, a von Justi e à tradição da Universidade de Göttingen, local, como se disse, em que se ensinava a arte do governo da vida dos indivíduos sob o sugestivo nome de ciência da polícia. Von Justi, explicita o pensador,[209] estabelece como finalidade da polícia o desenvolvimento da

---

208 Ibidem, p. 313.

209 Idem, Omnes et Singulatim, p. 383.

vida dos indivíduos de modo a contribuírem para o aumento da potência do Estado. Elabora uma distinção entre política (*politik*) e polícia (*polizei*).

A *politik*, para von Justi, é um conceito negativo, na remissão de uma luta contra inimigos estrangeiros do Estado. A *polizei*, por outro lado, é um conceito positivo, na referência da tarefa de favorecer a vida dos indivíduos e do Estado.

A transformação do conceito da soberania coloca, portanto, a questão da política como uma questão de *polícia*. A polícia consiste, para Foucault, no exercício soberano do poder real sobre os indivíduos que são seus súditos. E assim explicita: "a polícia é a governamentalidade direta do soberano como soberano".[210]

Na genealogia de poder de Michel Foucault, suas análises sobre o liberalismo e o neoliberalismo são as últimas formas históricas de governamentalidades políticas estudadas.

A racionalização do mercado para os domínios da vida social, traduzidos nessas duas formas da arte de governar, está vinculada, de forma mais próxima, à biopolítica moderna e não propriamente à soberania.[211] Mas não se pode deixar aqui de tecer breves considerações no que se relaciona a uma transformação de seu exercício a partir de uma definição de mercado.

O liberalismo é tratado pelo pensador no Curso de 1979. É uma prática de racionalização de governo que obedece a uma economia máxima. Mais do que uma reflexão econômica, para Foucault, a questão é jurídica, sendo a lei a forma de resolução. No entanto, se ele assim procede, não é porque a instituição jurídico-política da soberania estivesse em sua base

---

210 Idem, *Segurança, território, população*, p. 457.

211 Em *O reino e a glória*, Agamben, que retoma o curso das investigações foucaultianas que deles tinha se proposto destacar em *Homo sacer I* no estudo da biopolítica, considera agora que da teologia econômica deriva também este paradigma moderno. Os aspectos econômicos, dessa maneira, explorados tanto em Foucault quanto em Agamben no horizonte da biopolítica, não serão investigados neste livro.

de nascimento, e sim apenas porque o liberalismo encontra na lei a melhor forma de proceder ao controle, à regulação e à intervenção da conduta de uma população. Para Foucault, o sistema parlamentar constitui o modo mais eficaz de economia governamental pela participação dos governados na elaboração das leis.[212]

Ao contrário de considerar o liberalismo como uma doutrina fechada e coerente, calcada em meios e objetivos definidos, Foucault o entendeu como uma prática e uma "reflexão crítica" sobre o governo, analisando-o a partir da multiplicação pragmática de um conjunto heterogêneo de mecanismos políticos, econômicos e jurídicos, os quais perpassam o Estado e a sociedade e podem se "apoiar em tal teoria econômica ou se referir a tal sistema jurídico sem qualquer liame necessário e unívoco".[213]

No mesmo curso, *Nascimento da biopolítica*, Foucault apresenta ainda outro exemplo da arte de governar, subdividindo-a em duas formas específicas: o neoliberalismo alemão e o neoliberalismo norte-americano.

Para Foucault, o problema do neoliberalismo do século XX, seja na versão alemã, seja na norte-americana, será responder à crise do liberalismo desencadeada por uma série de situações concretas e pelo tipo de resposta dada a tais situações.[214] Essas condições reais podem ser resumidas pelas ameaças à liberdade representadas pelo aumento do custo econômico do próprio exercício das liberdades, bem como pelo socialismo, pelo nacional-socialismo e pelo fascismo. E o tipo de resposta que será empregada a essas ameaças à liberdade se apoiará em mecanismos de intervenção econômica, explica Márcio Alves da Fonseca, representados pelos programas neoliberais.

Na Alemanha, a questão da transformação do exercício da soberania toma importante repercussão. Isso porque a política anteriormente desenhada está relacionada à ideia de uma fundação legitimadora do Estado, baseada no exercício garantido da liberdade econômica, e a economia

212 DUARTE, *Vidas em risco*, p. 253.

213 FONSECA, *Michel Foucault e o direito*, p. 94.

214 Ibidem, p. 227.

teria o papel de forjar a soberania política a partir do jogo institucional que faria funcionar.

Para Foucault, na Alemanha contemporânea, o Estado encontra seu fundamento real na existência e na prática da liberdade econômica. A adesão ao sistema liberal produz como "subproduto" o consenso permanente e, por sua vez, o enriquecimento global será o cotidiano da adesão dos indivíduos ao Estado.[215] Com efeito, o pós-guerra alemão imprime uma preocupação de uma política a partir de um domínio não estatal, representada por uma liberdade econômica. A liberdade de mercado, assim, para os ordoliberais,[216] consubstancia-se do princípio organizador e regulador do próprio Estado.[217] Trata-se de uma governamentalidade em que a coesão social se escora unicamente nas leis de mercado e cujo Estado de Direito terá o papel de garantidor.

O neoliberalismo americano, por sua vez, é caracterizado pela generalização do princípio da racionalidade do mercado para os domínios da vida social, não estritamente políticos ou econômicos. Essa modalidade hegemônica, por relacionar-se à compreensão de novas formas de exercício da biopolítica - e não da soberania - não terá aqui maiores considerações.

A mobilidade histórico-conceitual da soberania que foi detectada nos trabalhos de Foucault por meio de sua analítica do poder não interessa propriamente Agamben nas obras que se dedicará especialmente este li-

---

215 FOUCAULT, M. *Nascimento da biopolítica.* São Paulo: Martins Fontes, 2008, p. 182.

216 A importante referência de Foucault em suas análises sobre o neoliberalismo alemão é o pensamento da Escola de Friburgo, que se organiza em torno de W. Eucken. A menção dos componentes dessa escola de pensamento como "ordoliberais" advém de seu vínculo à revista *Ordo*, instrumento de divulgação de suas ideias. FONSECA, *Michel Foucault e o direito*, p. 227.

217 FOUCAULT, *Nascimento da biopolítica*, p. 182.

vro: *Homo sacer – o poder soberano e a vida nua, I*, *Estado de exceção* e *O que resta de Auschwitz*.[218]

No entanto, se a teoria da soberania de Carl Schmitt será, pode-se dizer, intensificada por Agamben, somente as articulações em torno desse tema formuladas por Foucault é que permitirão ao filósofo italiano, por meio das concepções de biopolítica, racismo, dispositivo de polícia e um novo uso do direito, a construção de uma genealogia do poder ocidental e, em seu interior, o lugar que ocupa a soberania.

---

218 É bem verdade que há, por parte do autor italiano, uma nova aproximação do percurso de Foucault quando em *O reino e a glória* há uma identificação de que "o verdadeiro ponto misterioso da política ocidental não é o Estado, não é a Constituição, não é o soberano, mas o governo" (AGAMBEN, G. A política da profanação: depoimento [18 de setembro, 2005]. São Paulo: *Folha de S. Paulo*. Entrevista concedida a Vladimir Safatle. Disponível em: <http://www1.folha.uol.com.br/fsp/mais/fs1809200505.htm>).

CAPÍTULO 3

# A retomada do problema da soberania em Giorgio Agamben*

## O pensamento de Giorgio Agamben. Breves considerações sobre seu método filosófico

A participação e a experiência de Giorgio Agamben em um seminário organizado no sul da França, em Le Thor, no ano de 1966, seguido de outros menores, de 1968 e 1969, idealizado por Martin Heidegger, foram decisivas.[219] Ele descreveu esses encontros como sendo "muito mais que um simples foro no qual se aprendem coisas". Eles constituíram o que o

---

219 LA DURANTAYE, L. *Giorgio Agamben* - a critical introduction. Stanford, Califórnia: Stanford University Press, 2009, p. 53.

* O leitor notará que alguns parágrafos deste capítulo coincidem com a Introdução do livro. Originariamente, a Introdução foi apresentada ao Grupo de Pesquisas Michel Foucault da PUC/SP como se apresenta neste livro. As intervenções dos integrantes, porém, se direcionaram no sentido de que fosse o texto condensado, porque melhor cumpriria os objetivos da apresentação da tese junto à Banca Examinadora, o que levou a autora a transportar para o conteúdo deste capítulo as mesmas considerações sobre o método filosófico de Agamben. Concebi mais proveitosa a repetição do que a supressão, porém, por força do relevo desta temática na apresentação ao leitor das primeiras linhas do pensamento deste filósofo.

pensador chamou de "constelação", ou seja, uma reunião de elementos que resultava em algo verdadeiramente inesperado. Esse "inesperado" era a filosofia, simplesmente. Como ele iria observar mais tarde, foi durante aqueles seminários que a "filosofia tornou-se possível" para ele.[220]

O resultado dessa possibilidade filosófica foi o que o pensador italiano denominou uma nova vocação para ele, que vinha da área do direito. E vocação para Agamben significava uma revocação de uma vocação anterior, desprovida de tarefas determinadas ou conteúdos fixos. É nada mais que *a pura potencialidade de pensar e agir.*

Em uma frase que apresenta o tema central de sua filosofia,[221] Agamben observa que "desejar escrever é o desejo de experimentar a potencialidade". A presença, dessa maneira, do desejo da escrita e da experiência da potencialidade é o denominador comum que agrega grande parte de seu trabalho.

O filósofo publica em 1967 o poema "*Radure*" ("Clareira") e o dedica a Martin Heidegger, o professor que o ajudou a encontrar a vocação. Lê-se na segunda estrofe: "Como pode um homem parar pelo seu caminho e perguntar: este é o meu destino?".[222]

Essa é uma questão que, sob uma notável variedade de formas, permanece no curso das publicações do autor. Ela indica três aspectos de seu pensamento: o primeiro é uma reflexão contínua sobre as vocações individuais e coletivas. O segundo é a pergunta sobre a atividade ou o atributo, qual a potencialidade ou a realidade que verdadeiramente caracteriza a humanidade, separando o homem do animal e o humano do inumano. O terceiro é a absoluta diversidade de sua escrita.

E, de fato, o conceito de potencialidade é decisivo no pensamento do filósofo e terá lugar nesta obra em item próprio. Ele se vale de uma

---

220 Ibidem, loc. cit.

221 AGAMBEN, G. Il luoghi della vita: depoimento. [8 de fevereiro, 2004]. Roma: Rai Radio Tre. Entrevista concedida a Roberto Andreotti e Frederico de Melis.

222 LA DURANTAYE, *Giorgio Agamben*, p. 3.

fórmula: *preferiria não.*[223] Trata-se de uma resistência do protagonista *Bartleby*,[224] da obra de Herman Melville, à barbárie do mundo moderno.

A potência não se esgota no ato. A possibilidade de execução indefinida não só aumenta a potência de seu executor como também o possibilita à escolha de não executá-lo. É "poder não-não passar ao ato".[225] Esta é a grandeza e a miséria da potência humana que se cuida de cultivar e de promover e é essa a grandeza e a miséria do ser humano que se encontra praticamente anulada na forma de vida que se estabeleceu, transformando nossa vida em *nuda vita.* A biopolítica, portanto, consolida-se como domínio sobre a vida. E Agamben, nessa esteira, considera que com uma profanação poder-se-á resistir a tudo isso, tentando-se uma nova política, um novo ser humano, uma nova comunidade, pensando e promovendo o reverso da vida nua, vale dizer, a potência da vida, e a vida humana como potência de ser e não ser.

A potência nos obriga a repensar na política o problema da conservação do poder constituinte no poder constituído, dirá Agamben na obra *La potencia del pensamento.*[226] Obriga-nos, também e neste caminho, à compreensão do conceito de soberania, Estado de Direito, de direitos humanos, de nação e de universalismo, entre outras categorias jurídicas aparentemente tão consolidadas e que, para o filósofo, estão comprometidas na luta da ética, porque essa luta, ele afirma, não se satisfaz mais ao exigir o cumprimento de normas jurídicas, nacionais e internacionais, de caráter fundamental.[227] A luta da ética é, na verdade, uma luta pela liberdade e que demanda o experimento da nossa "própria existência como ser".[228]

---

223 Do inglês "*I would prefer not to*". Selvino José Assmann e Beatriz de Almeida Magalhães, que traduzem Edgardo Castro, adotam *preferiria não.* SELVINO,Apresentação, p. 7; e CASTRO, *Introdução a Giorgio Agamben*, p. 167.

224 MELVILLE, H. *Bartleby, o escrivão* - uma história de Wall Street. São Paulo: Cosac & Naify, 2012.

225 AGAMBEN, *La potencia del pensamento*, p. 282.

226 Ibidem, p. 368.

227 SELVINO, Apresentação.

228 AGAMBEN, *La comunidad que viene*, p. 39.

O projeto filosófico-político de Agamben é traçado em *Mezzi senza fine - note sulla politica.*[229] As primeiras linhas da obra abrigam suas reflexões que problematizam o papel do jurídico no campo político e social da contemporaneidade. Uma das chaves do pensamento do autor, nesse trajeto, é do papel secundário e subalterno da política em relação ao direito, à religião e à economia. O pensador constata uma perda de seu *status* ontológico.

Na trilha desse projeto político, Agamben lança paradigmas,[230] que descreve como "genuinamente políticos"[231] e que, segundo defende, estão cercados de experiências e fenômenos não considerados políticos.

---

229 Idem, *Mezzi senza fine* - note sulla politica, "Avvertenza".

230 Ibidem. Giorgio Agamben, após mais de dez anos da publicação de *Mezzi senza fine*, em 2008 publica *Signatura rerum.* A obra é um estudo pormenorizado sobre o método das investigações nas ciências humanas e nela há um capítulo especialmente dedicado ao *paradigma.* O autor, assim, firma este conceito nas premissas de que o paradigma é uma forma de conhecimento não indutiva nem dedutiva, mas analógica e que se move da singularidade à singularidade. Na medida em que neutraliza a dicotomia entre geral e particular, o paradigma substitui a lógica dicotômica pela analogia bipolar. A estrutura que Agamben estabelece entre exceção soberana e sacralidade é um exemplo desta analogia bipolar, assim como o é a indiscernibilidade que ele marca entre os conceitos de potência e ato para o seu significado de soberania. Segue, ainda o autor, pontuando que o caso paradigmático assim se revela, suspendendo e expondo ao mesmo tempo seu afastamento do todo, de modo que não é mais possível separá-lo da exemplaridade e singularidade. O todo paradigmático não é nunca um pressuposto do paradigma, mas a ele é imanente. O paradigma, ainda, não é uma origem ou *arché*: cada fenômeno é origem e cada imagem é arcaica. Por fim, a historicidade do paradigma não está na diacronia ou na sincronia, mas em seu cruzamento.

231 Idem, *Mezzi senza fine*, Avvertenza.

Em *Signatura rerum*,[232] Agamben explicita melhor essa opção por paradigmas ao considerá-los não como hipóteses por meio das quais se pretende explicar a modernidade, reconduzindo-a a alguma coisa como uma causa ou origem histórica. Ao contrário, segundo o pensador italiano, seus paradigmas desempenham um papel de inteligibilidade a uma série de fenômenos cujo vínculo escapa ou poderia escapar de um olhar histórico. E essa inteligibilidade, detalha Agamben, tem uma característica ontológica e não se refere a uma relação cognitiva entre sujeito e objeto, como em Foucault, mas ao ser. Trata-se, dirá ele, de uma ontologia paradigmática.[233]

É por meio de uma analogia bipolar que os paradigmas agambeanos estabelecerão, assim, eixos de entendimento para os fenômenos e experiências que destituíram o caráter político do direito.

Os paradigmas eleitos por Agamben, e nos quais se vislumbram a discussão acerca da soberania, são a vida natural restituída ao centro da *polis*; o estado de exceção, que se revela estrutura cada vez mais fundamental e perene; o campo de concentração, uma zona de indiferença entre o público e o privado e, justamente, a matriz oculta do espaço político em que vivemos; os refugiados que, fraturando o nexo entre o homem e o cidadão, tornam-se, de uma figura marginal, fator decisivo da crise Estado-Nação moderno. E, mais recentemente, a teologia política que fundamenta no único Deus a transcendência do poder soberano derivando desse paradigma a teoria moderna da soberania.[234]

A soberania, para o filósofo italiano, é eixo central das obras *Homo sacer - o poder soberano e a vida nua - I*, *Estado de exceção* e *O que resta da Auschwitz*[235] e, destas, esta obra se ocupará em especial.

---

232 Idem, *Signatura rerum* - Sul metodo, p. 33.

233 Ibidem, loc. cit.

234 Idem, *O reino e a glória* - uma genealogia teológica da economia e do governo, Homo sacer, II, 2, p. 13.

235 Nesse sentido, CASTRO, *Introdução a Giorgio Agamben*, p. 75; DE SANCTIS, A. Agamben, nuda vita, oikonomia. Minima et Moralia, 2011; e MURRAY, WHITE, *The Agamben Dictionary*, p. 180.

Em *O reino e a glória* (*Homo sacer II*), Agamben aborda, todavia, a articulação dessa temática com o conceito de governo. Há o anúncio desse projeto no subtítulo da obra: uma genealogia teológica da economia e do governo. Percorrer aqui em detalhe esse vastíssimo percurso, porém, excederia em muito os objetivos deste livro.[236] Nos moldes daquela trilogia registrada em parágrafo anterior, o interesse também nesse livro de Agamben é a herança de Carl Schmitt e Michel Foucault para a compreensão dos fundamentos do poder ocidental.

Dessa forma, Giorgio Agamben inicia uma genealogia do poder, repensando todas as categorias de nossa tradição política à luz de uma relação entre poder soberano e a vida nua, segundo ele mesmo revela na apresentação de seu *Homo sacer - o poder soberano e a vida nua - I*. Modelos jurídicos, nessa dimensão estabelecida, são revisitados e a soberania é, ao que parece, nesse primeiro trabalho, a chave de um paradoxo constitutivo de todo o ordenamento legal.

---

236 Em item próprio, porém, terá lugar nesta obra, afastando-se desta profunda investigação genealógica da teologia, considerações sobre argumentos centrais da soberania e sua imbricação com o conceito de governo. Com efeito, a teologia cristã, esmiuçada por Agamben nesse denso livro, desdobra-se na teologia política e na teologia econômica. Da primeira, deriva o paradigma da teoria moderna da soberania, na medida em que ela fundamenta no único Deus a transcendência do poder soberano. Esta aproximação, ainda que o trabalho se afaste da genealogia teológica, será objeto de considerações. Não será objeto de estudo, porém, a teologia econômica e sua substituição da política pela *oikonomia* e sua derivação da biopolítica moderna "até o atual triunfo da economia e do governo sobre qualquer outro aspecto da vida social" (*O reino e a glória*, p. 12). Muito embora a biopolítica moderna tenha um essencial diálogo na temática da soberania, e nessa medida foi por diversas vezes aqui tratada, o desdobramento do pensador italiano não prescindiria de um fôlego para o qual este livro não tem alcance.

Dirá Agamben, no apoio teórico de Walter Benjamin, que a exceção é a forma originária do direito. Se a exceção é a estrutura da soberania, ela não é, então

> um conceito exclusivamente político, nem uma categoria exclusivamente jurídica, nem uma potência externa ao direito (Schmitt), nem uma norma suprema do ordenamento jurídico (Kelsen): ela é a estrutura originária na qual o direito se refere à vida e a inclui em si através da própria suspensão.[237]

Nos itens a seguir, serão discutidos alguns dos eixos que se reputam essenciais no pensamento de Agamben. Considerou-se essa opção um trajeto para o entendimento pelo autor do conceito de soberania em sua filosofia política.

### A ideia de potencialidade

A ideia de potencialidade é central, como se disse, nos trabalhos de Agamben.[238]

A despeito das diversas maneiras pelas quais a potencialidade é empregada na filosofia, como a "*cogitatio*" de Descartes ou o "*ereingnis*" de Heiddeger, Agamben não faz segredo do fato de que os contornos fundamentais de sua ideia de potencialidade devem ser traçados em Aristóteles.

Agamben observou que, tanto na física como na metafísica, Aristóteles ao mesmo tempo opôs e vinculou a potencialidade ("*dynamis*") à realidade ("energeia"), tendo cedido essa oposição à filosofia ocidental e à ciência.

De fato, Aristóteles articula a potencialidade com a realidade de duas maneiras: a primeira é a potencialidade de existir. Na segunda forma, a

---

237 AGAMBEN, *Homo sacer*, p. 35.

238 Nesse sentido, CASTRO, *Introdução a Giorgio Agamben*, p. 165; LA DURANTAYE, *Giorgio Agamben*, p. 18-24 e ASSMANN, S. Apresentação. In: AGAMBEN, *Profanações*, p. 8.

potencialidade de não ser ("*dynamis me enai*") ou também a impotência ("*adynamis*").[239]

Essa "potencialidade de não ser", entretanto, não deve ser compreendida como uma privação ou fraqueza, ou, ainda, como incapacidade real. Ela denota a possibilidade de que algo não venha a existir e, portanto, permaneça no nível de mera ou "pura potência".

Agamben ilustra com Bartleby, um escrevente que jamais cessa de escrever, mas "prefere não fazê-lo". Na obra *La comunidad que viene*, o filósofo explica:

> graças a essa potência de não pensar, o pensamento pode dirigir-se a si mesmo (a sua pura potência) e, em seu extremo apogeu, ser pensamento do pensamento. Isto que pensa o pensamento não é, sem embargo, um objeto, um ser-em-ato, mas aquela camada de cera, aquela tábula rasa, que não é senão a própria passividade, a pura potência própria (de não pensar): e na potência que se pensa a si mesmo, ação e paixão se identificam e o quadro para escrever se escreve a si mesmo ou, melhor, escreve a sua própria passividade.[240]

Para Edgardo Castro, a frase de Bartleby – *preferiria não* –, como se disse, é a fórmula de Agamben para a potência.[241]

Nesse sentido:

> Bartleby só pode sem querer, pode só de "*potentia absoluta*".[242] Porém, não por isso sua potência carece de feito nem permanece inativa por defeito de vonta-

---

239 AGAMBEN, *La comunidad que viene*, p. 35.

240 Ibidem, p. 36.

241 CASTRO, *Introdução a Giorgio Agamben*, p. 167.

242 A tese de que toda a potência é ao mesmo tempo potência e impotência não só levanta um problema a respeito do entendimento de Deus, mas também sobre a sua vontade, escreve Agamben. Para resolvê-lo, observa o filósofo italiano, os teólogos medievais valeram-se da distinção entre *potentia absoluta* e *potentia ordinata*. Absolutamente, Deus pode fazer

de. Ao contrário, ela excede à vontade por todas as partes (tanto a sua como a dos outros). Voltando à graciosa ocorrência de Karl Valetin ("ter vontade, isto é o que queria, porém não sentia que podia"), dele se poderia dizer que logrou poder (e não poder) sem querê-lo absolutamente. Por isso, a irredutibilidade de seu "preferiria não". Não é que não *queira* copiar ou que *queira* abandonar o escritório, somente prefere não fazê-lo. A fórmula pontualmente repetida destrói toda a possibilidade de construir uma relação entre poder e querer, entre "*potentia absoluta*" e "*potentia ordinata*". Ela é a fórmula da potência.[243]

Contudo, diante dessas premissas, a pergunta é: por que Agamben se interessa por uma categoria sem substância, um modo de potencialidade o qual, por definição, nunca adentra a esfera do real? Há um capítulo na obra *La comunidad que viene*, intitulado Bartleby, em que ele cita "De Anima", de Aristóteles,[244] para quem a potência é justamente o tema supremo da metafísica. Se o pensamento fosse, de fato, pontua Agamben, somente a potência de pensar esse ou aquele intelegível, então, argumenta Aristóteles, realizar-se-ia sempre o ato e permaneceria necessariamente inferior ao objeto. Todavia, o pensamento é, em sua essência, potência pura, isto é, potência também de não pensar e, como tal, como intelecto possível ou material, é comparado pelo filósofo grego a uma tábula para escrever sobre a qual não há nada escrito.

Aristóteles, entretanto, não estava interessado na potencialidade apenas para definir o pensamento. O que o levou a esse estudo foi essencialmente a grande questão da utilidade da vida, ou, ainda, para que serve a humanidade.[245] No primeiro livro da Ética a Nicômaco, Aristó-

---

qualquer coisa, porém, ordenadamente, ao contrário, só pode fazer o que se acorda com sua vontade. Assim, por exemplo, Deus poderia mentir, porém não quis fazê-lo (CASTRO, *Introdução a Giorgio Agamben*, p. 167).

243 Idem.

244 AGAMBEN, *La comunidad que viene*, p. 35-37.

245 LA DURANTAYE, *Giorgio Agamben*, p. 5, e CASTRO, *Introdução a Giorgio Agamben*, p. 169-170.

teles fala de felicidade e a escolha de temas como a honra, o prazer e a razão perpassam por ela. A relação dos meios para o fim é diferente, no entanto, no que diz respeito à própria felicidade. Conforme observa Aristóteles, a felicidade é buscada como seu próprio fim, e não como meio. E para que essa ideia, enquanto seu próprio fim, não permaneça imprecisa, a vocação essencial do homem ou mesmo sua função precisa ser determinada. A pergunta de Aristóteles[246] é: o homem possui apenas as vocações individuais, como arquiteto ou carpinteiro, ou há uma vocação em outro nível, da humanidade como um todo? Ou seja, há uma vocação coletiva?

Essa vocação coletiva, pode-se dizer, permeia grande parte dos trabalhos de Agamben e está intimamente vinculada a sua ideia de potencialidade. A filosofia da potencialidade do filósofo italiano se desenvolve na busca de respostas às tarefas específicas que a humanidade tem – ou não – a executar.

A ideia que Agamben expressa por intermédio de Bartebly ou de termos como inoperosidade, que se verá mais detidamente adiante nesta obra, é de que a humanidade não tem uma tarefa milenar ou messiânica para completar. A vocação individual e coletiva, para Agamben, não possui um conteúdo determinado. O termo inoperosidade não significa para ele uma apatia ou indiferença, mas, sobretudo, que a humanidade não apresenta uma função definida ou definível.

No capítulo sobre Ética, ainda do livro *La comunidad que viene*, Agamben discute essa importante temática da inoperosidade e da vocação humana. Segundo o autor:

> o feito do qual se deve partir todo o discurso sobre a ética é que o homem não é, e nem há de ser ou realizar nenhuma essência, nenhuma vocação histórica ou espiritual, nenhum destino biológico. Somente por isto pode existir algo como a ética: pois está claro que se o homem fosse ou tivesse que ser esta

246 LA DURANTAYE, *Giorgio Agamben*, p. 6.

ou aquela substância, este ou aquele destino, não existiria experiência ética possível, e só haveria tarefas que realizar.[247]

Neste ponto, em que a ontologia e a filosofia política convergem, a ideia de potencialidade é a última coisa não abstrata ou divorciada de preocupações contemporâneas. Responder à pergunta de Aristóteles com um *não* é olhar de forma agambeana nosso passado e presente, nossa história e nossa filosofia sob uma nova luz. Se, para Agamben, não houver uma vocação coletiva, a questão se torna o quê, individual e coletivamente, deve-se fazer.

Essa ontologia, mais recentemente explicitada pelo filósofo em *Signature rerum* na forma paradigmática, vem sendo buscada, pode-se dizer, e a partir de suas primeiras experiências com a vocação filosófica, desde a década de 1960 até os dias atuais.

Ainda em *Signature rerum*, Agamben declara que "o elemento genuinamente filosófico de qualquer trabalho seja de arte, ciência ou pensamento, é a sua capacidade de ser desenvolvido".[248] Para Agamben, o elemento filosófico – rico em potencialidade – é aquele que, embora presente, permanece tácito em um trabalho e é, dessa maneira, deixado para que os outros leiam nas entrelinhas e o formulem à sua própria maneira.[249]

A partir dessa descrição de filosofia e potencialidade, o diálogo que Agamben estabelece com outros pensadores não constitui uma surpresa. "Em um certo sentido", ele observou, "eu não acredito que eu jamais tenho feito nada, a não ser cultivar a capacidade de desenvolvimento contida nos autores que são importantes para mim, sejam autores como Benjamin ou Caproni, Heidegger ou Cavalcanti".[250]

As considerações alçadas nesta obra – que buscam percorrer as proximidades e os distanciamentos teóricos no tema da soberania nos trabalhos

---

247 LA DURANTAYE, *Giorgio Agamben*, p. 41.

248 AGAMBEN, *Signatura rerum*, p. 8.

249 LA DURANTAYE, *Giorgio Agamben*, p. 9.

250 AGAMBEN, G. "Um libro senza pátria": depoimento. [2001]. *EUtropia*, 2001, I, p. 44-46. Entrevista concedida a Frederico Ferrari.

de Agamben, Schmitt e Foucault – podem ser compreendidas também com um senso da própria potencialidade de cada um para o pensamento e a ação.

Ainda no que toca à ideia de potencialidade, é importante considerar aqui a concepção do *político* para Agamben, na medida em que estreitamente relacionada à sua discussão do conceito de soberania e à sua superação em seu pensamento.

O político, para Agamben, consiste em sua preocupação com vidas[251] e com as formas que ela adquire em sociedade.

Há, é bem verdade, uma amplitude dessa ideia nas obras de Agamben e, nesse sentido, muito ilustrativo é seu texto "Ideia da política", inserto na obra *Ideia da prosa.*[252] Nele, há uma descrição do esquecimento divino e do limbo que vivem os carentes de visão e, ao final, o que explica a raiz do "preferia não" de Bartebly. Trata-se da natureza própria do limbo, a mais antitrágica das figuras de Melville, contra o qual se desfaz, simultaneamente com a razão divina, toda a razão humana.

Essa diversidade de escrita rende a Agamben a crítica recorrente de que há, em seus trabalhos, uma "estetização da política", ou, ainda, de que seu pensamento literário-político não pode ser articulado dentro dos limites da ciência política.[253] Thomas Khurana[254] pondera que os trabalhos de Agamben não devem ser compreendidos como projetos políticos, mas como "modificações éticas". De qualquer maneira, para Agamben, ética, política e direito não devem mesmo ser tratados separadamente e essa premissa é uma das ideias-mestras de sua filosofia.

Em "Note sulla politica", na obra *Mezzi senza fine*,[255] Agamben destaca que a política contemporânea é, de fato, um experimento devastador que

---

251 Ibidem, p. 11.

252 AGAMBEN, G. *Ideia da prosa.* Lisboa: Cotovia, 1999, p. 69.

253 Nesse sentido, Bernstein, Mesnard, Kahan e Benjamin Morgan. LA DURANTAYE, *Giorgio Agamben*, p. 12.

254 Idem.

255 AGAMBEN, *Mezzi senza fine*, p. 88.

esvazia e desarticula em todo o planeta instituições e crenças, ideologias e religiões, identidades e comunidades, tornando-as definitivamente nulificadas. E é nesse contexto que, para o autor, o termo soberania não mais se relaciona com a categoria jurídica que a originou.

Em 2007, na obra *O reino e a glória*, Agamben parece enfrentar as críticas e esmiúça o que para ele representa a política. Vale a transcrição:

> A filosofia e a ciência política deixaram de formular as perguntas que, sempre que se analisam em uma perspectiva genealógica e funcional as técnicas e as estratégias do governo e do poder, são decisivas em todos os sentidos: de onde nossa cultura extrai mitológica e ficticiamente o critério da politicidade? Qual é a substância – o procedimento ou o limiar – o que permite conferir a alguma coisa um caráter propriamente político? A resposta que nossa investigação sugere é: a glória, em seu duplo aspecto, divino e humano, ontológico e econômico, do Pai e do Filho, do povo-substância ou do povo-comunicação.[256]

Para Agamben, há aspectos da vida informados pelas concepções políticas, ricos em consequências políticas e que normalmente são negligenciados. É por essa razão que o filósofo não formula a indagação do que seja política, mas, ao revés, de onde nossa cultura extrai seu critério para essa conceituação.

Como, em outras palavras, se alcança a ideia do que pertence ao âmbito da política e do que não pertence? Aristóteles acusou Platão de distinguir de maneira insuficiente as coisas da *polis* daquelas do *oikos*. Agamben não deseja fundir os dois conceitos, mas sim compreender de que modo as coisas, as ideias e as práticas adentram o que conhecemos por âmbito político. A incerteza relativa a essa questão é precisamente a razão pela qual ele fala, em *Homo sacer I*, de uma vocação política negligenciada, em necessidade de urgente atenção.

---

256 Idem, *O reino e a glória*, p. 282.

Ainda na *Ideia de prosa,* Agamben considera que a política "é o pensamento"[257] e a mais "autêntica dimensão da humanidade",[258] na obra *O reino e a glória.* Não se trata de imprecisão. Para esse filósofo, a política é todo o âmbito da ação humana e, ele aduz, "o que a poesia realiza em favor da potência de dizer, a política e a filosofia devem realizar em favor da potência de agir".[259] Como resultado, escreve Leland de La Durantaye,[260] o pensamento é por natureza político, assim como a política é por natureza filosófica. Os dois tópicos convergem na ideia de potencialidade para Agamben.

Na trilha do percurso desse filósofo, nenhuma ideia, como se viu, é tão importante como a da potencialidade. E, neste passo, sua relação com o poder. Essa relação vem estabelecida no texto "Ideia de poder", inserto no livro *Ideia da prosa.*[261] O prazer, dirá Agamben, inspirado no tratado que Aristóteles dedicou ao seu filho Nicômaco, é aquilo cuja forma é completa em cada instante, perpetuamente em ato. Dessa definição, resulta que a potência é o contrário do prazer. Ela é aquilo que nunca está em ato, que sempre falha o objetivo; em suma, é a dor. Se o prazer, de acordo com essa definição, pondera Agamben, nunca se desenrola no tempo, a potência se inscreve essencialmente na duração. Essas considerações permitem ao filósofo italiano lançar luz sobre as relações secretas que ligam o poder à potência. Existem, porém, forças que obrigam a potência a permanecer em si mesma. É sobre essas forças que, segundo Agamben, repousa o poder. Ele é o isolamento da potência em relação ao ato, a organização da potência. Apropriando-se da sua dor, o poder fundamenta sobre ela sua autoridade e deixa, por isso, o poder dos homens literalmente incompleto.

---

257 Idem, *Ideia de prosa*, p. 95.

258 Idem, *O reino e a glória*, p. 273.

259 Ibidem, p. 274.

260 LA DURANTAYE, *Giorgio Agamben*, p. 14.

261 AGAMBEN, G. *Ideia da prosa.* São Paulo: Autêntica, 2012, p. 63.

A preocupação de Agamben, todavia, não é meramente historiográfica. Ele pontua essa distinção:[262]

> [...] não se trata, para mim, de devolver atualidade a categorias filosóficas esquecidas há muito tempo; estou convencido, pelo contrário, de que este conceito nunca deixou de existir na vida e na história, no pensamento e na práxis desta parte da humanidade que agregou e desenvolveu sua potência a ponto de impor seu poder em todo o planeta.

Para Agamben, a questão da potencialidade está intimamente ligada não apenas à ideia da política, como aqui se consignou, mas também, o que nos interessa particularmente neste livro, às instituições do poder político. E, mais ainda, registra Lelande de La Durantaye,[263] as concepções da potencialidade condicionam as ideias de poder e seus limites. Hannah Arendt, diante do progresso da ciência, formulou a possibilidade de separação entre o eu-posso do eu-desejo. É precisamente a falha de reflexão sobre a diferença entre a possibilidade prática e a realidade ética, sobre o potencial e a possibilidade que motiva muitos dos trabalhos de Agamben. Como resultado, ele caracterizou seu objetivo como nada menos do que "sair o político de sua ocultação (ocultamento) e, ao mesmo tempo, restituir o pensamento a sua vocação prática".[264] Essa vocação prática é aquela que, por sua vez, relaciona uma urgência particular – *a urgência da catástrofe.*[265] A catástrofe, no caso, é que o estado de exceção corre o risco de tornar-se a regra e que os abusos excepcionais de poder se tornem norma. E que nós também os aceitemos como tal.

O cenário político vislumbrado por Agamben, ainda que sombrio, não é apocalíptico e tampouco pessimista ou niilista. Ele é causa para esperança. Parafraseando Marx, Agamben observou que "o estado abso-

262 Idem, *La potencia del pensamento*, p. 351.

263 LA DURANTAYE, *Giorgio Agamben*, p. 14.

264 AGAMBEN, *Homo sacer*, p. 12.

265 Ibidem, p. 20.

lutamente desesperado dos assuntos na sociedade na qual vivo me enche de esperança".[266] E é essa esperança que motiva as posturas consideradas extremas e assumidas em seus trabalhos.

Nada mais óbvio, como diz Adorno, que o fato de que viver sem fome e sem medo deveria ser direito comum de todos. E nada é mais óbvio que o distanciamento dessa condição. Um ponto relevante de concordância entre pensadores políticos contemporâneos das mais diversas abordagens, de Adorno a Habermas, de Deleuze a Negri, de Baudrillard a Zizek, de Debord a Bourdieu, é que o meio pelo qual a sociedade controla seus sujeitos é cada vez mais difícil de perceber e que as possibilidades de mudança são cada vez mais difíceis de aquilatar.

Talvez essa ideia-chave seja mesmo a maior aproximação entre Schmitt, Foucault e Agamben.

Seguir uma vocação, para Agamben, ao mesmo tempo política e filosófica, é agir e pensar no fundamento em algo sabido: que as coisas no mundo não apenas podem, mas deveriam ser diferentes. A tarefa do filósofo, para o autor, ao que parece, é não apenas perceber esse fato, mas, sobretudo, conceber como ele poderia deixar o âmbito do condicional e adentrar o mundo do real dos assuntos humanos – não como teoria abstrata, mas como potência do real.

## A ideia de inoperosidade

De maneira estreita à noção de potencialidade – e, consequentemente, da potência-de-não –, há em Agamben uma outra noção fundamental de seu pensamento: a inoperosidade.

A concepção de inoperosidade, para Agamben, deve muito à noção de *désoeuvrement* de Georges Bataille.[267] Trata-se da rejeição mais radical dos objetivos utilitários da sociedade moderna. Parecia a Bataille que a sociedade e seus modos dominantes de se autoconceber estavam cada vez

---

266 GRELET, S.; POTTE-BONNEVILLE, M. Une biopolitique mineure, une entretien avec Giorgio Agamben. Paris, *Vacarme*, 10, 1999, p. 4-10.
267 LA DURANTAYE, *Giorgio Agamben*, p. 17.

mais focalizados em formar um corpo político homogêneo. *Désoeuvrement* foi o nome que ele deu em resposta a essa tendência totalizadora e foi por meio dela que ele buscou formas de "negatividade" - uma "negatividade sem emprego". Tal negatividade seria tão radical e excessiva que escaparia das formas de controle social, bem como, em nível filosófico, da órbita centrípeta da dialética de Hegel.[268] Na própria pessoa e pensamento de Bataille, a *désoeuvrement* representava um comprometimento com a inatividade e com o excesso, uma recusa de contribuir com o trabalho de sua sociedade. Foi o que o levou a uma aproximação com comunidades esotéricas e a exploração das possibilidades do erotismo.

Agamben utiliza o termo, muitas vezes em francês, não só como recusa de fazer o trabalho de uma sociedade coercitiva, mas também como uma reflexão ontológica sobre as modalidades do ser. Em *Homo sacer, I*, ele escreve:

> o único modo coerente de entender a inoperosidade seria pensá-la como um modo de existência genérica da potência, que não se esgota (como a ação individual ou coletiva, entendida como a soma das individuais) em um '*transitus de potentia ad actum*' (trânsito da potência ao ato).[269]

Agamben considera que o termo inoperante é o outro lado da potencialidade: a possibilidade de que uma coisa possa não vir a ser. Tanto para ele como para Aristóteles, a potencialidade concebida como sendo meramente o potencial-de-ser constitui uma metade de um todo. A ideia de potencialidade igualmente inclui uma potencialidade que não evolua em ação, isto é, verdadeiramente potencial, no sentido de que contém a possibilidade de não realizar. A potencialidade suprema exige então, ele afirma,[270] uma potencialidade e uma impotência e, por essa razão, Agamben conclui que a política é aquela que corresponde à inoperosidade essencial da humanidade.

---

268 Ibidem, loc. cit.

269 AGAMBEN, *Homo sacer*, p. 69.

270 Idem, *La comunidad que viene*, p. 36.

Em *Mezzi senza fine*,[271] essa ideia fica mais clara. Agamben cita novamente Aristóteles em uma passagem que considera decisiva. O filósofo grego se pergunta, em Ética a Nicômaco, se, em certo ponto, haveria um "*ergon*", um ser-sem-ato e uma obra própria do homem, ou se esse não seria, por acaso, como tal, essencialmente "*argos*", sem obra, inoperante. Há política porque o homem é um ser "*argos*", que não se define por nenhuma operação própria, isto é, um ser de pura potência, que nenhuma identidade e nenhuma vocação podem exaurir.

De que modo, prossegue Agamben, essa "*argía*", essas essenciais inoperosidade e potencialidade poderiam ser assumidas sem tornar-se uma tarefa histórica, ou seja, de que modo a política poderia ser nada mais que a exposição da ausência da obra do homem e quase de sua indiferença criadora ante qualquer tarefa e, só nesse sentido, permanecer integralmente voltada à felicidade - eis o que, por meio e além do domínio planetário da vida nua, constitui o tema da política que vem.

A inoperosidade para Agamben é, enfim, o paradigma da política que vem, ou do pensamento que vem, e ele o relaciona com outro paradigma igualmente fundamental na compreensão de seu pensamento - o messianismo.

## A ideia de messianismo

A tarefa da política que vem, ou do pensamento que vem, já que para Agamben política é pensamento, como visto, o levará a abordar o problema do messianismo,[272] e ele pondera em *Mezzi senza fine*[273] que o "pensamento que vem deverá, portanto, tentar levar a sério o tema Hegel-Kojèviano (e marxiano) do fim da história, bem como o tema heideggeriano do ingresso na Ereignis como fim da história do ser".

É justamente nesse capítulo, em "Note sulla politica", inserto na obra *Mezzi senza fine*, que Agamben parece introduzir, diante desse contexto,

---

271 Idem, *Mezzi senza fine*, p. 109.

272 CASTRO, *Introdução a Giorgio Agamben*, p. 178.

273 AGAMBEN, *Mezzi senza fine*, p. 88.

a necessidade do abandono ou de uma reformulação dos conceitos de soberania e de poder constituinte.

A temática de Alexandre Kojève da pós-história e do fim da história surge de forma frequente nos trabalhos de Agamben. A tese do fim da história decorre de uma interpretação daquele filósofo ao capítulo oitavo da *Fenomenologia do espírito*, de Hegel. A concepção hegeliana do tempo, para Kojève, implica que esse tempo e o homem, propriamente dito, chegam ao seu fim quando a luta, a negatividade que deu origem à história com a aparição das figuras do senhor e do escravo, faz surgir o Estado universal e homogêneo e tanto o senhor como o escravo se convertem em cidadãos e a filosofia chega a ser sabedoria.

De fato, acima de tudo, o pensamento de Kojève[274] se apresenta como uma Sabedoria de natureza pós-filosófica, e é essa Sabedoria (e, para ele, não a filosofia como tal) que explica o comprometimento do Sábio que possui o Discurso sintético total, absolutamente coerente, com o Estado e no Estado em que ele vive e pensa. Ele mostra que o Estado – como tentará demonstrar Kojève em seu *Esboço de uma fenomenologia do direito* – apresenta-se, em seus princípios, em conformidade com a Verdade discursiva ainda chamada Conceito. Por isso que, em seguida, a ação do Sábio, pondera Kojève, deve procurar mediar os princípios conceituais do fundamento do Estado pós-revolucionário, universalizando-os e homogeneizando-os de forma concreta, por meio da consideração do desvio residual entre o discurso absoluto e a realidade do momento. Essa realidade do momento é entendida, segundo Kojève, erroneamente, como histórica.

A forma que toma a humanidade no fim da história, já alcançada, argumenta Kojève, parece interessar particularmente a Agamben. Trata-se de uma animalização do homem. Há uma perda da busca de Sabedoria, desaparecendo o conhecimento discursivo do mundo e de si. Em um primeiro momento, Kojève identifica o modo de vida do homem na

274 HUISMAN, D. *Dicionário dos filósofos*. São Paulo: Martins Fontes, 2001. Verbete "Kojève", p. 574-576.

pós-história como o *American way of life* (uma vida satisfeita, embora não feliz), mas uma viagem ao Japão altera sua concepção. Ele considera, então, comportamentos formalizados, desprovidos de conteúdo histórico – o esnobismo – como o verdadeiro homem pós-histórico. A Kojève,[275] para ser humano, o homem, ainda que desapareça toda a atividade negadora, deve poder opor, de algum modo, o Sujeito ao objeto.

Essa mudança de visão do homem pós-histórico, na verdade, assinala Edgardo Castro,[276] é tradução da resposta de Kojève de seu conceito de esnobismo na maneira de dar emprego à negatividade humana, ou seja, uma resposta clara a Bataille.

Dessa polêmica, Agamben se ocupa em seu livro *A linguagem e a morte* e da questão da animalidade,[277] sua relação com a *Ereignis* heideggeriana e a inoperosidade, em vários outros trabalhos, que aqui serão retomados somente no que concerne à soberania.

Contudo, tratando da lógica da soberania, em *Homo sacer*,[278] a partir da interpretação da expressão *diante da lei*, no relato de Kafka em que um camponês, situado diante da porta aberta, custodiado por um guardião, não é capaz de atravessá-la, Agamben suscita a relação entre *bando*[279] e

275 CASTRO, *Introdução a Giorgio Agamben*, p. 173.

276 Ibidem, loc. cit.

277 Na obra *O aberto*, p. 35, em que Agamben trata mesmo dessa cesura entre o homem e animal, chega ele a afirmar que essa problemática segue "mais urgente do que tomar posição acerca de grandes questões acerca dos denominados valores e direitos humanos".

278 AGAMBEN, *Homo sacer*, p. 63-65.

279 O *bando*, na língua italiana, é termo semântico ambíguo que registra a condição de "a mercê de" ou "ao talante". Bandido quer dizer "excluído" ou "aberto a todos". O bando é, propriamente, a força, simultaneamente atrativa e repulsiva, que liga os dois polos da exceção soberana: a vida nua e o poder, o *homo sacer* e o soberano. Por isso, pode significar a insígnia da soberania e da expulsão da comunidade. Esse conceito, assim como o de *bando soberano*, será utilizado por Agamben em vários momentos.

messianismo. O Messias, afirma esse filósofo, poderia ter esperado fechar a porta para que a lei em vigência possa ter significado. E, mais adiante, afirma que as aporias messiânicas desse camponês exprimem exatamente a dificuldade do nosso tempo na tentativa de encontrar uma saída do *bando soberano*.

"Do ponto de vista político-jurídico", Agamben explicita,[280] "o messianismo é [...] uma teoria do estado de exceção; só que quem o proclama não é a autoridade vigente, mas o Messias que subverte o seu poder". Nesse ponto, Agamben dialoga claramente com Walter Benjamin e essa relação terá abordagem própria nesta obra.

No entanto, enquanto uma lei sem significado tende a coincidir com a vida, no estado de exceção de Benjamin, o que proclama o Messias, a vida transforma-se inteiramente em lei. E é nesse cenário que Agamben faz referência à tese de Kojève sobre o Estado universal, homogêneo. Ainda em *Homo sacer, I* se vê:

> As teses kojèvianas sobre o fim da história e sobre a consequente instauração de um Estado universal homogêneo apresentam muitas analogias com a situação epocal que descrevemos como vigência sem significado (isto explica as hodiernas tentativas de reatualizar Kojève num tom liberal-capitalista). O que é, na verdade, um Estado que sobrevive à história, uma soberania estatal que se mantém além do atingimento de seu "*télos*" histórico senão uma lei que vigora sem significar? Pensar uma realização da história em que perdure a forma vazia da soberania é tão impossível quanto pensar a extinção do Estado sem a realização de suas figuras históricas, dado que a forma vazia do Estado tende a gerar conteúdos epocais e estes, por sua vez, procuram uma forma estatal que se tornou impossível (é o que está ocorrendo na ex-União Soviética e na ex-Iugoslávia).[281]

---

280 AGAMBEN, *Homo sacer*, p. 63-65.

281 Ibidem, p. 67-69.

Agamben encontra, portanto, na relação que se estabelece entre soberania e vida no fim da história, um diagnóstico do devir da política no século XX. Em *Mezzi senza fine*,[282] ele pontua essa assunção do Estado da vida nua quando esclarece que a partir do final da Primeira Guerra Mundial restou evidente que, para os Estados-nações europeus, não há mais tarefas históricas assinaláveis. De nada serviu a natureza dos grandes experimentos totalitários do século XIX, uma vez que significaram apenas um prosseguimento das últimas tarefas do Estado-nação do século XVIII, ou seja, o nacionalismo e o imperialismo. O que está em jogo para o Estado é, na verdade, sua tarefa de assumir a existência fática dos povos.

Em outras palavras: sua vida nua. Nesse aspecto, segue Agamben, o totalitarismo do nosso século constitui outra face da ideia Hegel-kojèviana de um fim da história: o homem chegou agora ao *télos* histórico e não resta outro senão a despolitização das sociedades humanas por meio do destaque incondicional do reino da *oikonomia* ou da assunção da própria vida biológica como tarefa política suprema.

É por essa razão, assinala Edgardo Castro,[283] que para Agamben a tarefa do pensamento que vem não consiste em deixar de lado a tese do fim da história, mas em pensar conjuntamente o fim da história Hegel-kojèviano e o tema heideggeriano da *Ereignis*. Essa exigência, como se disse, é o que o levará a abordar o problema do messianismo.

E não há outra obra mais decisiva, além do *Homo sacer, I*, que *Il tempo che resta* para encontrar em Agamben uma das formulações mais decisivas de seu pensamento. Compreender, para o autor, o tempo messiânico, é pensar nosso estado político atual e buscar soluções para o estado de exceção permanente no qual estamos inseridos.

---

282 Idem, *Mezzi senza fine*, p. 108.

283 CASTRO, *Introdução a Giorgio Agamben*, p. 178.

Em entrevista concedida[284] no momento em que preparava *Il tempo che resta*, o filósofo assim explica:

> [...] O que me interessa nos textos de Paulo não é exatamente o domínio da religião, mas aquele domínio pontual que possui ligação com o religioso, mas que não coincide com ele: o messiânico, um domínio muito próximo do político. Lá, é sobretudo um outro autor que é decisivo para mim, um autor que não é de nenhuma maneira religioso: me refiro a Walter Benjamin, que pensa o messiânico como paradigma do político, ou melhor, do tempo histórico.

E o tempo messiânico, Agamben explicita:

> [...] é um modelo de tempo bem complicado, porque não é um tempo a advir, a escatologia futura, o eterno, nem exatamente o tempo histórico, o tempo profano, é um pedaço de tempo retirado do tempo profano que, de um só golpe, se transforma.[285]

Muito embora esta obra não tenha por horizonte o encontro de Agamben com Benjamin, não se pode deixar aqui de considerar o fato de que esse diálogo com o filósofo alemão[286] possibilitou que o estado de exceção para o primeiro se tornasse paradigma da política contemporânea.

É mister uma última observação acerca da concepção de messianismo em Agamben vinculada à temática deste livro. Esse filósofo indica que a religião, com o conceito de messianismo, busca enfrentar o problema da lei. No caso de Paulo, a relação entre fé e lei é pensada com o verbo *katargéo*. Esse vocábulo "é um composto de "*argeo*", que deriva, por sua vez, do adjetivo "*argos*", que significa inoperante, não em obra (*aergos*). A junção significa então que "faço inoperante", desativo, sus-

---

284 GRELET, POTTE-BONNEVILLE, Une biopolitique mineure, une entretien avec Girogio Agamben, p. 4-10.

285 Idem.

286 E, para além dele, Schmitt.

pendo a eficácia".[287] Por essa razão, o messianismo não é a destruição da lei, mas sua desativação, seu torná-la inoperante. A lei é, dessa forma, ao mesmo tempo suspensa e realizada.

Nessa perspectiva, Agamben observa que Schmitt, em sua teoria do estado de exceção, introduziu, na verdade, na sua doutrina jurídica, uma proposição teológica que não pode ser considerada oficial da Igreja, mas não deixa de ter uma origem paulina.

## A ideia do profano

A solução, segundo Giorgio Agamben, para os problemas dos poderes destrutivos do estado de exceção, que para ele funda o Estado, somente é possível pela neutralização do que ele chama de "estado real de exceção".[288] E essa concepção precisa ser compreendida por meio de uma outra ideia, mais recente e central na escrita desse filósofo: a profanação.

A profanação, ao que parece, é mesmo uma tentativa de superação da soberania para Agamben e esse assunto será objeto do trato do Capítulo 4 desta obra. Lançam-se, porém, neste item, algumas observações preliminares acerca desse conceito com o intuito de fornecer um esboço do itinerário do pensamento do autor.

É em *Profanações*,[289] no capítulo "Elogio da profanação", que o autor apresenta essa ideia de forma mais clara.

Os juristas romanos, para Agamben, sabiam perfeitamente o significado de "profanar". Se consagrar designava a saída das coisas da esfera do direito humano, profanar, por sua vez, significava restituí-las ao livre uso dos homens.

---

287 AGAMBEN, G. *Il tempo che resta*. Torino: Bollati Boringhieri Editore, 2000, p. 91.

288 O "estado real de exceção", para Agamben, é um estado revolucionário, no qual uma relação totalmente diferente da lei com a vida prevaleceria (LA DURANTAYE, *Giorgio Agamben*, p. 351).

289 AGAMBEN, *Profanações*, p. 65.

O autor segue considerando a importância da relação entre "usar" e "profanar". É o sacrifício que torna o profano sagrado, que transmuda o humano para a esfera do divino, e a relação inversa ocorre quando acontece o uso, o contato humano com o sagrado. Há uma devolução ao uso, com o simples tocar, daquilo que o sagrado havia separado.

Assim como o termo *sacer* – sagrado – expressa uma ambiguidade fundamental porque designa tanto o indivíduo consagrado aos deuses como o maldito excluído da comunidade, consagrar e profanar são os dois polos de uma mesma máquina sacrificial.[290]

É interessante a análise de Agamben sobre religião e separação. Na verdade, ele pondera,[291] o termo *religio* tem origem etimológica não em *religare* (ligação que une o homem ao divino), mas em *relegere*, que indica a atitude de escrúpulo e de atenção para as formas que deve caracterizar as relações com os deuses e os homens no objetivo de respeitar a separação entre o sagrado e o profano. A *religio*, portanto, cuida de manter distintos os homens e os deuses e sua preocupação é com a falta de observação das normas diante das formas da separação e seu significado. Profanar, dessa maneira, significa uma forma especial que ignora a separação, ou mesmo faz dela um uso particular.

A passagem do sagrado ao profano pode ainda, para Agamben, se dar pelo uso de um jogo, de maneira lúdica. A potência do ato sagrado, citando Émile Benveniste, reside na conjunção do mito que narra a história com o rito que a reproduz e a põe em cena. E o jogo justamente rompe a esfera do sagrado sem, contudo, aboli-lo completamente. Ao brincarem, as crianças transformam em brinquedos tudo o que pertence a outras esferas, como, por exemplo, pontua o autor, a economia, a guerra, o direito. E, nesses casos, diferentemente do que acontece com a religião, não há mais um descuido de formas, mas sim uma nova dimensão do uso que crianças "e filósofos conferem à humanidade".[292]

---

290 CASTRO, *Introdução a Giorgio Agamben*, p. 183 e 69.

291 AGAMBEN, *Profanações*, p. 66.

292 Ibidem, p. 67.

Interpretando Benjamin (*O novo advogado*), esse uso, para Agamben, traduz para o direito não mais sua aplicação, mas apenas seu estudo como a porta da justiça:

> [...] a potência do direito [...] desativado em jogo torna-se a porta de uma nova felicidade. E mais adiante ele afirma: "Fazer com que o jogo volte a sua vocação puramente profana é uma tarefa da política".[293]

Neste ponto há uma distinção entre secularização e profanação,[294] importante para a compreensão dos trabalhos desse filósofo. A secularização, para Agamben, "é uma forma de remoção que mantém intactas as forças, que se restringe a deslocar de um lugar a outro".[295] Assim, a secularização política de conceitos teológicos (a transcendência de Deus como paradigma do poder soberano) limita-se a transmutar a monarquia celeste em monarquia terrena, deixando, porém, intacto seu poder. A profanação, explicita ele,[296] implica, por sua vez, uma neutralização daquilo que profana. Depois de ter sido profanado, o que estava indisponível e separado perde sua aura e acaba sendo restituído ao uso. Ambas as operações são políticas, mas a primeira tem a ver com o exercício de poder, o que é assegurado remetendo-o a um modelo sagrado; a segunda desativa os dispositivos do poder e devolve ao uso comum os espaços que ele havia confiscado.

Nessa perspectiva, Agamben pretende continuar as reflexões de Benjamin no que considera um de seus mais profundos fragmentos: "O capitalismo como religião". Trata-se de uma indicação benjaminiana do capitalismo como um fenômeno religioso, cujo mecanismo sacrificial consiste em separar os homens das coisas e de si mesmos para torná-los mercadorias. O espaço onde foi separado o uso comum dos homens

---

293 Ibidem, loc. cit.

294 Ibidem, p. 68.

295 Ibidem, loc. cit.

296 Ibidem, loc. cit.

chama-se consumo. Ele é a esfera, simultaneamente, separada e exibida onde coisas convertem-se em mercadorias.

E o consumo, para Agamben, retomando a argumentação do Papa João XXII,[297] é definido como a impossibilidade de uso. Consumir, de fato, não é em um ato de uso, mas de destruição. Por essa razão, o capitalismo nos põe ante um improfanável. Em um primeiro momento, parece impossível restituir ao uso comum o que foi convertido em mercadoria. Contudo, para Agamben, esse improfanável sobre o qual se funda a religião capitalista não é, em suas palavras, "de fato tal, e que atualmente ainda haja formas eficazes de profanação".[298] Um exemplo é o jogo. A possibilidade de criação, enfim, de um novo uso, desativando, tornando inoperoso o velho.

Ele conclui: "A profanação do improfanável é a tarefa política da geração que vem".[299]

## Perspectivas da soberania em Giorgio Agamben

### Considerações iniciais

O *político* representa nos trabalhos de Agamben um importante componente. Se foi no texto "Tiananmen", da obra *La comunidad que vine*, de 1990, que ele emprestou ao Estado um novo contexto aos seus trabalhos,[300] em "Note sulla politica", item do terceiro capítulo de *Mezzi senza fine*,[301] obra sucessiva ao *Homo sacer*, o filósofo apresenta um quadro de eclipse da política que decorre, em grande parte, do esvaziamento do conceito

---

297 Ibidem, p. 72.

298 Ibidem, p. 74.

299 Ibidem, p. 79.

300 AGAMBEN, *La comunidad que viene*, p. 69-71. Assim, Agamben enuncia: "Posto que o fato novo da política que vem não é a luta para a conquista ou controle do Estado (a Humanidade), mas a disfunção insuperável das singularidades quaisquer e a organização estatal [...] pois o Estado, como demonstrou Badiou, não se funda mais sobre um pacto social, de que seria expressão, mas sobre a sua dissolução, que proíbe".

301 Idem, *Mezzi senza fine*, p. 87-93.

de soberania. Política, direito e economia se dissolvem compondo um único cenário homogêneo carente de realidade.

A queda do partido comunista soviético e a dominação desvelada no Estado democrático-capitalista permitiram excluir do campo teórico os dois maiores obstáculos ideológicos que se contrapunham a toda empreitada de uma filosofia política digna do nosso tempo: o stalinismo de uma parte, a ideologia progressista e do Estado de Direito de outra. Dessa forma, hoje o pensamento depara, pela primeira vez, com a obrigação de assumir uma tarefa sem ilusão e sem quaisquer álibis possíveis do passado.[302]

O projeto de Agamben está bem explicitado em uma entrevista concedida a Flavia Costa.[303] A transcrição não é pequena, mas interessante porque condensa seu rigoroso programa de pensamento e sua organização:

> Quando comecei a trabalhar em *Homo sacer*, soube que estava abrindo um canteiro que implicaria anos de escavações e de pesquisa, algo que não poderia jamais ser levado a termo e que, em todo caso, não poderia ser esgotado certamente em um só livro. Daí que o algarismo I no frontispício de *Homo sacer* é importante. Depois da publicação do livro, frequentemente me acusam de oferecer ali conclusões pessimistas, quando na realidade deveria ter ficado claro desde o princípio que se tratava somente de um primeiro volume, no qual expunha uma série de premissas e não de conclusões.
>
> Talvez tenha chegado o momento de explicitar o plano da obra, ao menos tal como ele se apresenta agora em minha mente. Ao primeiro volume (*O poder soberano e a vida nua*, publicado em 1995), seguirá um segundo, que terá a forma de uma série de investigações genealógicas sobre os paradigmas

302 AGAMBEN, G. Le commun: comment en faire usage. *Revista Multitudes*, jul. 2004. Disponível em: <http://www.multitudes.net/Le-commun-comment-en-faire-usage/>.

303 No Brasil publicada pela *Revista do Departamento de Psicologia - UFF*. AGAMBEN, G. Entrevista com Giorgio Agamben: depoimento. [2006]. *Revista do Departamento de Psicologia - UFF*, n. 1, jan.-jun. 2006, p. 131. Entrevista concedida a Flavia Costa.

(teológicos, jurídicos e biopolíticos) que têm exercido uma influência determinante sobre o desenvolvimento e a ordem política global das sociedades ocidentais. O livro *Estado de exceção* (publicado em 2003) não é senão a primeira dessas investigações, uma arqueologia do direito que, por evidentes razões de atualidade e de urgência, pareceu-me que devia antecipar em um volume à parte. Porém, inclusive aqui, o algarismo II, indicando a sequência da série, e o algarismo I no frontispício indicam que se trata unicamente da primeira parte de um livro maior, que compreenderá um tipo de arqueologia da biopolítica sob a forma de diversos estudos sobre a guerra civil, a origem teológica da *oikonomia*, o juramento e o conceito de vida (*zoé*) que estavam já nos fundamentos de *Homo sacer I.* O terceiro volume, que contém uma teoria do sujeito ético como testemunha, apareceu no ano de 1998 com o título *Ciò che resta di Auschwitz. L'Archivio e il testimone.* No entanto, talvez será somente com o quarto volume que a investigação completa aparecerá sob sua luz própria. Trata-se de um projeto para o qual não só é extremamente difícil individualizar um âmbito de investigação adequado, senão que tenho a impressão de que a cada passo o terreno desaparece debaixo dos meus pés. Posso dizer unicamente que no centro desse quarto livro estarão os conceitos de forma de vida e de uso, e que o que está posto em jogo ali é a tentativa de capturar a outra face da vida nua, uma possível transformação da biopolítica em uma nova política.

O conceito de soberania é o tema central, como já se registrou, das obras *Homo sacer - o poder soberano e a vida nua* (1995), de *O que resta de Auchwitz* (1998) e o *Estado de exceção* (2003). Na obra *O reino e a glória: para uma genealogia teológica da economia e do governo* (2007), Agamben explora o conceito de governo. Será esse o percurso seguido por esta obra nos próximos itens, abordando-se, em especial, os três primeiros livros, mas considerando-se fundamentais nesse trajeto ponderações da soberania relacionadas à exceção e à potência.

A necessidade, portanto, posta pelo filósofo italiano é de repensar todas as categorias de nossa tradição política à luz da relação entre poder soberano e vida nua. Essa tarefa ele começa a enfrentar com *Homo sacer, I.*

## O *Homo sacer*: o direito e a vida nua como protagonistas

Agamben anuncia, na introdução do *Homo sacer - o poder soberano e a vida nua, I*, que o "protagonista deste livro é a vida nua, isto é, a vida matável e insacrificável do *homo sacer*".[304] Ao final da parte I, ele, ao estabelecer as análises de Benjamin da lei e da vida, salienta a inflexão da noção de vida: a *nuda vita* e *blosse Leben*. Para Agamben, portanto, a vida nua é outra maneira de dizer *blosse Leben*. Essa expressão designa uma vida despojada de todas as qualificações e concebida independentemente de seus atributos tradicionais. Muito embora Benjamin não ofereça mais pistas de como essa expressão deva mesmo ser compreendida, está claro que vida nua não é um estado inicial, mas sim despojado de predicados e atributos, aquilo que permaneceu após a retirada de todas as suas formas.

A epígrafe do livro dá a ideia do interesse de Agamben em como lei enxerga a vida. Ele transcreve de Savigny, célebre jurista do século XIX: "A lei não existe em si mesma; sua essência é, ao invés disto, as vidas dos indivíduos - vistas de um certo lado".

Os primeiros estudos formais de Agamben foram de direito, como já se anotou, e ele o relaciona de forma constitutiva com a filosofia. O trabalho filosófico, para ele, significa uma decisão constante sobre essa relação.[305] Se os primeiros livros do autor desenharam uma concepção alienada da arte e da estética, da representação, da linguagem e da comunidade, *Homo sacer, I* investiga uma concepção alienada do direito.

Assim, na epígrafe de sua obra, Agamben se volta para a vida desde as primeiras palavras de seu livro. Ele se interessa pela dupla acepção do vocábulo no mundo grego, questionando-se, concomitantemente, pela ausência de distinção que o caracteriza hodiernamente.

Dessa maneira, conforme observa Agamben, para os gregos, o termo *zoé* designava *vida* no sentido do "simples fato de viver, comum a todos os seres viventes (animais, homens ou deuses)" e, por essa razão, o ter-

---

304 AGAMBEN, *Homo sacer*, p. 16.

305 LA DURANTAYE, *Giorgio Agamben*, p. 204.

mo sintomaticamente não admitia uma forma plural. *Zoé* era então a vida em seu sentido mais geral, tão geral quanto *ser*. O segundo termo, *bios*, referia-se às formas que nossa vida toma – a "forma ou maneira de viver, adequada a um indivíduo ou grupo". Além do fato indiferenciado de uma coisa estar viva – *zoé* –, há modos específicos de vida – *bios*. Essa distinção correspondia a uma divisão fundamental do panorama político dos gregos. Para eles, "a vida simples e natural" (*zoé*) não era um assunto da cidade (*polis*), mas, em vez disso, do lar (*oikos*), enquanto *bios* era a vida que dizia respeito à *polis*.

Havia, portanto, nas próprias palavras que os gregos usavam para expressar as divisões de sua cultura, uma distinção entre a vida que era o negócio e a preocupação da cidade-estado, e a vida privada que residia além de seu domínio. Por que não deveríamos ter preservado tal distinção fundamental nas palavras que usamos para expressar nosso mundo? Agamben está intensamente interessado na resposta a essa pergunta, ao que parece. O que o move não é responder à indagação em termos meramente históricos ou linguísticos. Seu objetivo reside em outro lugar: enxergar a fusão dos termos como paradigmáticos de nossas preocupações políticas mais prementes.

Nesse contexto, fica mais compreensível a figura enigmática do *homo sacer* tendo em vista a problematização da vida e do direito. De fato, a ideia do sagrado está presente nas obras de Agamben desde *A linguagem e a morte*, de 1985. *Homo sacer* é um termo jurídico da lei romana arcaica que designa um indivíduo que, em resposta a uma grave quebra de conduta, é expulso da cidade. A partir de seu reconhecimento ritual como homem sagrado, ele pode ser morto com impunidade por qualquer pessoa, todavia não pode ser usado em rituais sacrificiais que demandem a supressão de uma vida. Esse homem sagrado é, portanto, removido da atividade social e da legislação dessa sociedade. A única lei que ainda se aplica a ele é a da exclusão.

A sacralidade da vida nua, para Edgardo Castro,[306] configura-se não de uma ambiguidade, mas de uma dupla exceção que a exclui, incluindo-a tanto no direito divino, que por essa razão não pode ser objeto de sacrifício, como no direito dos homens, que, igualmente por essa razão, pode dispor dela sem cometer homicídio. Não é a ambiguidade do sagrado que explica a sacralidade da vida nua, mas seu isomorfismo com a relação de exclusão inclusiva do dispositivo soberano. Destaca Agamben:

> [...] soberana é a esfera na qual se pode matar sem cometer homicídio e sem celebrar um sacrifício, e sacra, isto é, matável e insacrificável, é a vida que foi capturada nesta esfera [...] a sacralidade da vida, que hoje se pretende fazer valer contra o poder soberano como um direito fundamental em todo o sentido, expressa na origem, ao contrário, precisamente a sujeição da vida a um poder de morte. Sua irreparável exposição na relação de abandono.[307]

A sacralidade da vida também é expressa por Agamben em sua primeira utilização no direito: *vitae necisque potestas*, ou seja, o poder da vida e da morte da qual falava Foucault. Nesse contexto, ele explora a relação entre o corpo do soberano e o do *homo sacer* e a relação entre essa figura do direito romano e o *wargus* do direito germânico.

No que toca ao corpo do soberano, o pensador italiano elege Kantorowicz como um dos que mais investigaram o "corpo místico" ou "político do soberano".[308] Enquanto Schmitt focava essencialmente o caráter absoluto do poder soberano, *Os dois corpos do rei*, de Kantorowicz, estuda sua natureza perpétua (Bodin), pela qual a *dignitas* real sobrevive à pessoa física de seu portador. Esses estudos trazem a lume a situação de que se venerava não só o corpo do rei, mas também sua imagem. O corpo político do rei parecia aproximar-se até o ponto de quase se confundir com ele, de corpo matável e insacrificável do *homo sacer*.

306 CASTRO, *Introdução a Giorgio Agamben*, p. 65.

307 AGAMBEN, *Homo sacer*, p. 91.

308 Ibidem, p. 99.

Agamben segue e menciona Bickerman (fonte dos trabalhos de Kantorowicz) para o estudo do "funeral por imagem". A imagem de cera não serve para substituir o cadáver ausente. No caso da cerimônia imperial, ela se apresenta ao lado do cadáver, duplica-o e não o substitui. E, neste passo, o pensador também traz ao paradigma do *homo sacer* o devoto, que é homenageado pelo voto que salva a cidade e que é lembrado por colossos. Não é a morte a causadora da desordem, mas a sua falta, e o colosso se torna, então, necessário para restabelecer a ordem. Enquanto não se cumpre o rito, o devoto se move em um limiar que não pertence ao mundo dos vivos e dos mortos.

Nessas premissas, a condição do *homo sacer* assemelha-se à do devoto sobrevivente, para o qual não seja mais possível uma expiação vicária, nem substituição alguma por um colosso. O próprio corpo do *homo sacer*, em sua matável e insacrificável condição, é o penhor vivo de sua sujeição a um poder de morte, que não é, porém, o cumprimento de um voto, mas sim o assujeitamento absoluto e incondicionado. E é nessa figura da "vida sacra", alinhava o autor, que algo como uma vida nua faz sua aparição no mundo ocidental. Decisivo, porém, aduz, é que essa vida sacra tenha desde o início um caráter eminentemente político e exiba uma ligação essencial com o terreno sobre o qual se funda o poder soberano.

A identidade do devoto sobrevivente, do *homo sacer* e do soberano, acentua Agamben, em único paradigma, é a vida nua que foi separada de seu contexto e, sobrevivendo à morte, é por isso incompatível com o mundo humano. A vida sacra não pode habitar a cidade dos homens por três razões: para o devoto sobrevivente, o funeral imaginário funciona como um cumprimento vicário do voto, que restitui o indivíduo à vida normal; para o imperador, o funeral permite fixar a vida sacra que deve ser recolhida e divinizada na apoteose; e, por fim, no *homo sacer*, depara-se com uma vida nua residual e irredutível, que deve ser excluída e exposta à morte como tal, sem que nenhum rito e nenhum sacrifício possam resgatá-la.

Nos três casos, assevera o autor, a vida sacra é ligada a uma função política e ele, assim, reposiciona a teoria de Kantorowicz explicitando que a doutrina dos dois corpos do rei deve-se ao excedente da vida sacra.

O símbolo da perpetuidade refere-se ao caráter absoluto e não humano do rei. No momento da morte do soberano, é a vida sacra, na qual se baseava seu poder, que investe a pessoa de seu sucessor. As duas fórmulas significam a continuidade do poder soberano somente na medida em que exprimem, por meio do obscuro liame com uma vida matável e insacrificável, sua absolutez.

Agamben prossegue, ainda nessa análise[309], com uma aproximação do *homo sacer* ao *wargus* (lobo) do direito germânico, como se disse. O homem com cabeça de lobo - lobisomem - era banido da comunidade. A vida do bandido - como aquela do homem sacro - não é um pedaço de natureza ferina sem alguma relação com o direito e a cidade. É, em vez disso, um limiar de indiferença e de passagem entre o animal e o homem, a *phyisis* e o *nomos*, a exclusão e a inclusão: *loup garou*, lobisomem, nem homem, nem fera, que habita paradoxalmente ambos os mundos sem pertencer a nenhum.

Agamben, assim, também para essa figura, estabelece um paradigma, um limiar, que não é nem a simples vida natural, nem a vida social, mas a vida nua ou vida sacra, que é, nessa esteira de pensamento, sempre presente e operante na soberania.

Do ponto de vista da soberania, portanto, indica Agamben, autenticamente política é somente a vida nua. E, neste ponto, ele invoca Hobbes, para o qual o direito de punir do soberano não foi dado a ele, mas deixado. A esse estatuto particular do *jus puniendi* corresponde nos súditos não a faculdade de desobedecer, mas a de resistir à violência. A violência soberana não é, portanto, fundada sobre um pacto, mas sobre a inclusão exclusiva da vida nua no Estado.

O relacionamento jurídico-político originário do proscrito daquele bando, nas concepções de Agamben, não é só uma estrutura lógico-formal da soberania, mas tem também, defende esse autor, um caráter substancial, porque o que esse *bando* mantém unidos são justamente a vida nua e o poder soberano.

---

309 Ibidem, p. 112.

Nessa esteira, fica mais clara a releitura de Agamben sobre o mito de fundação da cidade moderna.[310] Para ele, todo ato político originário não é um contrato ou convenção, que assinalaria de modo pontual e definido a passagem da natureza ao Estado. Existe aqui, em vez disso, segue o pensador, uma bem mais complexa zona de indiscernibilidade entre *nomos* e *physis*, na qual o liame estatal, tendo a forma do *bando*, é também não estabilidade e pseudonatureza. A natureza, Agamben conclui, apresenta-se desde sempre como *nomos* e estado de exceção.

Aquilo que é posto em *bando* é remetido à própria separação e, juntamente, entregue à mercê de quem o abandona, ao mesmo tempo incluso e excluso, dispensado e, simultaneamente, capturado. A antiga discussão da historiografia jurídica da natureza do exílio como pena ou direito e refúgio tem origem, segundo Agamben, justamente nessa ambiguidade do bando soberano.

Há, portanto, na cidade, arremata Agamben, o banimento da vida sacra. Ela é o *nomos* soberano que condiciona todas as outras normas, a espacialização originária que torna possível e governa toda a localização e toda a territorialização. E, prossegue o autor, se na modernidade a vida se coloca sempre mais claramente no centro da política estatal (para Foucault, a biopolítica), e todos os homens apresentam-se como *homo sacer*, isso só é possível porque a relação de bando constituía desde a origem a estrutura própria do poder soberano.

Com respeito ainda à vida nua, é interessante a observação de Agamben sobre sua distinção entre *zoé* e *bios*. Ele diz:

> essa vida não é simplesmente a vida natural reprodutiva, a *zoé* dos gregos, nem a *bios*, uma forma de vida qualificada. Ela é, antes, a vida nua do *homo sacer* e do *wargus*, uma zona de indiferença e trânsito contínuo entre o homem e a besta, a natureza e a cultura.[311]

---

310 Ibidem, p. 115.

311 Ibidem, p. 118.

Em outras palavras:[312] a vida nua é a vida natural enquanto objeto da relação política de soberania, quer dizer, a vida *abandonada*.

Agamben desenha, enfim, uma relação do *homo sacer* com a política moderna por meio de um paradoxo daquela figura com a comunidade que o expulsou. Esse paradoxo, para o filósofo, diz respeito ao direito e a sua relação com a ideia do sagrado.[313] Da perspectiva do grupo social que o expulsou, o *homo sacer* não possui mais quaisquer das formas costumeiras ou qualificações das vidas específicas *(bios)* daquela estrutura. Despojado dessas formas, tudo o que resta é uma criatura humana, uma vida nua (*zoé*). Para o pensador italiano, essa figura do passado mais remoto da história legal do Ocidente traz uma mensagem ameaçadora e se torna um paradigma fundamental do presente.

Há um encontro pretendido de Agamben entre Foucault e Hannah Arendt e ele deixa isso muito claro logo na Introdução do *Homo sacer - o poder soberano e a vida nua, I*. Trata-se precisamente do enfrentamento daquilo que ficou sem respostas no pensamento daqueles filósofos. E, de acordo com o que entende Agamben, no caso de Foucault, isso ocorre porque sua análise das formas de exercício de poder deixou de lado os conceitos jurídico-institucionais, sobretudo o conceito de soberania. É bem verdade que, no momento da edição desse livro, não haviam sido publicados os dois cursos do *Collège de France* que Foucault dedicou à biopolítica e ao liberalismo, quais sejam, *Segurança, território, população* e *Nascimento da biopolítica*. Mas, nesse ponto, Agamben também parece pretender alargar o caminho de Foucault quando, em obras posteriores, abandona o fio condutor da soberania de *Homo sacer*, *Estado de exceção* e *O que resta de Auschwitz* e o substitui pela ideia de governo.[314]

Interessa neste momento, todavia, acompanhar Agamben quando retoma Foucault e Arendt enfrentando o núcleo comum no qual se cru-

---

312 CASTRO, *Introdução a Giorgio Agamben*, p. 68.

313 LA DURANTAYE, *Giorgio Agamben*, p. 206.

314 Como ele próprio sustenta em entrevista a Vladimir Safatle (AGAMBEN, A política da profanação). Também é essa a percepção de Andrea de Sanctis, em artigo mencionado.

zam as técnicas políticas e as formas de subjetivação, implicando, assim, a análise da relação entre biopolítica e soberania, o modo em que a vida nua está inscrita no poder soberano. Disso resulta que a politização da *zoé* deixa de ser uma novidade da Modernidade e sua cronologia coincide com a existência da soberania. Nessa esteira, o pensador italiano afirma que o nexo entre política e vida nua é o que já buscava articular a definição de Aristóteles clássica do homem como o animal que possui linguagem, considerando-se que o que está em jogo nessa relação são a política e a vida.

Para Agamben, então, a tese foucaultiana deve ser corrigida, ou ao menos integrada, no sentido de que o que caracteriza a política moderna não é tanto a inclusão da *zoé* na *polis*, em si mesmo antiquíssima, ele dirá, nem simplesmente o fato de que a vida como tal converta-se em um objeto eminente dos cálculos e das previsões do poder estatal, mas

> [...] o decisivo é antes, que, simultaneamente ao processo pelo qual a exceção converte-se por todos os lados a regra, o espaço da vida nua, situado na origem à margem do ordenamento, coincide progressivamente com o espaço político, e exclusão e inclusão, externo e interno, *bios* e *zoé*, direito e fato entrem em uma zona de irredutível indistinção.[315]

O *homo sacer*, a enigmática figura do direito romano, é, portanto, o nome que recebe a vida que, por sua correlação com o poder soberano, ingressou nessa zona de indistinção.

## A soberania e a exceção

Em seus últimos livros e palestras, Michel Foucault chegou a sugerir que os historiadores abandonassem seu foco sobre a soberania. Assim, no primeiro volume de sua *História da sexualidade*, ele advogou uma "liberação do privilégio teórico da soberania".[316]

Agamben parece ouvir esse conselho cuidadosamente, mas faz o oposto. Em vez de desprender suas reflexões de um privilégio teórico, ele as

---

315 AGAMBEN, *Homo sacer*, p. 10.

316 FOUCAULT, *História da sexualidade, I*, p. 80.

intensifica radicalmente, unindo-as ao estudo sobre soberania de Carl Schmitt. Por essa razão, a modificação inicial que Agamben aplica sobre o pensamento histórico de Foucault não está atada a essa liberação do privilégio teórico da soberania, mas à incidência das questões próprias ao biopoder consideradas no âmbito de um estado de exceção em que o *bios* e a *zoé* não são mais separáveis. Ao contrário, adentram em uma zona de indistinção.

Dessa maneira, argumentando que a exceção é o dispositivo e a forma da relação entre direito e vida, Agamben recupera a definição de Schmitt do soberano como aquele que decide acerca do estado de exceção, ou seja, da aplicação ou não da lei, sendo certo, como visto em quadra própria quando se tratou de Schmitt, que o direito não é aplicável ao caos, mas somente ao caso normal. Assim, a decisão acerca da aplicação ou não da lei é, enfim, uma decisão acerca do caso normal, ou ainda, para esse pensador, "o soberano, por meio da exceção, cria e garante a situação da qual tem necessidade o direito para a própria vigência".[317]

De fato, mediante essa decisão, o direito mantém com a vida nua uma relação que é, simultaneamente, de exclusão e inclusão. Na exceção, realmente, um determinado caso é excluído do ordenamento jurídico, situando-se fora dele. Mas essa exclusão se mantém na medida em que se relaciona com a lei e é por isso que Agamben menciona que a norma se aplica, desaplicando-se. É que, para Schmitt, a questão da soberania relaciona-se com um conflito existencial, vale reforçar: um conflito que não pode ser solucionado em função de critérios normativos, mas cuja resolução é, ela mesma, a origem dos padrões normativos. Um paradoxo, como anota o pensador italiano em capítulo próprio do *Homo sacer, I.*

A exceção que dá lugar a uma zona de indiferença não é uma situação nem só de fato, nem só de direito. Agamben elucida:

> [...] Não é a exceção a que se subtrai à regra, mas a regra que, suspendendo-se, dá lugar à exceção e só desse modo se constitui com uma regra, mantendo-se

---

317 CASTRO, *Introdução a Giorgio Agamben*, p. 60.

> em relação com ela. O particular "vigor" da lei consiste nessa capacidade de manter-se em relação com uma exterioridade. Chamamos *relação de exceção* a essa forma extrema de relação que inclui algo só por meio de sua exclusão.[318]

Em outras palavras: a situação que se cria com a exceção não pode ser definida como situação de fato ou de direito, porém institui entre elas uma zona de indistinção, o que leva Schmitt a afirmar, como já mencionado, na obra *Teologia política*, que a autoridade não precisa ter direito para criar o direito.

Nesse contexto, na situação de exceção, o soberano cria e define o próprio espaço no qual a ordem jurídico-política pode ter valor. O estado de exceção traça, portanto, para Agamben, um limiar a partir do qual o interno e o externo ingressam naquelas complexas relações topológicas que tornam possível a validade do ordenamento jurídico.

Dessa forma, o estado de exceção é o princípio de toda a localização jurídica, posto que abre espaço em que a fixação de um certo ordenamento e de um determinado território se torna pela primeira vez possível. Trata-se do nexo entre localização e ordenamento, o que Schmitt chama de *nomos* da terra. Agamben considera um deslocamento infinito e ratifica a tese schmittiana de que o estado de exceção é a regra como estrutura política fundamental.

No esteio do jurista alemão, Agamben pontua que a soberania se apresenta na forma de uma decisão sobre a exceção.[319] Essa decisão, afirma o filósofo, não é a expressão da vontade de um sujeito hierarquicamente superior a qualquer outro, mas representa a inscrição, no corpo do *nomos*, da exterioridade que o anima e lhe dá sentido. E por decidir o soberano "na estruturação normal das relações da vida", ela não se circunscreve a uma resolução de fato ou de direito, mas à própria relação entre direito e fato, consubstanciando-se a *exceção à forma originária do direito.*[320]

---

318 AGAMBEN, *Homo sacer*, p. 26.

319 Ibidem, p. 33.

320 Ibidem, p. 34.

Para Agamben, a captura da vida no direito não é a sanção, mas a culpa que, segundo ele, não se refere à transgressão, ou seja, a lícito ou ilícito, mas à pura vigência da lei. É bastante ilustrativo seu exemplo de que a ignorância da lei não exime o responsável da infração e, dessa forma, não elimina sua culpa. E na impossibilidade de decidir se é a culpa que fundamenta a norma ou a norma que introduz a culpa, emerge claramente à luz a indistinção entre externo e interno, entre vida e direito, que caracteriza a decisão soberana sobre a exceção. Assim, prossegue o filósofo, a estrutura essencial da lei e, na sua expressão, a soberania da lei, têm a forma de um estado de exceção em que fato e direito são indiscerníveis.

A vida implicada na esfera do direito só pode sê-lo por sua pressuposição a uma exclusão inclusiva, a uma exceção, portanto. Existe, assim, uma figura limite da vida, um limiar em que ela está, simultaneamente, dentro e fora do ordenamento jurídico e esse limiar é justamente para o autor o lugar da soberania.

Dessa maneira, o direito, para Agamben, não possui outra vida além daquela que consegue capturar por meio de exclusão-inclusiva da exceção. E nesse ponto ele parece mesmo justificar a epígrafe de sua obra *Homo sacer, I*: o direito se nutre da *exceptio*, sem ela torna-se letra morta e, nesse sentido, o direito "não possui por si nenhuma existência", sendo "o seu ser a própria vida dos homens".

A função da decisão soberana para Agamben é traçar e renovar esse limiar de indiferença entre externo e interno, exclusão e inclusão, *nomos* e *physis*, em que a vida é excepcionada no direito.

Se a exceção é a estrutura da soberania, esta é, preconiza o autor, a estrutura originária da qual o direito se refere à vida e a inclui para si por meio da suspensão. É por isso que Agamben, seguindo uma indicação de Jean-Luc-Nancy, propõe chamar de *bando* a relação de soberania. O termo bando, realmente, serve para referir-se tanto à vida excluída da comunidade como à insígnia do soberano.

Em item anterior já se registraram as primeiras ideias sobre essa concepção de bando e, igualmente, a importância da temática da potencialidade para Agamben. Ele a relaciona estreitamente com soberania. Antes, porém, do desdobramento da relação de pura potência e soberania, algumas considerações importantes.

Agamben se vale desde o fragmento 169 de Píndaro[321] até de autores contemporâneos para investigar conceitos tão paradoxais como soberania e exceção. Enquanto a soberania estabelece uma relação de exclusão e inclusão, o soberano está simultaneamente dentro e fora da lei. Sua conclusão é a de que a soberania da lei não elimina mesmo esse paradoxo, sendo nessa esteira de pensamento o registro de que o constitucionalismo não é de fato capaz de conter a violência e, sem violência, a soberania demanda potência.[322]

É por essa razão que o estado de natureza não é uma etapa que tenha sido superada com a instauração do estado civil porque o soberano conserva, de fato, o direito de exercer a violência como um direito contra todos.

O pensador assinala também que a relação entre poder constituinte e poder constituído (em Benjamin, entre violência que põe o direito e violência que o mantém) é inexplicável pela teoria jurídica e revela, com intensidade, o paradoxo da soberania. Isso porque, se o poder constituinte transcende a ordem jurídica e a violência situa-se fora dele, ela está, obviamente, fora de seu controle. Ao contrário, se o poder constituinte encontra-se incluído no ordenamento jurídico, ele perde sua força como aquele poder originário de estabelecer uma nova ordem legal.

A restituição da política para a esfera de uma filosofia primeira, uma ontologia, parece ser, assim, um eixo essencial para Agamben quando trata a questão da relação da exceção e do bando.

Dessa perspectiva cuida o próximo item.

---

321 Ibidem, p. 37 et seq.

322 Nesse sentido, LA DURANTAYE, *Giorgio Agamben*, p. 228, e CASTRO, *Introdução a Giorgio Agamben*, p. 62.

## A soberania e a potência. Política e ontologia

A ideia de potencialidade relacionada à soberania fica clara no trecho que se destaca:

> [...] somente uma conjunção inteiramente nova da possibilidade e da realidade, da contingência e da necessidade [...] tornarão possível cortar o nó que liga a soberania ao poder constituído. E somente se for possível pensar diferentemente na relação entre a potencialidade e a realidade – e mesmo pensar além desta relação – será possível pensar num poder constituinte inteiramente liberto do banimento do soberano. Até que uma ontologia nova e coerente da potencialidade [...] tenha substituído a ontologia fundada na primazia da realidade e em sua relação com a potencialidade, uma teoria política liberta das aporias da soberania permanece impensável.[323]

Agamben não esconde, dessa maneira, que a aporia em forma de "nó", representada pelo *bando*, só pode ser desatada por uma potencialidade. Para ele, uma teoria política, liberta das perigosas aporias da soberania que o *Homo sacer* e suas sequências delineiam, permanecerá "impensável", até que "uma ontologia nova e coerente", que deixe de se fundar na "primazia da realidade", seja desenvolvida.

No item "Ideia de poder", da obra *A ideia da prosa*, Agamben invocou "as relações secretas que ligam o poder e a potência".[324] Essa questão, antes periférica, se torna central em *Homo sacer, I*. Ele adentra nesse livro por uma análise da relação entre o poder constituinte, que funda um estado soberano, e o poder constituído, que o mantém. Trata-se da mesma questão que ocupou os pensadores da fundação moderna do estado-nação, de Hobbes e Locke, passando por Rousseau e, mais recentemente, Schmitt. É também a questão de que Benjamin trata em seu ensaio sobre a violência.

---

323 AGAMBEN, *Homo sacer*, p. 51-52.

324 Idem, *Ideia da prosa*, p. 63.

Para Agamben, a relação do poder constituinte com o poder constituído forma, ao que parece, as conexões secretas que ligam o poder e a potência. E essas conexões são por ele relacionadas aos seus conceitos de soberania e vida nua.

Segundo o pensador, o problema prático e também sob o ponto de vista doutrinário dos teóricos do Estado, de Hobbes a Schmitt, surge do fato de que, na constituição e consolidação de cada novo Estado, há uma transição de uma força revolucionária e anárquica, precípua do poder constituinte, que traz à vida um novo Estado, para a forma condicionada e controlada do poder constituído, que é sua forma estabilizada e, idealmente, durável. Embora a diferença seja fácil o suficiente de compreender, surge um problema assim que se tenta apontar o momento de transição e de definir como tal transição do poder constituinte ao poder constituído deve ser justificada e regulada.

Conforme várias gerações de filósofos políticos e juristas têm salientado, uma constituição visa a uma pacificação justamente desse poder constituinte e à sua transformação em medidas para que ele seja exercido de maneira regular e legítima, na condição de poder constituído. "O problema fundamental não é aqui", escreve Agamben, "tanto aquele de como conceber um poder constituinte que não se esgote jamais em poder constituído, quanto aquele, muito mais árduo, de distinguir claramente o poder constituinte do poder constituído".[325] A concepção trotskista de uma "revolução permanente", ou a "revolução ininterrupta" maoísta, é tentativa em uma direção - aquela de reter esse poder constituinte no poder constituído. No entanto, chama atenção Agamben, o cerne é mesmo a distinção entre poder constituinte e poder constituído.

---

325 Na tradução brasileira de *Homo sacer*, diversamente do original italiano, nesse parágrafo, a distinção é feita entre poder constituinte e poder soberano. Opta-se, nesta pesquisa, pelo original, ou seja, a distinção entre poder constituinte e poder constituído (AGAMBEN, *Homo sacer*, p. 49; Idem, *Homo sacer* - Il potere sovrano e la nuda vita I. Torino: Giulio Enaudi Editore, 1995, p. 44).

À luz desse argumento, ele critica Antonio Negri[326] e sua alegação essencial de que o poder constituinte pode ser distinguido e isolado do poder soberano. "O interesse do livro de Negri", diz Agamben, não reside aqui, mas,

> ao invés disto, na perspectiva final que ele possibilita, na medida em que mostra como o poder constituinte, quando concebido em toda a sua radicalidade, deixa de ser um conceito estritamente político, e necessariamente se apresenta como uma categoria de ontologia.[327]

O problema político que Negri se propôs a compreender e resolver é tão fundamental que, seguindo Agamben, ele é mais bem concebido em termos ontológicos. Como resultado, Agamben compara a relação do *poder constituinte* e do *poder constituído* à *potência* e ao *ato*. "O problema se desloca, portanto", pondera Agamben, "da filosofia política à filosofia primeira (ou, se quisermos, a política é restituída à sua posição ontológica)".[328]

É abraçando esse caminho que, segundo Agamben, em uma conjugação inteiramente nova de possibilidade e realidade, ele dirá, de contingência e necessidade, será possível desatar o nó que une soberania e poder constituinte. Ele, de forma categórica, decreta: "somente se conseguirmos pensar de modo diverso a relação entre potência e ato, e, aliás, além dela, será possível conceber um poder constituinte inteiramente livre do bando soberano".[329]

Nesse ponto, o autor formulará a relação do poder constituinte ao poder constituído, em termos da *soberania*. Para ele, todo o entendimento autêntico do problema da soberania depende de como se concebem a existência e a autonomia da potencialidade. Nesse passo, é fundamental

---

326 AGAMBEN, *Homo sacer*, p. 51.

327 Ibidem, loc. cit. O livro de Negri ao qual Agamben faz referência é NEGRI, A. *Il potere costituente*. Milano: Sugarco, 1992.

328 AGAMBEN, *Homo sacer*, loc. cit.

329 Ibidem, loc. cit.

seu entendimento do que seja essa autonomia da potencialidade e, para tanto, ele tomará apoio em Aristóteles, como já se anunciou nas primeiras considerações sobre seu pensamento.

Aqui já se fez referência ao conceito de potência autônoma: a potencialidade independe de sua realização. Agamben transporta esse entendimento ao exercício do poder político pelo soberano. De fato, a condição de soberano retém esse potencial de suspender a regra da lei, mesmo quando não o faz, assim como pode dizer que, na forma estabilizada do poder constituído, o Estado retém a potencialidade de exercer seu poder completo de suspender a regra da lei.

Muito embora Agamben não relacione nesse momento a potencialidade com a realidade, é certo que ele estabelece para a soberania um paradigma aristotélico. Em suas palavras:

> Descrevendo desse modo a natureza mais autêntica da potência, Aristóteles legou, na realidade, à filosofia ocidental o paradigma da soberania. Dado que a estrutura da potência, que se mantém em relação com o ato precisamente através de seu poder não ser, corresponde aquela do bando soberano, que se aplica à exceção desaplicando-se. A potência (no seu dúplice aspecto de potência e de potência de não) é o modo através do qual se funda *soberanamente*, ou seja, o próprio poder não ser. E soberano é aquele ato que se realiza simplesmente retirando a própria potência de não ser, deixando-se ser, doando-se a si.[330]

Para Agamben, a questão da soberania, tanto em termos genealógicos como ontológicos, é, dessa maneira, uma questão de *potencialidade*. A relação do poder constituinte com o poder constituído, recorrendo a Negri, é rastreada por ele de volta a uma "lógica da soberania" relacionada à ideia de potência nos moldes da filosofia de Aristóteles. Qualquer tentativa de resolver as aporias suscitadas pela relação do poder constituinte com o poder constituído, que não confronte pela primeira vez o problema

330 Ibidem, p. 54.

ontológico colocado pela potencialidade, está condenada a permanecer, para o pensador, uma tentativa parcial.

E, para a teoria política romper os laços da soberania e conceber uma nova política e uma nova ideia de comunidade (a tarefa que Agamben se propôs),

> precisa-se pensar na existência da potencialidade sem qualquer relação com o Ser na forma da realidade (*senz'alcuna relazione com l'essere in atto*) [...] Isto, contudo, implica em nada menos, do que pensar a ontologia e a política além até da relação limite que é o bando soberano, mas isso é justamente o que muitos hoje não estão dispostos a fazer por preço algum.[331]

Ao esclarecer tal afirmação, Agamben percorre alguns autores em suas concepções para "além da soberania". Entre essas tentativas, ele enumera a "Filosofia da revelação" de Schelling, na qual ele imagina "uma entidade absoluta que não pressuponha a potencialidade". No último Nietzsche, o eterno retorno do *mesmo* configura uma impossibilidade de distinguir entre potência e ato, assim como o *Amor Fati* configura uma impossibilidade de distinguir a necessidade. Também em Heidegger, no abandono e na *Ereignis*, parece a Agamben que o próprio ser é dispensado e deposto de toda a soberania.

A essa lista Agamben adiciona Bataille, também um pensador da soberania, que, na negatividade sem emprego e no *désoeuvrement*, concebeu uma dimensão-limite em que a "potência do não" não parece, mas é subsumível na estrutura do bando.

Todavia, Agamben afirma que "a objeção mais forte contra o princípio da soberania"[332] não deve ser encontrada em qualquer um desses pensadores, mas, em vez disso, "está contida no Bartleby de Melville, o escrivão que, com seu '*eu preferiria não*', resiste a todas as possibilidades de decidir entre a potência de e a potência de não".

---

331 Ibidem, p. 55.

332 Ibidem, loc. cit.

Por intermédio de Bartleby, Agamben pensa a potência, de fato, de um modo peculiar. Citando Aristóteles em "Sobre a alma", o filósofo italiano observa que "aquele que possui ciência [na potencialidade] se torna alguém que contempla, na realidade".[333] Esse é o seu horizonte de investigação. Em uma passagem adicionada à publicação italiana de uma palestra, precisamente sobre esse tópico, Agamben salienta que "nós ainda temos de medir as consequências dessa figura da potencialidade", mas já se torna claro que ela

> nos obriga, não apenas a reconciliar fundamentalmente a relação da potencialidade com o ato, entre o possível e o real, mas também a considerar de uma maneira nova, na estética, o *status* do ato da criação e do trabalho, e na política, o problema da conservação do poder constituinte no poder constituído.[334]

A obra *Homo sacer I* parece, de fato, propor um vínculo das categorias ontológicas com as categorias históricas, jurídicas e políticas. São de vital importância para Agamben, como ele mesmo dirá, "as analogias entre a política e a situação histórica da metafísica".[335]

Assim, no início de *Homo sacer I*, Agamben observa que "não é por acaso" que, na *Política* de Aristóteles, se encontra uma passagem que situa o lugar adequado (*il luogo próprio*) da *polis* na transição da voz para a linguagem. Trata-se da mesma relação que ele estudou sob vários contextos e que recebeu atenção particular nas suas análises da *infância* e da relação da *voz* com a *linguagem*, na obra *Linguagem e morte*. Para Agamben, a pergunta "De que modo o ser vivente possui a linguagem?" corresponde exatamente à pergunta "De que modo a vida nua habita na *polis*?".[336]

Embora ele não ofereça de imediato uma resposta para essas perguntas, algumas podem ser divisadas nas páginas adiante. Agamben se

---

333 LA DURANTAYE, *Giorgio Agamben*, p. 234.

334 AGAMBEN, *La potencia del pensamento*, p. 286.

335 Idem, *Homo sacer*, p. 194

336 Ibidem, p. 11.

refere “à ligação entre *zoé* e *bios*, entre a voz e a linguagem”. Aqui, diz-se que a vida nua, ou *zoé*, é semelhante à voz do ser vivente individual, cuja relação com a linguagem é de potencial, embora permaneça um tanto quanto indeterminado o modo como esse potencial seja realizado. Em linhas posteriores, no entanto, Agamben escreve que, “hoje em dia, a *bios* reside na *zoé* exatamente como a essência, na definição de *Dasein* de Heidegger, reside (*liegt*) na existência”.[337] A concepção de Heidegger da facticidade e da imanência transcendental, ou transcendência imanente, que Agamben vê na sua ontologia, revela a mesma relação e apresenta idêntica dificuldade conceitual que a relação da *bios* com a *zoé*. Elas estão mutuamente imbricadas, uma na outra, ao ponto de terem se tornado indistinguíveis. Essa complexidade do pensamento de Agamben aponta, como frequentemente é o caso de sua escrita, o caminho em direção a uma possível inversão.

Sob uma perspectiva biopolítica, esse estado de coisas, e seu correspondente estado de exceção, é a condição de possibilidade para os atos mais detestáveis de violência sancionada pelo Estado. Essa situação, todavia, também paradoxalmente revela meios de se encerrar esse reino sangrento e substituir o estado de exceção que se tornou a regra, pelo que Benjamin enigmaticamente chamou de “estado *real* de exceção”, cuja consequência seria uma sociedade verdadeiramente liberadora.[338]

A centralidade dessa ideia é vislumbrada pela escolha de Agamben em comparar esse “estado *real* de exceção” a uma vida na qual a regra e a exceção, a imanência e a transcendência, a existência e a essência são indistinguíveis uma da outra. Talvez a dificuldade do *Homo sacer I* não seja o que o separa de Foucault, isto é, seu conceber da história da soberania como tendo sido uma “biopolítica” desde o início. Em vez disso, árdua talvez seja a problematização desse âmbito biopolítico e suas aporias como indissoluvelmente ligadas aos problemas *linguísticos* e *ontológicos*.

---

337 Ibidem, p. 15.

338 Mais bem investigada no item “Estado de exceção”, que segue neste capítulo e no Capítulo 4.

Ao finalizar *Homo sacer*, Agamben enumera várias figuras paradigmáticas, quais sejam, o Führer, o muçulmano de Auschwitz e as mulheres bósnias em Omarska. Nos moldes de *homo sacer*, eles também parecem ser figuras escolhidas por sua habilidade de ajudar a esclarecer "a atual situação". Diz o pensador: "É a partir destes terrenos incertos e sem nome, destas ásperas zonas de indiferença, que deverão ser pensadas as vias e modos de uma nova política".[339]

A busca por essa "nova política" é, para Agamben, inquestionavelmente urgente. A conclusão árida que ele extrai, de uma pesquisa de nosso cenário político, é de que, em nosso tempo, "o pensamento assim se encontra, pela primeira vez, diante de sua própria tarefa, sem qualquer ilusão e sem qualquer possível álibi".[340]

Agamben parece convocar o pensamento para enfrentar os perigos do Estado Moderno. Aqui já se consignou sua ponderação sobre o experimento da política contemporânea[341] e seu caráter devastador por esvaziar conceitos políticos aparentemente consolidados, como é o da soberania. Há, decreta o filósofo, um processo de nulificação.

Para Agamben, vivemos em um momento que constitui um divisor de águas, para as formas políticas e para as sociedades democráticas, igualmente se registrou.

Em *Mezzi senza fine*, Agamben anota:

> E como a grande transformação da primeira revolução industrial havia destruído as estruturas sociais e políticas e as categorias do direito público do *Ancièn Régime*, assim os termos soberania, direito, nação, povo, democracia e vontade geral abrangem agora uma realidade que não se relaciona mais com seus significados anteriores, mas que permanecem acriticamente a se servir deles. A opinião pública e o consenso não mais se relacionam com a vontade

339 AGAMBEN, *Homo sacer*, p. 192.

340 Idem, *Mezzi senza fine*, p. 87.

341 Ibidem, loc. cit.

geral, tanto quanto a política internacional, que hoje conduz guerras, não se relaciona mais com a soberania do "*jus publicum europaeum*".[342]

Embora essa transformação política possa ter sido avassaladora, parece ao filósofo que ela não deve ser confinada ao âmbito da política. O que Agamben chama de "politização da vida nua enquanto tal" traduz-se para ele como "o evento decisivo da modernidade, assinalando uma transformação radical das categorias político-filosóficas do pensamento clássico".[343] O que está em questão é, portanto, uma transformação essencialmente política - uma questão de economia política e de controle social. Mas não apenas isso. Para Agamben, tal transformação de nosso panorama político requer uma transformação de nosso panorama filosófico e das categorias por meio das quais experimentamos nosso mundo.

Em *Homo sacer I*, Agamben escreveu que esse trabalho "foi concebido inicialmente como uma resposta à sangrenta mistificação de uma nova ordem planetária".[344] Esse projeto político o enviou de volta aos domínios remotos de nossa tradição cultural e ele observou que, em suas preparações para essa pesquisa,

> tornou-se claro que, em tal âmbito, não era possível aceitar como garantia nenhuma das noções que as ciências humanas (da jurisprudência à antropologia) acreditavam ter definido ou haviam pressuposto como evidentes e que, ao contrário, muitas delas exigiam - na urgência da catástrofe - uma revisão sem reservas.[345]

Resta claro que essa urgência tratada por Agamben é a política contemporânea.

---

342 Ibidem, loc. cit.

343 Ibidem, loc. cit.

344 Idem, *Homo sacer*, p. 19.

345 Ibidem, p. 20. Anote-se que o vocábulo *giurisprudenza* na língua italiana significa também, além de jurisprudência, ciência do direito, o que, talvez, seja mais adequado ao pensamento de Agamben nessa passagem.

No final dessa obra, há uma indicação da necessidade de uma nova concepção das ciências humanas interligando a política e a filosofia às ciências médico-biológicas e ao direito.[346] Somente nessa intersecção, dirá Agamben, há uma possibilidade do enfrentamento do caos e da barbárie e a resistência a uma catástrofe biopolítica sem precedentes.

A vida nua, para Agamben, gera o estado de exceção, que, por sua vez, é engendrado pela soberania. A resposta que ele propõe, em contrapartida a essa *nuda vita*, não é *zoé* ou *bios*, mas as duas, aproximadas numa relação íntima e indistinguível, a qual ele chama de "forma-de-vida".

O conceito de forma-de-vida vem estampado em *Mezzi senza fine*.[347] Para o pensador, trata-se de uma vida humana na qual modos, atos e processos singulares do viver não são nunca simplesmente fatos, mas sempre e antes de tudo possibilidade de vida, sempre e antes de tudo *potência*.

Pensar a vida nua e sua essência como a potencialidade é, para Agamben, não simplesmente permanecer petrificado diante de algum limite impensável, mas, em vez disso, romper o nó que a lógica da soberania não cessou de apertar à volta de nossa concepção de vida. O que precisa ser feito é desenvolver uma concepção de vida, e de vida nua, cujo único atributo necessário e universal seja sua capacidade de fazer *uso livre* dessa potencialidade.

## O campo de concentração. Os refugiados

Um dos motivos que levaram Agamben à investigação do *Homo sacer I* foi o fato de que Foucault não havia desenvolvido a questão da biopolítica em relação aos campos de concentração e extermínio e, ainda, que havia deixado sem resposta o problema da articulação entre as técnicas políticas da modernidade e as tecnologias do eu. De outro lado, Agamben também assinalava a falta de perspectiva biopolítica na análise do totalitarismo pesquisado por Hannah Arendt.

---

346 Ibidem, p. 193-194.

347 Idem, *Mezzi senza fine*, p. 13.

A última parte de *Homo sacer I* analisa, justamente, essa questão: a relação da biopolítica e do totalitarismo. Para tanto, Agamben precisou caminhar pela interpretação da noção de soberania em termos de *bando* e, na segunda parte do livro, a *vida* que é objeto do *bando* em termos de vida sagrada, ou seja, a vida abandonada. Nesse trajeto, para suas investigações do nexo entre biopolítica e o fenômeno totalitário, ele se ocupará de três argumentos essenciais da política contemporânea,[348] quais sejam, os direitos do homem, a política da eugenia no nacional-socialismo e o debate do tema da morte. No fim desse percurso, o espaço do campo será o paradigma político da modernidade. O paradigma dos refugiados encontra-se inserido nesses desdobramentos.

Anteriormente à tentativa de seguir os passos de Agamben até sua conclusão de que o campo é o novo *nomos* biopolítico do planeta, é necessária uma consideração sobre sua visão de uma verdadeira contiguidade que ele atribui aos estados totalitários e democráticos. É claro que há diferenças manifestas entres eles e o filósofo delas não fica alheio. Contudo, para ele, essa contiguidade surge de uma prática comum entre esses regimes, qual seja, a apropriação da vida nua.

É ilustrativo o trecho que se destaca:

> o rio da biopolítica corre de forma subterrânea e contínua, arrastando a vida do "*homo sacer*": os espaços, as liberdades e os direitos que se alcançam, adquiridos nos conflitos com os poderes centrais simultaneamente preparam, a cada vez, uma crescente inscrição de suas vidas na ordem estatal, oferecendo ainda mais uma temível instância ao poder soberano do qual desejariam liberar-se.[349]

O fato é que, pondera Agamben, uma mesma reivindicação de vida nua conduz, nas democracias burguesas, a uma primazia do privado sobre o público e das liberdades individuais sobre os deveres coletivos e

348 CASTRO, *Introdução a Giorgio Agamben*, p. 68.

349 AGAMBEN, *Homo sacer*, p. 127.

torna-se, ao contrário, nos Estados totalitários, o critério político decisivo e no local por excelência das decisões soberanas. Ele reputa as necessidades da vida biológica como o fato mesmo politicamente decisivo para a compreensão da rapidez com a qual, no nosso século, as democracias parlamentares puderam transformar-se em Estados totalitários e estes, em uma continuação daquelas. Tudo isso em um contexto em que a política havia se tornado, há muito, biopolítica ou tanatopolítica, com o controle da vida nua. Se o referente fundamental agora é a vida nua agambeana, as distinções políticas tradicionais, como sejam direita e esquerda, público e privado, ingressam em uma zona de indistinção.

É também importante anotar que essa proximidade da democracia e do totalitarismo está intimamente ligada, para Agamben, à visão de sociedade de espetáculo, anunciada por Guy Debord. Nos anos que se seguiram à publicação de *A sociedade do espetáculo*, Debord observou uma similaridade crescente entre o que ele chamou de o "espetáculo concentrado" dos regimes totalitários e o "espetáculo difuso" das democracias ocidentais. Uma das ideias centrais de seu *Comentários sobre a sociedade do espetáculo*, para o qual Agamben escreveu um prefácio,[350] é precisamente essa. Após observar que seu objetivo de tentar

> compreender, de uma vez por todas, por que a democracia, no momento exato em que parecia finalmente ter triunfado sobre seus adversários e atingido sua grandeza máxima, se mostrou incapaz de salvar a *zoé* da ruína sem precedentes, para cuja felicidade ela havia dedicado todos os seus esforços.[351]

Em *Homo sacer I*, pontua Agamben, "a decadência da democracia moderna e sua convergência gradual com estados totalitários nas sociedades pós-

---

350 AGAMBEN, G. *Glosas marginais aos "comentários sobre a sociedade do espetáculo"*. Tradução de João Gabriel. São Paulo: CAF, 2008. Disponível em: <http://caf.fflch.usp.br/artigo/glosas-marginais-aos-comentarios--sobre-sociedade-do-espetaculo>.

351 AGAMBEN, *Homo sacer*, loc. cit.

-democráticas espetaculares, (as quais começaram a se tornar evidentes com Alexis de Tocqueville e encontraram sua sanção final nas análises de Guy Debord)" estão "enraizadas" precisamente nessa aporia.[352]

Agamben, nas linhas que seguem à Parte III de *Homo sacer I*, anota que o primeiro registro da vida nua como sujeito político já está implícito no documento que é, de maneira pacífica, entendido como o fundamento da democracia moderna. Trata-se do *habeas corpus*. Para o filósofo, a democracia moderna nasce como reivindicação e exposição desse corpo (*habeas corpus as subjiciendum*, isto é, "deverás ter um corpo para mostrar"). Dessa maneira, no centro da luta contra o absolutismo, a nascente democracia europeia constitucionaliza não a *bios*, a vida qualificada, mas a *zoé*, no anonimato, capturada a vida nua no bando soberano.

Agamben atribui a raiz da vocação biopolítica à situação daquele que se apresenta mais tarde como portador dos direitos, como o novo sujeito soberano pode constituir-se como tal somente repetindo a exceção soberana e isolando em si mesmo o *corpus*, a vida nua. Se é verdade, diz Agamben, que para sua vigência a lei necessita de um corpo, se é possível falar, nesse sentido, do "desejo da lei de um corpo",[353] a democracia responde ao seu desejo obrigando a lei a tomar esse corpo sob seus cuidados. E o filósofo conclui: "*corpus* é um ser bifronte portador tanto da sujeição ao poder soberano quanto das liberdades individuais".[354]

A lógica do corpo do *habeas corpus* estende-se, para Agamben, à *Declaração dos Direitos do Homem e do Cidadão*, de 1789.

A temática dos direitos humanos e dos refugiados é analisada pelo filósofo especialmente a partir de um capítulo da obra de Hannah Arendt, *O declínio do Estado-nação e o fim dos direitos do homem*.[355] A pensadora constata que os refugiados, justamente os que deveriam ser, por exce-

---

352 AGAMBEN, *Homo sacer*, p. 17.

353 Ibidem, p. 130.

354 Ibidem, loc. cit.

355 ARENDT, H. *As origens do totalitarismo*. São Paulo: Companhia das Letras, 2007, p. 300-336.

lência, sujeitos de direitos, revelam uma condição de absoluta ausência de tutela do Estado, em legislações nacionais e internacionais. A partir daí, Agamben destaca o próprio título das Declarações. Há uma distinção entre cidadãos e homens,[356] constitutiva para ele do esvaziamento do próprio conceito de direitos humanos. E não é de se estranhar, portanto, sua conclusão de que há necessidade premente de uma revisão da concepção de que as declarações de direitos sejam valores eternos metajurídicos que tendem a vincular o legislador ao respeito pelos princípios éticos, e só então considerá-las de acordo com sua função histórica real na formação do moderno Estado-nação.

Para Agamben, aquela vida natural, que no antigo regime era politicamente indiferente e pertencia, como fruto de criação, a Deus, e no mundo clássico era claramente distinta como *zoé* da vida política (*bios*), ingressa agora em primeiro plano na estrutura do Estado e torna-se, aliás, o fundamento terreno de sua legitimidade e de sua soberania.[357]

Assim, para esse filósofo, as declarações de direitos devem ser vistas como o lugar em que se efetua a passagem da soberania régia da origem divina à soberania nacional. Elas asseguram a *exceptio* da vida nova na ordem estatal que deverá suceder a derrocada do antigo regime.

Prossegue o autor na análise das declarações dos direitos, considerando que, por meio delas, o "súdito" se transforma em cidadão, significando que o nascimento – isto é, a vida natural como tal – o torna *portador imediato da soberania*. Assim, os princípios da natividade e da soberania, separados no antigo regime (em que o nascimento dava lugar somente ao súdito), unem-se agora, irrevogavelmente, no corpo do "sujeito soberano" para constituir o novo fundamento do Estado-nação. Não é possível, para Agamben,[358] compreender o desenvolvimento e a vocação "nacional"

356 Distinção já anotada por Marx, no texto *A questão judaica*, como uma significativa representação da dissociação de uma comunidade. Parece clara, a partir daí, a influência deste pensador também em pensamento-chave de Agamben.

357 AGAMBEN, *Homo sacer*, p. 134.

358 Ibidem, loc. cit.

e biopolítica do Estado moderno nos séculos XIX e XX sem considerar que, em seu fundamento, não está o homem como sujeito político livre e consciente, mas, antes de tudo, *sua vida nua*, o simples nascimento, que na passagem do súdito ao cidadão é investido como tal pelo princípio da soberania. O *nascimento* por si só, pondera Agamben, em uma ficção implícita, torna-se imediatamente *nação*.

Nesse percurso, os critérios jurídicos do *ius soli* (o nascimento em um determinado território) e do *ius sanguinis* (o nascimento a partir de genitores dos cidadãos) não exprimem mais uma relação de vassalagem. A cidadania identifica um novo princípio igualitário: ela nomeia o novo estatuto da vida como origem e fundamento da soberania e identifica os *membros da soberania*.

Para Agamben, nesse contexto, fascismo e nazismo são, antes de tudo, uma redefinição das relações entre homens e cidadãos e, conquanto paradoxais, se tornam inteligíveis somente se situados sob o pano de fundo biopolítico inaugurado pela soberania nacional e pelas declarações de direitos. Somente, segue o autor, esse vínculo entre os direitos do homem e a nova determinação biopolítica da soberania permite a compreensão do fenômeno que, em imediata coincidência com as declarações dos direitos de nascimento inalienáveis e imprescritíveis, distingue os direitos do homem em geral em ativos e passivos. Sieyès já diferenciava os cidadãos ativos como aqueles que desfrutavam dos direitos políticos completos e os cidadãos passivos como aqueles que detinham somente os direitos naturais e civis.

Essa distinção entre os cidadãos, dirá Agamben,[359] não permite apenas a constatação de restrições do princípio democrático e igualitário em flagrante contradição com o espírito das declarações, mas, principalmente, seu significado biopolítico, que tem como importante característica a necessidade de redefinição da vida no limiar que articula e separa aquilo que está dentro daquilo que está fora.

---

359 Ibidem, p. 138.

Os refugiados, assim, representam para Agamben um importante paradigma, também um conceito-limite, porque justamente rompem a continuidade entre homem e cidadão, entre *nascimento e nacionalidade*, uma vez que trazem à luz a ficção originária da soberania moderna.

De fato, para o autor, a aparição dos refugiados como fenômeno de massa teve lugar na Primeira Grande Guerra Mundial, quando a queda dos impérios russo, austro-húngaro e otomano e a nova ordem criada pelos tratados de paz modificam profundamente a organização demográfica e territorial da Europa centro-oriental.[360]

A destituição da cidadania por meio das práticas de desnaturalização e desnacionalização surgidas dessa reorganização tornaram os refugiados pessoas desprovidas de cidadania e também de direitos, redefinindo ainda as atuais noções de povo e cidadão.

De fato, pondera Agamben que a divisão mesmo entre cidadãos e homens da Declaração de Direitos revela que o Estado-nação não admite um estatuto do homem em si na medida em que haverá, nessas condições, sempre a necessidade de uma naturalização e uma repatriação. Disso advém sua conclusão do significado do Estado-nação: ele faz do nascimento, da vida nua humana,[361] o fundamento da própria soberania. Esse é o sentido, nem sequer muito disfarçado, avalia o filósofo, dos primeiros três artigos da Declaração de 1789: apenas por ter inscrito (arts. 1º e 2º) o elemento nativo no coração de toda a associação política, esta pode unir solidamente (art. 3º) o princípio da soberania à nação. Etimologicamente, aliás, registra Agamben, *natio* quer dizer nascimento. A ficção aqui implícita é de que o nascimento torne-se imediatamente nação, de modo que não possa haver nenhum intervalo entre os dois momentos.

Em outras palavras, os direitos foram atribuídos ao homem apenas na medida em que ele é pressuposto imediato para alguma ameaça à condição única de cidadão.

---

360 Idem, *Mezzi senza fine*, p. 21.

361 Ibidem, p. 24.

Nessa perspectiva, Agamben se vale novamente de uma indicação de Hannah Arendt e pensa a figura do refugiado

> como a única figura possível do povo em nosso tempo e, ao menos até que haja terminado o processo de dissolução do Estado-nação e de sua soberania, também a única categoria na qual se pode entrever a forma e os limites de uma comunidade política por vir.[362]

Nesse pensamento, tomando como exemplo uma das possibilidades de organização política discutidas para Jerusalém, convertendo-a na capital de dois Estados nacionais, ele considera um modelo de novas relações internacionais. Em suas palavras,

> em sentido análogo, podemos olhar a Europa não como a uma impossível "Europa das nações", da qual já se entrevê em curto prazo a catástrofe, mas como um espaço aterritorial ou extraterritorial, em que todos os residentes dos Estados europeus (cidadãos e não cidadãos) estariam em posição de êxodo ou de refúgio, e o "*status*" de europeu significaria o ser-em-êxodo (obviamente também imóvel) do cidadão. O espaço europeu assinalaria assim um vão irredutível entre o nascimento e a nação, em que o velho conceito de povo (o qual, como é sabido, é sempre minoria), poderia retomar um sentido político, contrapondo-se decididamente ao de nação (que o tem, até o momento, indevidamente usurpado).[363]

Nos moldes dos refugiados, também a Agamben, o conceito de povo apresenta uma "fratura biopolítica fundamental".[364] Ele é aquilo que não pode ser incluído no todo do qual faz parte e não pode pertencer ao conjunto no qual já está sempre incluído. Isso porque o vocábulo povo, enfatiza ele, inclui tanto o sujeito de direitos como os excluídos: presos, pobres

---

362 Ibidem, p. 21.

363 Ibidem, p. 28.

364 Ibidem, p. 32.

ou deserdados.[365] Daí as contradições e aporias a que essa palavra dá lugar a cada vez que é evocada e ingressa no cenário da política. O povo é a fonte pura de qualquer identidade e deve continuamente redefinir-se e purificar-se por meio da exclusão, da língua, do sangue, do território.

Essa oposição do mesmo vocábulo superpõe-se para Agamben com a distinção entre *bios* e *zoé*, entre a existência política e a vida nua.

E assim, para o filósofo:

> [...] Parafraseando o postulado freudiano sobre a relação entre "*Es*" e "*Ich*", seria possível dizer que a biopolítica moderna é regida pelo princípio segundo o qual "onde há vida nua, um Povo há de haver". Com a condição, porém, de acrescentar imediatamente que esse princípio vale também na formulação inversa, que dispõe que "onde haja Povo,[366] lá haverá vida nua". A fratura que se acreditava ter sido colmatada eliminando o povo (os judeus sendo o seu símbolo), reproduz-se, assim, novamente, transformando todo o povo alemão em vida sacra voltada à morte e em corpo biológico que deve ser infinitamente purificado (eliminando doentes mentais e portadores de doenças hereditárias). E, de um modo diverso, mas análogo, hoje o projeto democrático-capitalista de eliminar, por meio do desenvolvimento, as classes pobres, não apenas reproduz no próprio interior o povo dos excluídos, mas transforma em vida nua todas as populações do terceiro mundo. Apenas uma política que terá sabido acertar as contas com a cisão biopolítica fundamental do Ocidente poderá fazer parar essa oscilação e por fim à guerra civil que divide os povos e as cidades da terra.[367]

---

365 Desde Bodin, o conceito é duplo: *peuple en corps*, como o titular da soberania, e *menu peuple*, que a sabedoria aconselha excluir do poder político. Também o direito romano distinguia *populus et plebs*, povo e plebe (AGAMBEN, *Mezzi senza fine*, p. 31).

366 Agamben usa maiúscula em Povo para defini-lo como aquele de existência política em contraposição ao povo, como vida nua.

367 AGAMBEN, *Mezzi senza fine*, p. 34.

Não é difícil a conclusão, assim, de que, para Agamben, é imprescindível uma política em que a vida nua não seja mais separada e excepcionalizada no ordenamento jurídico do Estado, nem mesmo por meio da categoria dos direitos humanos.

Da mesma maneira que a Declaração de 1789, a eugenia, para o filósofo, revela a estrutura biopolítica da modernidade, ou seja, a política como decisão acerca da vida digna ou indigna de ser vivida. O programa de eliminação das vidas da política nacional-socialista, que teve inspiração em documento de Binding,[368] para Agamben, corresponde igualmente à vida nua do *homo sacer*. E, nessa trilha de pensamento, uma vida indigna de ser vivida não é um conceito ético, mas político, na qual está em questão a extrema metamorfose da vida matável e insacrificável do homem sagrado sobre o qual se fundamenta o poder soberano.

A vida, dessa maneira, que com as declarações dos direitos tinha sido investida como tal pelo princípio da soberania, torna-se agora ela mesma o local de uma decisão soberana. O *Führer* representa, para Agamben, justamente a própria vida enquanto decide da própria consistência da biopolítica – sua palavra é imediatamente a lei.

Foi no livro publicado durante o Reich intitulado *Estado e saúde*, em 1944,[369] que se constata para Agamben a mais significativa politização da vida biológica. É o patrimônio vivente que passa a integrar os interesses e os cálculos desse governo. As atribuições da medicina se integram mais e mais às funções e aos órgãos estatais. Os princípios dessa nova biopolítica são ditados pela eugenética, compreendida como a ciência da hereditariedade de um povo. Agamben, nesse trajeto, cita Foucault em suas investigações sobre a ciência do policiamento, na qual, como se viu, constata-se uma tutela da população em todos os seus aspectos.

Hitler e os estudiosos da época sabiam perfeitamente da impossibilidade de se alcançar a raça pura. Bem por isso, a concepção de racismo não é a qualificação mais correta, entende Agamben, para definir a biopolítica

---

368 Idem, *Homo sacer*, p. 143.

369 Ibidem, p. 151.

do Terceiro Reich. Trata-se de uma "tutela da vida", herdada da ciência do policiamento, que se funde em preocupações de ordem eugenética.

Von Justi, destaca o autor, distinguia a *política* da *polícia*, para então concluir que essa distinção não é mais realizada na compreensão da biopolítica nacional-socialista (e boa parte da política moderna, segundo Agamben). De fato, a *polícia torna-se política e a tutela da vida coincide com a luta contra o inimigo.*

A revolução nacional-socialista, vê-se na introdução de *Estado e saúde*,

> deseja fazer apelo às forças que tendem à exclusão dos fatores de degeneração biológica e à manutenção da saúde hereditária de um povo. Ela almeja, portanto, fortificar a saúde do conjunto do povo e eliminar influências "que prejudiquem o desenvolvimento biológico da nação".[370]

É somente sob essa perspectiva, defende Agamben, que se pode compreender o extermínio dos judeus em que polícia e política, motivos eugenéticos e ideológicos, tutela da saúde e luta contra o inimigo tornam-se absolutamente indiscerníveis.

Agamben menciona ainda o texto de Verscheur (1936), para quem "política é dar forma à vida do povo".[371] A novidade, pontua Agamben, da biopolítica moderna é, na verdade, que o dado biológico seja, como tal, imediatamente biopolítico e vice-versa.

A vida que, com as declarações dos direitos humanos, tinha se tornado o fundamento da soberania, torna-se sujeito-objeto da política estatal - que se apresenta sempre como "polícia", destaca Agamben. No entanto, somente um Estado fundado sobre a própria vida da nação podia identificar com sua vocação dominante a formação e tutela do povo.

O fundamento do totalitarismo do século XX, deduz o pensador italiano, reside na identidade da vida e da política. Se o nazismo e, para Hannah Arendt, sua identidade com o stalinismo permanecem ainda inexplicados,

---

370 Ibidem, p. 154.

371 Ibidem, loc. cit.

isso ocorre, para Agamben, porque não se situa o fenômeno totalitário no horizonte da biopolítica. Assim, para ele, quando a vida e a política, divididas na origem e articuladas entre si por meio da terra de ninguém do estado de exceção, na qual habita a vida nua, tendem a identificar-se, então toda a vida torna-se sacra e toda a política torna-se exceção.

É nesse contexto que se justificam para o autor as primeiras edições de leis expedidas pelo regime nacional-socialista concernentes à eugenética. Decisivo era para os nazistas, conclui Agamben, o caráter *político* dessas leis. As leis de Nuremberg, as deportações aos campos, a "solução final" têm seu fundamento na assunção incondicionada de uma tarefa biopolítica, na qual vida e política se identificam ("política, ou seja, o dar forma à vida de um povo").[372]

Assim, para Agamben, o nazismo fará da vida nua do *homo sacer*, determinada em chave biológica e eugenética, o lugar de uma decisão incessante sobre o valor e sobre o desvalor, em que a biopolítica converte-se continuamente em tanatopolítica, e o campo em espaço político no qual a lei se aplica desaplicando-se.

As mesmas considerações estendem-se no que toca aos trabalhos de Agamben sobre a morte (cobaias humanas). A vida e a morte não são propriamente conceitos científicos, mas políticos, e, enquanto tais, adquirem um significado preciso só por meio de uma decisão soberana.

A primeira observação a respeito do paradigma dos campos é que, para Agamben, os acontecimentos que neles se desenrolaram escapam de uma análise comum da definição de crime. Ele, na verdade, pretende analisar a estrutura jurídico-política e a razão pela qual eventos dessa envergadura ali sucederam. Ele deixa, dessa forma, de lado um olhar factual-histórico para dar lugar à constatação de um *nomos* do espaço político em que vivemos, uma matriz oculta da política contemporânea.

A importância da origem do campo de concentração reside mais na constatação de que se trata de uma extensão, a uma população civil inteira, de um estado de exceção, que de um direito carcerário.

---

372 Ibidem, p. 156.

A tomada de poder pelos nazistas teve fundamentação jurídica na Constituição de Weimar (art. 48), que previa suspensão de direitos fundamentais para o restabelecimento da lei e da ordem, mas não previa expressamente o estado de exceção. Os fatos que se desenrolaram a partir daí tendem, para o filósofo, *a se confundir com a própria norma.*[373] Com efeito, os juristas alemães à época definiam tal situação como a existência de um estado de exceção desejado, por meio da suspensão de direitos fundamentais, com vistas à criação de um Estado nacional-socialista.

Agamben pondera que a "proteção" da liberdade no estado de exceção é a proteção contra a suspensão da lei que caracteriza a emergência. O campo é desligado do estado de exceção no qual se baseava e deixado em vigor na situação normal. *O campo é, assim, para o autor, o espaço que se abre quando o estado de exceção começa a se tornar regra.* É uma disposição espacial permanente que, nesses termos, permanece estavelmente fora do ordenamento normal, com absoluta independência de todo o controle jurídico.

Nessa perspectiva, Agamben avalia que o ordenamento jurídico excluído nos campos é, segundo o significado etimológico do termo exceção, *capturado*, incluído por meio de sua própria exclusão. Mas aquilo que, desse modo, alinhava o autor, é antes de tudo capturado no ordenamento, é o próprio estado de exceção. Com efeito, na medida em que ele é desejado, inaugura-se um novo paradigma jurídico político no qual a norma se torna indiscernível da exceção.

O soberano não decide mais a exceção a partir de uma situação factícia, mas exibe de forma mais evidente a estrutura de *bando* que caracteriza seu poder. Ele produz a situação de fato como consequência da decisão sobre a exceção. Nesse contexto, não se distingue mais a situação de fato daquela jurídica e a questão, portanto, da ilegalidade que ali se vê perde totalmente o sentido da discussão. O campo é, portanto, nas palavras de Agamben, um híbrido de direito e fato, no qual os dois termos tornaram-se indiscerníveis.

373 Ibidem, p. 175.

Ainda no apoio teórico de Arendt, Agamben avalia que só é possível compreender a estrutura jurídica e política do campo de extermínio na constatação de que sua vocação era realizar estavelmente a exceção. No mesmo percurso, não se pode entender o conceito de raça no regime nacional-socialista sem considerar que o corpo biopolítico não é uma questão de fato ou de direito, mas a aposta de uma decisão política soberana que se opera na absoluta indiferenciação de fato e direito.[374]

Nessa concepção, um conceito nacional-socialista de raça funcionaria mesmo como uma cláusula geral, um modelo jurídico aberto para os juristas, que realiza uma imediata coincidência de fato e de direito. Para Agamben,

> o juiz, o funcionário [...] não se orientam mais pela norma ou por uma situação de fato, mas, vinculando-se unicamente à própria comunidade de raça com o povo alemão e o Führer, movem-se em uma zona na qual as distinções entre vida e política e entre questão de fato e questão de direito não têm mais, literalmente, sentido algum.[375]

Normatização e execução, portanto, produção do direito e sua aplicação, não são mais, de modo algum, momentos distinguíveis.

Como se anotou nas linhas precedentes deste item, o deslocamento crescente entre nascimento (a vida nua) e o Estado-nação é o fato novo da política do nosso tempo e o *campo*, para Agamben, é o novo regulador oculto da inscrição da vida no ordenamento, um espaço permanente de exceção.

O sistema político não ordena formas e normas jurídicas dentro de um espaço determinado, mas contém em seu interior o que o autor chama de "*localização deslocante*", *que o excede, na qual toda forma de vida e toda a norma podem ser capturadas.*

O campo, conclui assim Agamben, que agora se estabeleceu em seu interior, é o novo *nomos* biopolítico do planeta.

---

374 Ibidem, p. 178.

375 Ibidem, p. 179.

## O estado de exceção. Autoridade e poder. O estado real de exceção

Registrou-se nesta obra que *O poder soberano e a vida nua I* é o primeiro volume da série *Homo sacer*. O seguinte a ser publicado foi o terceiro da série: *O que resta de Auschwitz*, em 1998. O segundo volume foi publicado posteriormente e dividido em duas partes: a primeira, o *Estado de exceção*, em 2003, e, quatro anos mais tarde, *O reino e a glória: por uma genealogia teológica da economia e do governo*, em 2007. Os três primeiros têm como eixo a soberania. No último, Agamben cuida do conceito de governo.

O *Estado de exceção* pode ser compreendido como talvez a obra em que Agamben mais se vale dos estudos de Carl Schmitt sobre o direito, além de suas estratégias como conceito-limite, já presentes em *O poder soberano e a vida nua*. De fato, a estrutura do estado de exceção serve ao soberano para a captura da vida e, nessa condição, Agamben se detém em análises das teorias jurídicas que o instituem e legitimam. A despeito dessas considerações, seu objetivo é, sobretudo, filosófico-político[376] e, em especial, nas concepções schmittianas de que as categorias legais são empecilhos à ética. A última parte da obra cuida da compreensão do diálogo entre Walter Benjamin e Carl Schmitt e servirá a Agamben para o argumento de que esse intenso debate produziu um dos mais importantes estatutos da violência como código da ação humana.[377]

A vida, portanto, segue sendo uma protagonista no *Estado de exceção* e Agamben focaliza sua atenção sobre a suspensão da lei, que é a condição de possibilidade para o estabelecimento do novo *nomos* da Terra.

O estado de exceção para Agamben apresenta-se como forma legal daquilo que não pode ter forma legal e, ainda, ele é o dispositivo original graças ao qual o direito se refere à vida e o inclui em si por meio de sua própria suspensão. Uma teoria do estado de exceção é, por corolário, condição preliminar para definir a relação que vincula, ao mesmo tempo que abandona, o vivente ao direito. O objeto da investigação do autor é,

---

376 CASTRO, *Introdução a Giorgio Agamben*, p. 75.

377 AGAMBEN, *Estado de exceção*, p. 92.

dessa maneira, a exploração da zona incerta entre o direito público e o fato político e entre a ordem jurídica e a vida.[378]

Incialmente, o pensador italiano observa que a expressão "estado de exceção" é frequentemente utilizada na doutrina jurídico-alemã, o que, todavia, não ocorre nos sistemas legais francês e italiano, que se valem do "estado de sítio", ou na doutrina anglo-saxônica, que opta pela utilização da "lei marcial" ou de "emergência". Mas a convergência de todos eles é que, pontua o autor, não há em nenhuma dessas situações jurídicas o estado de guerra.

A tese histórico-interpretativa de Agamben é justamente a de que, a partir da criação do estado de exceção, sua história é a progressiva emancipação das situações de guerra para converter-se em um instrumento poderoso da função de polícia. Trata-se de um paradigma de exercício de governo inclusive das democracias contemporâneas.[379] Dois exemplos são por ele evocados no objetivo de demonstrar a estreita ligação entre estado de exceção e a política contemporânea: um extraído do início do século e o outro em seu termo.

Todo o governo do Terceiro Reich, sustentado pelo partido nacional-socialista alemão, pode ser considerado, do ponto de vista essencialmente jurídico, como um estado de exceção que durou doze anos ininterruptos – até 1945 –, sob a égide do já mencionado art. 48 da Constituição de Weimar, que previa o estabelecimento do estado de exceção sempre que a ordem pública e a segurança assim o exigissem. O exemplo, para Agamben, manifesta o vínculo entre estado de exceção e guerra civil e demonstra como a mais impressionante experiência totalitária do século XX surge apoiada no instituto denominado estado de exceção.

Assim, ele define o totalitarismo moderno como

> [...] a instauração, por meio do estado de exceção, de uma guerra civil legal que permite a eliminação física não só de adversários políticos, mas também

378 Ibidem, p. 11-12.

379 Ibidem, p. 13.

> de categorias inteiras de cidadãos que, por qualquer razão, parecem não integráveis ao sistema político. Desde então, a criação voluntária de um estado de emergência permanente (que, eventualmente, não declarado no sentido técnico) tornou-se uma das práticas essenciais dos Estados contemporâneos, inclusive dos chamados democráticos.[380]

O outro exemplo é dado pelo caso ainda atualíssimo do governo norte-americano na instituição, em novembro de 2001, do provimento denominado "*military order*", autorizando detenção indefinida dos não cidadãos suspeitos de envolvimento com o terrorismo. Inexistia controle judicial ou legal e a detenção era indefinida quanto ao tempo e às condições de aprisionamento.[381]

Em longo capítulo contido no primeiro item da obra, "O estado de exceção como paradigma do governo", o pensador expõe um histórico iniciando pela Alemanha, Suíça, Itália e Estados Unidos, abordando a evolução da doutrina constitucional e da legislação ao longo dos séculos XIX e XX. Interessa ao filósofo, mais que as distinções existentes entre os países, o sentido histórico dessa evolução, qual seja, o estado de exceção independe de uma ameaça de guerra que na origem o justificava,

---

380 Ibidem, loc. cit.

381 Não é a perspectiva deste livro a pesquisa de campo e não se colacionaram a ele exemplos de inúmeros processos criminais em que a vida tem pouco ou nenhum valor, mas a experiência profissional desta pesquisadora, na prestação de assistência jurídica nessa área, em especial nos processos de cumprimento de penas privativas de liberdade no Estado de São Paulo, foi decisiva para acompanhar as atualíssimas reflexões de Agamben quanto à ineficácia de um sistema constitucional na proteção de direitos fundamentais e à perenidade de um cruel estado de exceção arraigado nos presídios desse Estado, nos quais os *banidos* promovem a conexão dos dois polos da exceção soberana: a vida nua e o poder; e para entender de maneira prática que o estado de exceção é mesmo o paradigma de governo proposto por Agamben.

deslocando-se até situações de emergência econômica para, finalmente, transformar-se em uma prática habitual.

Para Agamben, à compreensão do conceito de estado de exceção resulta importante a literatura sobre o conceito de "ditadura constitucional", que teve lugar entre 1934 e 1948, em razão da crise de esfacelamento das democracias europeias.

Nesse trajeto, ele traz a lume a obra de Herbert Tingsten,[382] de 1934, que trata da extensão dos poderes do Executivo na órbita legislativa por intermédio da emanação de leis de plenos poderes. De conformidade com esses textos legais, concede-se ao Executivo um poder amplo de regulamentação e a possibilidade de modificar as leis mediante decretos de necessidade e de urgência. A partir daí, nas democracias ocidentais, tornou-se muito comum que o Poder Legislativo limite-se só a ratificar os decretos provenientes do Executivo.[383] Nesse percurso, a experiência política da Primeira Guerra Mundial e dos anos seguintes foi um universo de experimento para o ajuste dos mecanismos e dispositivos necessários para converter o estado de exceção no paradigma de governo.

Na sequência, Agamben se vale de Carl J. Friedrich, em livro publicado em 1941,[384] que elabora distinção entre uma ditadura constitucional e uma inconstitucional. Na primeira, há uma proposta de salvaguardar a ordem constitucional, ao passo que, na segunda, ao revés, a proposta é destruí-la. A despeito disso, assinala Friedrich, as medidas excepcionais que tendem a manter a ordem constitucional são idênticas às que a arruínam, o que, por corolário, torna impossível defini-las com clareza, além do que há uma impossibilidade de identificação de forças que conduzem à edição dessas medidas excepcionais no limite mesmo entre a ordem e o caos.

---

382 TINGSTEN, H. *Les pleins pouvoirs:* l' expansion des pouvoirs gouvernamentaux pendant et après la Grande Guerre. Paris: Stock, 1934.

383 AGAMBEN, *Estado de exceção*, p. 19.

384 FRIEDRICH, C. J. *Constitucional government and democracy 2.* Boston: Ginn, 1950.

Por fim, da obra de Rossiter, de 1948,[385] com fundamentos em Carl Schmitt, Agamben se vale da conclusão de que, não obstante a tentativa de distinção entre os conceitos de ditadura constitucional e inconstitucional, o estado provisório de emergência e as consequentes medidas dele decorrentes podem tornar-se definitivos.[386]

Nesse ponto, Agamben elabora uma distinção na exceção convertida em regra entre os doutrinadores modernos e os da Idade Média. O autor menciona o *Decretum* de Graciano - *a necessidade não tem lei* - e a interpretação da *Suma Teológica* de Santo Tomás de Aquino (que anunciava, em casos determinados, a dispensa de determinada obrigação) até Dante, em *De monarchia*, na defesa do bem comum sem o cumprimento da lei.[387] Para os modernos, no entanto, tende-se a incluir o estado de exceção no ordenamento jurídico e a apresentá-lo como um verdadeiro estado legal. Por essa razão, Agamben explicita que, nesse caso, a necessidade pode converter-se em fundamento e fonte da lei, ao contrário do que ocorria na doutrina medieval.

Agamben, ainda no argumento da necessidade de explicar o estado de exceção, o apresenta ao lado da revolução - instauração de fato de um ordenamento jurídico - como medida "ilegal, mas perfeitamente jurídica constitucional", que se concretiza na criação de novas normas (ou de uma nova ordem jurídica).[388] E, assim, ele conclui que o estado de necessidade, tanto na forma do estado de exceção ou revolução, revela-se como uma zona ambígua e incerta em que procedimentos de fato, em si extra ou antijurídicos, transformam-se em direito e onde as normas jurídicas se indeterminam em mero fato: um limiar, portanto, em que fato e direito parecem indiscerníveis.

---

385 ROSSITER, C. L. *Constitucional Dictatorship:* crisis government in the modern democracies. New York: Harcout Brace, 1948.

386 AGAMBEN, *Estado de exceção*, p. 21.

387 Ibidem, p. 40-41.

388 Ibidem, p. 44.

Na verdade, prossegue o autor, a necessidade é incapaz de justificar o estado de exceção, uma vez que implica claramente um juízo subjetivo, e necessárias e excepcionais são, apenas, aquelas circunstâncias declaradas como tais. Esse juízo, com efeito, exige uma avaliação moral ou política – extrajurídica, portanto – pela qual se julga a ordem legal, considerando-se o que seja digno de ser conservado ou fortalecido, ainda que à custa de sua violação.

A necessidade revela, portanto, uma aporia: fato e direito são indiscerníveis. E muito embora a maioria dos juristas, mesmo que de modo inconsciente, conceba a necessidade como uma realidade objetiva, sua realização é inegavelmente subjetiva e disso estava plenamente consciente Carl Schmitt ao atribuir ao soberano *a decisão* quanto a sua oportunidade.

Esta obra já se ocupou do pensamento de Carl Schmitt e Agamben o utiliza especialmente em sua obra *Estado de exceção*. O pensador italiano, de fato, se interessa pela inserção do jurista no ordenamento jurídico do estado de exceção. Na ditadura soberana, como se viu em item próprio, a inclusão do estado de exceção leva-se a termo por meio da distinção entre poder constituinte e poder constituído. A diferenciação entre *norma* e *decisão*, por outro lado, na teoria schmittiana, traduz para o soberano a responsabilidade por uma ação política por excelência. Ele suspende a norma, por oposição a uma ameaça à ordem da unidade política, e, simultaneamente a essa suspensão, torna-se incluído nessa norma.

No entanto, o que está em questão nessa suspensão, defende Agamben,[389] "é mais uma vez a situação que torne possível a aplicação da norma [...] o estado de exceção separa, pois, a norma de sua aplicação para tornar possível a aplicação". Ele introduz no direito uma zona de anomia para tornar possível a normatização efetiva do *real*. Logo a seguir, Agamben destaca:

> [...] podemos então definir o estado de exceção na doutrina schmittiana como o lugar em que a oposição entre norma e sua realização atingir a máxima in-

---

389 Ibidem, p. 58.

> tensidade. Tem-se aí um campo de tensões jurídicas em que o mínimo de vigência formal coincide com o máximo de aplicação real e vice-versa. Mas também nessa zona extrema, ou melhor, exatamente em virtude dela, os dois elementos do direito mostram a sua íntima coesão.[390]

Agamben examina a biopolítica, dessa maneira, não só como um fenômeno histórico, jurídico e político. Ele vê no estado de exceção uma verdadeira estrutura original, como anuncia em suas primeiras linhas desse trabalho.[391] Nessa estrutura original, "a lei inclui os viventes por meio de sua própria suspensão".

Essa formulação densa se refere mesmo àquele paradoxo central desses estados: a própria lei prevê sua suspensão, tornando-se indiscernível a legalidade da ilegalidade.

O pensador italiano, dessa forma, se vale de Schmitt e seu conceito de estado de exceção não só como aquela concepção que marca os próprios limites da lei, mas para concebê-lo como uma "terra de ninguém, entre direito público e o fato político e entre a ordem jurídica e a vida".[392] Agamben formulará, assim, concepções próprias.

Trata-se, para esse autor, de um ponto político no qual o jurídico se esvai e o poder soberano do Estado é o responsável pelo aniquilamento das liberdades individuais.

Isolar essa "estrutura original" não é, todavia, tarefa fácil, justamente pelo espaço anômico que ocupa. Nessa empreitada, Agamben lança suas investigações ao conceito de "força de lei", em Derrida. A questão aqui percorre as teorias jurídicas e filosóficas de muitos anos e se circunscreve a uma justificação de emprego da força para a aplicação da lei.

O caso é de distinção entre a violência legítima e a ilegítima. Da perspectiva do Estado, o que está em jogo é traçar a linha que separa uma da outra. Demarcar os pontos que essa linha deveria seguir geralmente faz

---

390 Ibidem, loc. cit.

391 Ibidem, p. 12.

392 Ibidem, loc. cit.

com que os teóricos voltem às origens – a fundação de um Estado – e à distinção sombria, mas necessária, tão vividamente presente nas revoluções, entre a violência *constitutiva* – a violência que funda um Estado (e que foi utilizada para derrubar o que a precedeu) – e a violência *constituída* – a que é então parte e parcela do funcionamento do Estado (o meio extremo que este mantém em reserva para lidar com casos especiais de ameaças externas ou com levantes internos).

Conforme visto em *Homo sacer*, e na resposta a Negri que Agamben ali oferece, a violência constitutiva *estabelece* a lei e a violência constituída *mantém* essa lei. Se, em teoria, a distinção é de difícil elaboração, na prática, ela é próxima do impossível.

É com frequência que se vê uma justificação simples: o uso da força é legítimo, porque ele é previsto pelo Estado. Ele, soberano, detém o monopólio da violência. Vale destacar trecho do ensaio *Mezzi senza fine*:

> Deste modo, a soberania é o guardião que impede que a soleira irresolúvel entre violência e direito [...] venha à luz. Devemos, ao contrário, manter fixo o olhar exatamente sobre aquilo que a estátua da Justiça (que como recorda Montesquieu, estava vedada nos momentos de proclamação do estado de exceção) não devia ver e, isto é, que (como hoje é claro para todos) o estado de exceção é a regra, que a vida nua é imediatamente portadora do nexo soberano e, como tal, ela é abandonada a uma violência tão mais eficaz quanto anônima e cotidiana.[393]

Na trilha desse pensamento, Agamben traça então a história da frase francesa que cativou Derrida, *force de loi* (força da lei), e a reformula à luz do estado de exceção que ele está ilustrando.

No estado de exceção, a força da lei é alterada. A *força* e a *lei*, então, não mais se ergue em uma relação de meios para fins (com a *força* sendo o recurso que a *lei* pode empregar para atingir certos fins), mas é, por assim dizer, contraída em uma linha única. Agamben expressa essa relação por meio do recurso tipográfico "força-~~de-lei~~". Contudo, para que isso seja

393 Idem, *Mezzi senza fine*, p. 90.

possível, a *lei*, como entidade separada que limita e controla a *força* usada nesse exercício, é suspensa ou mesmo cancelada".[394] Essa força de lei sem lei, dirá o filósofo, flutua como um elemento indeterminado, que pode ser reivindicado tanto pela autoridade estatal como por uma organização revolucionária.

A conclusão que Agamben extrai, assim, dessa contração e suspensão da força e da lei não está limitada à excepcionalidade das estruturas do Estado. Tal forma jurídica revela uma relação filosófica – uma relação na qual a "potência e o ato" estão "radicalmente separados".[395] Aqui já se teceram considerações acerca do conceito de potência e realidade para Agamben e sua interface com a soberania. É preciso pensar de forma diferente a potência e o real para uma libertação do banimento soberano. Essa tarefa Agamben realiza no que ele resgata como o "estado real de exceção", assunto esse de que se tratará a seguir.

Antes, porém, é preciso formular algumas considerações sobre o *iustitium*, um instituto do direito romano que permite a compreensão do estado de exceção para Agamben na sua forma paradigmática, bem como as decisivas relações de autoridade e poder – *auctoritas* e *potestas*.

O *iustitium* (suspensão do direito) era um último decreto proclamado pelo Senado Romano em situações de emergência provocadas por uma guerra externa, uma insurreição ou uma guerra civil, nas quais havia uma suspensão não só da administração da justiça, mas de todo o direito. Agamben, então, examina a produção do vazio jurídico sob o ponto de vista da sistemática do direito público e do ponto de vista filosófico-político.

Teodoro Mommsen[396] alinhava uma teoria do estado de exceção e o que interessa a Agamben não são propriamente esses conceitos, mas seus limites. Para o romanista, o poder de que se trata aqui excede absolutamente os direitos constitucionais dos magistrados e não pode ser exami-

---

394 Idem, *Estado de exceção*, p. 61.

395 Ibidem, loc. cit.

396 MOMMSEN, T. *Derecho penal romano*. Santa Fé de Bogotá: Editorial Temis, 1999, p. 88.

nado de um ponto de vista jurídico-formal. É a necessidade, dessa forma, que dá a medida ao direito para declarar o estado de exceção. O Senado, como autoridade suprema da comunidade, limita-se a aconselhar que se organizem as defesas pessoais necessárias da melhor maneira possível.

Nissen, professor da Universidade de Estrasburgo, explicita Agamben,[397] considera que o *iustitium* responde à mesma necessidade que Maquiavel exprimia quando, no *Dirscorsi*, sugeria "romper" o ordenamento jurídico para salvá-lo. Nissen considera que a declaração do *tumultus* e a do *iustitium* estão sistematicamente ligadas e são categorias que pertencem ao direito constitucional e designam, segue Agamben, no esteio de Nissen, "a cesura por meio da qual se decide constitucionalmente o caráter admissível de medidas excepcionais".[398]

Destaca Agamben que o *iustitium* não pode ser interpretado segundo o paradigma da ditadura. Na constituição romana, o ditador era uma figura específica de magistrado escolhido pelos cônsules, cujo *imperium*, extremamente amplo, era conferido por uma *lex curiata* que definia seus objetivos. No *iustitium*, ao contrário (mesmo quando declarado por um ditador), não existe criação de uma nova magistratura e o poder resulta da suspensão da lei.

Para Schmitt, Rossiter e Friedrich convinham não dissociar o estado de exceção e a ditadura, porém, registra Agamben, a teoria do estado de exceção não se define segundo um modelo ditatorial com uma plenitude de poderes (estado pleromático de direito), mas sim como um estado *kenomatico*, ou seja, um vazio e uma interrupção de direito.

Dá conta o filósofo italiano de que o magistrado, ou simples particular que age durante o *iustitium*, não executa ou transgride nenhuma lei e, sobretudo, não cria direitos. Ele apenas deixa de executar o direito. Nessa esteira, suas ações são meros fatos cuja apreciação, uma vez decaído o *iustitium*, dependerá das circunstâncias. E, prossegue o autor,[399] durante

---

397 AGAMBEN, *Estado de exceção*, p. 72.

398 Ibidem, loc. cit.

399 Ibidem, p. 78.

o *iustitium*, esses fatos não são absolutamente passíveis de decisão e a definição de sua natureza – executiva ou transgressiva e, no limite, humana, bestial ou divina – está fora do âmbito do direito.

Agamben, nesse ponto, enuncia teses sobre a pesquisa genealógica do *iustitium*, essenciais à sua concepção de estado de exceção. Assim:

> 1. O estado de exceção não é uma ditadura (constitucional, comissária, soberana ou inconstitucional), mas um espaço vazio de direito, uma zona de anomia em que todas as determinações jurídicas – e, antes de tudo, a própria distinção entre público e privado – estão desativadas. Agamben afasta, portanto, as teses de que o estado de exceção se explica pelo estado de necessidade como fonte jurídica originária ou aquela que vê como um exercício do direito do Estado à sua própria defesa. Também exclui as teorias de Schmitt na explicação do estado de exceção pela distinção entre norma e decisão, poder constituído e constituinte, além de normas de direito e de realização do direito. O estado de necessidade, segundo Agamben, não é um "estado de direito", mas um espaço sem direito.
> 2. Esse espaço vazio do direito tem íntima relação com o Estado que mantém com ele uma relação estratégica.
> 3. Os atos proferidos durante o *iustitium* não têm caráter executivo, legislativo ou transgressivo e parecem se situar, preconiza Agamben, num não-lugar absoluto.
> 4. A esse não-lugar corresponde a ideia de uma força-de-lei. Essa força-~~de-lei~~ separada da lei, a vigência sem aplicação, é, para Agamben, algumas tantas ficções por meio das quais o direito tenta incluir em si sua própria ausência. A teoria do estado de exceção, para o autor, não explica a sua natureza jurídica, mas define o sentido, o lugar e as formas da sua relação com o direito.[400]

A distinção e a relação entre conceitos de autoridade e poder, de outro lado, igualmente são fundamentais ao filósofo para seu entendimento da condição indiscernível do estado de exceção.

---

400 Ibidem, p. 78-80.

Diversos teóricos consideram a deficiência da teoria moderna na diferenciação entre *auctoritas* e *potestas* e é notória, destaca Agamben, essa repercussão prática e política no Ocidente. Talvez tenha sido Hannah Arendt quem melhor explorou essa questão, sob o ponto de vista político, e Agamben se vale mesmo de sua preciosa análise.

O ensaio *Que é autoridade?* se inicia da seguinte maneira:

> [...] Para evitar mal-entendidos, teria sido muito mais prudente indagar no título: O que foi - e não o que é - autoridade? Pois o meu argumento é que somos tentados e autorizados a levantar essa questão por ter a autoridade desaparecido do mundo moderno. Uma vez que não mais podemos recorrer a experiências autênticas e incontestes comuns a todos, o próprio termo tornou-se enevoado por controvérsia e confusão.[401]

De acordo com a opinião da autora, a crise da autoridade, ainda que não seja nova e marque profundamente o curso da modernidade, só foi inteiramente manifestada no começo do século XX, com o desenvolvimento dos movimentos totalitários de governo. Ainda que o rompimento das autoridades tradicionais tenha sido, em parte, provocado pelos próprios movimentos, o mais provável é que os regimes que deles surgiram tenham sabido aproveitar a atmosfera política favorável e a lacuna deixada pela autoridade que não era mais reconhecida enquanto tal.

No entanto, a crise não se resume à experiência do totalitarismo. Hannah Arendt cita o modelo familiar,[402] no qual a autoridade é aceita como necessidade natural. Nesse trajeto, a pensadora alerta:

> [...] Visto que a autoridade sempre exige obediência, ela é comumente confundida como alguma forma de poder ou violência. Contudo, a autoridade exclui a utilização de meios externos de coerção; onde a força é usada, a au-

---

401 ARENDT, H. *Entre o passado e o futuro*. Tradução Mauro W. Barbosa de Almeida. São Paulo: Perspectiva, 2007, p. 127.

402 Ibidem, p. 128.

toridade em si mesmo fracassou. A autoridade, por outro lado, é incompatível com a persuasão, a qual pressupõe igualdade e opera mediante um processo de argumentação. Onde se utilizam argumentos, a autoridade é colocada em suspenso. Contra a ordem igualitária da persuasão ergue-se a ordem autoritária, que é sempre hierárquica.[403]

Autoridade, nessa perspectiva, existe na medida em que a violência, a força ou a persuasão são dispensáveis para a efetivação de seus objetivos. Não há mais autoridade se, por exemplo, for necessária a imposição de uma ameaça para que o pai faça o filho obedecer. Compreende-se, dessa maneira, uma existência independente do poder.

Quando se refere à crise da autoridade, contudo, Agamben opta pelo direito romano,[404] mas sem esquecer as ponderações de Hannah Arendt a propósito dessa distinção.

O filósofo inicia estudo sobre o conceito de *auctoritas* no âmbito privado, destacando que ela é a propriedade do *auctor*, ou seja, a pessoa *sui iurus* (*pater familias*) que intervém - pronunciando a fórmula *auctor fio* - para conferir validade jurídica ao ato de um sujeito que, sozinho, não pode realizar um ato jurídico válido. Dessa forma, segue o autor, tudo se passa, então, como se, para que uma coisa pudesse existir no direito, fosse necessária uma relação entre os dois elementos (ou dois sujeitos): aquele que é munido de *auctoritas* e aquele que toma a iniciativa do ato sem sentido estrito. Se ambos coincidirem, o ato é perfeito; do contrário, será necessário introduzir uma *auctoritas*, cuja força não advém tanto de um exercício voluntário de um direito, mas do realizar-se de um poder impessoal na pessoa mesma do *auctor*.

No que toca à *auctoritas* na esfera pública, Agamben cita novamente o romanista Mommsen para defini-la mais como um conselho do que uma ordem. Nessa situação, há uma intervenção para ratificar e tornar plenamente válidas as decisões dos comícios populares.

---

403 Ibidem, p. 129.

404 AGAMBEN, *Estado de exceção*, p. 115-133.

Quanto à natureza da *auctoritas*, pondera Agamben,[405] ela parece agir como uma força que suspende a *potestas* em que ela agia e a reativa, em que ela não estava mais em vigor. É um poder que suspende ou reativa o direito, mas não tem vigência formal como direito. Cita o filósofo também o *interregnum* como outro instituto no qual a *auctoritas* mostra mais uma vez sua função peculiar de continuidade do poder na ausência de um cônsul ou magistrado em uma constituição suspensa.

Igualmente, o *hostis iudicatus* está relacionado com a suspensão do direito na medida em que se trata de um inimigo que ameaçava a segurança da República e, por essa razão, podia ser destituído da posse de seus bens e condenado à morte, suspendendo-se, inclusive, o próprio estatuto do cidadão.

Na condição de conceito fundamental de direito público, a *auctoritas*, não obstante equívoco de tradução, tem nos Estados modernos literalmente essa natureza. Sob o ponto de vista do conteúdo, só é compreensível a partir do direito romano do período do principado.

Nesse passo, Agamben alcança uma importante conclusão, qual seja, a de que o conceito de *auctoritas* tem relação estreita com a pessoa física, e não com seu poder - *potestas*.

Com efeito, prossegue o autor, o fim de uma magistratura enquanto tal não implica, de modo algum, um problema de corpos: um magistrado sucede o outro sem pressupor a imortalidade do cargo. Somente porque o soberano, a partir do *princeps* romano, expressa em sua própria pessoa uma *auctoritas*, somente porque, na vida "augusta" (Imperador Augusto), público e privado entram em uma zona de indistinção, é que se torna necessário distinguir dois corpos para garantir a continuidade da *dignitas* (sinônimo de *auctoritas*). Agamben não pôde deixar de destacar que as características do *Duce* e do *Führer* estão relacionadas diretamente à pessoa física e pertencem à tradição biopolítica da *auctoritas*, e não à tradição jurídica da *potestas*.[406]

---

405 Ibidem, p. 122.

406 Ibidem, p. 129.

Dessa forma, retomando o fio condutor das obras aqui especialmente investigadas por Agamben na temática da soberania, ele anuncia que o direito e a vida devem se implicar estreitamente em uma fundação recíproca. A dialética de *auctoritas* e *potestas* exprimia exatamente tal implicação (nesse sentido, pode-se falar de um caráter biopolítico original do paradigma da *auctoritas*). A norma pode ser aplicada ao caso normal e pode ser suspensa sem anular inteiramente a ordem jurídica porque, sob a forma da *auctoritas* ou da decisão soberana, ela se refere imediatamente à vida e dela deriva.

Como para o conceito de *iustitium*, Agamben também lança suas conclusões para os conceitos de *auctoritas* e *potestas*.[407] Prossegue na primeira colocação, pela qual o sistema jurídico do Ocidente apresenta-se sob uma estrutura dupla, formada por dois elementos heterogêneos, mas coordenados: um elemento normativo e jurídico em sentido estrito - *potestas* - e um elemento anômico e metajurídico - *auctoritas*.

O elemento normativo necessita do anômico para poder ser aplicado e a *auctoritas*, por sua vez, só pode se afirmar numa relação de validação ou de suspensão da *potestas*. E o direito, o contexto dessa relação, está sempre em ruína e decomposição, anota o autor.

O estado de exceção, alinhava Agamben, é o dispositivo que deve, em última instância, articular e manter juntos os dois aspectos da máquina jurídico-política, instituindo um limiar de indecidibilidade entre anomia e *nomos*, entre vida e direito, entre *auctoritas* e *potestas*. Ele se baseia na ficção essencial pela qual a anomia - sob a forma de *auctoritas*, da lei viva ou da força-~~de-lei~~ - ainda está em relação com a ordem jurídica e o poder de suspender a norma está em contato direto com a vida.

Essa ligação, enquanto temporal, subjetiva e conceitualmente ligada na contraposição entre Senado e povo, como na Roma republicana, terá chance de alguma funcionalidade. Se, porém, houver uma coincidência em uma só pessoa, quando o estado de exceção em que eles se vinculam e se indeterminam se torna a regra, o sistema jurídico político se torna letal.

---

407 Ibidem, p. 130.

Dessa maneira, o estado de exceção, prossegue o autor, "é um espaço vazio onde uma ação humana sem relação com o direito está diante de uma norma sem relação com a vida".[408] Agamben resume nessa frase a urgência do estado de exceção e o objetivo de seu trabalho. Vivemos uma ficção na qual governa o "*arcanum imperii*". O que a "arca" do poder contém em seu centro é o estado de exceção, que, por sua vez, é essencialmente um espaço vazio.

O estado de exceção hoje atingiu exatamente o seu máximo desdobramento planetário. O aspecto normativo do direito pode ser, assim, impunemente eliminado e contestado por uma violência governamental que, ao ignorar no âmbito externo o direito internacional e produzir no âmbito interno um estado de exceção permanente, ainda pretende, no entanto, aplicar o direito.

No campo de tensões da nossa cultura, o estado de exceção é, de fato, sua maior representatividade e se constatam dois movimentos a mantê--lo e a separá-lo, este último com fundamento na inexistência de uma articulação substancial entre violência e direito, entre vida e norma.

Se é verdade que a articulação entre vida e direito, anomia e *nomos*, é fictícia, não se pode dizer o mesmo da impossibilidade de uma recomposição.

Não existem, para Agamben, *primeiro* a vida como dado biológico natural e a anomia como estado de natureza e, *depois*, sua implicação no direito por meio do estado de exceção. Ao revés, a própria possibilidade de distinguir entre vida e direito, anomia e *nomos* coincide com sua articulação na máquina biopolítica. Vida e direito, anomia e *nomos*, *auctoritas* e *potestas* resultam da fratura de alguma coisa a que não temos outro acesso senão por meio de uma ficção de sua articulação e do trabalho de sua desconstrução.

O mecanismo pelo qual se mostra o direito em sua não relação com a vida e a vida em sua não relação com o direito, significando abrir um espaço entre eles para a ação humana, é a *política*, que vem sendo contaminada pelo direito como poder constituinte – violência que põe o direito.

---

408 Ibidem, p. 131.

De precípua natureza, a política é a ação que corta o nexo entre violência e direito. Somente a partir desse espaço que se abre, conclui Agamben, é possível colocar a questão a respeito de um eventual uso do direito após a desativação do dispositivo que, no estado de exceção, o ligava à vida.

Nesse ponto, retoma-se o conceito de *estado real de exceção*, cunhado por Walter Benjamin, que importa a libertação, para Agamben, do banimento do soberano.

Lê-se na Tese VIII, "Sobre o conceito de história", de Walter Benjamin,[409] que

> a tradição dos oprimidos ensina que o estado de exceção no qual vivemos é a regra. Precisamos chegar a um conceito de história que dê conta disso. Então surgirá diante de nós nossa tarefa, a de instaurar o real estado de exceção; e graças a isso, nossa posição na luta contra o fascismo tornar-se-á melhor.

Agamben, no ensaio *Mezzi senza fine*,[410] detecta que esse diagnóstico não perdeu nenhuma atualidade e aqui já se registrou que o estado de exceção, para o filósofo, atingiu sua máxima expansão planetária e, ainda, que o campo é o espaço que se abre quando o estado de exceção começa a se tornar a regra.

Nessa tese, no entendimento de Michael Löwy,[411] Benjamin confronta duas concepções da história com implicações políticas evidentes para o presente: a confortável doutrina "progressista", para a qual o progresso histórico, a evolução das sociedades no sentido de mais democracia, liberdade e paz é norma, e aquela concepção que afirma ser seu desejo, situada do ponto de vista da tradição dos oprimidos, para a qual a norma, a regra da história é, ao contrário, a opressão, a barbárie e a violência dos vencedores.

---

409 LÖWY, M. *Walter Benjamin:* aviso de incêndio – Uma leitura das teses sobre o conceito de história. Tradução Jeanne Marie Gagnebin, Marcos Lutz Müller. São Paulo: Boitempo, 2005, p. 83.

410 AGAMBEN, *Mezzi senza fine*, p. 15.

411 LÖWY, *Walter Benjamin*, p. 83.

As duas concepções reagem de maneira diametralmente oposta ao fascismo. Para a primeira, trata-se de uma exceção à regra do progresso, uma "regressão" inexplicável, um parêntese na marcha avante da humanidade. Para a segunda, a expressão mais recente e mais brutal do "estado de exceção permanente" que é a história da opressão de classe.

O *estado de exceção permanente* do qual se ocupa Benjamin na Tese VIII teve clara influência das ideias de Carl Schmitt, em *Teologia política*,[412] e será decisivo nas análises de Agamben.

Benjamin apresentava um especial interesse nessa obra do jurista alemão por sua identificação entre soberania, seja monárquica, ditatorial ou republicana, e o estado de exceção: soberano é aquele que tem o poder de decisão no estado de exceção, como aqui se repisou.

Essa aproximação entre Carl Schmitt e Walter Benjamim é, sem dúvida, crucial para Agamben e não pareceu interessar profundamente a outros teóricos. Ele a desenvolve em *Estado de exceção*, no complexo capítulo "Luta de gigantes acerca de um vazio".

Agamben reconstrói nesse capítulo, com grande erudição, o polêmico debate que Benjamin e Schmitt mantiveram sobre o estado de exceção, com mais ou menos intensidade, durante os anos de 1925 e 1956. Tirante o rumoroso diálogo causado entre o "jurista do nazismo" e o filósofo de origem judaica e inspirado em teses marxistas, Agamben constata uma leitura da teoria schmittiana da soberania como uma resposta à crítica benjaminiana da violência.[413]

Ocupou-se esta obra da ideia de Agamben de que o ditador se funda ou no poder constituinte ou no poder constituído. O poder constituinte implica sempre a noção de uma potência que não se esgota em sua atualidade, ou seja, uma espécie de *resto* de poder que nunca se esgota em sua forma constituída.

Em outras palavras, o poder constituído é a forma que adota o poder constituinte em um momento e em um lugar determinados, sem por ele esgotar sua potência.

---

412 Ibidem, loc. cit.

413 AGAMBEN, *Estado de exceção*, p. 84.

Dessa maneira, o problema surge, explicita Carlos Zavala Hyde,[414]

> na medida em que o poder constituinte não se esgota nunca no poder constituído, e do mesmo modo que a potência não se esgota no ato, sempre é possível que ele retorne a gerar novamente uma violência que se situa na origem do direito, quer dizer, a violência que o funda.

Desta forma, Benjamin tem por objetivo escapar do direito mediante uma crítica da violência.

Schmitt, como se viu, atribui à ditadura soberana a responsabilidade da criação de uma nova ordem jurídica, uma *realização do direito* da qual, na verdade, Agamben não se convence. O modelo ditatorial, para o pensador italiano, não significa, como se viu, uma plenitude de direitos (estado pleromático), mas sim um vazio de direito.[415]

Benjamin leva em conta essa tese schmittiana da ditadura comissarial instituída no poder constituído, na violência que conserva o direito, e a ditadura soberana, calcada no poder constituinte, que, ao seu turno, funda o direito. Por essa razão, alerta Carlos Zavala Hyde,[416] não se pode confundir a ideia benjaminiana de uma *violência pura* com nenhuma das formas de ditadura desenvolvidas por Schmitt.

Nas concepções de Agamben, a violência benjaminiana não funda nem conserva o direito, mas o *suprime* definitivamente, inaugurando uma nova época histórica.[417]

Contudo, neste passo, é necessária a compreensão do significado benjaminiano do que seja violência pura e, para tanto, uma breve considera-

---

414 HYDE, C. Z. *La polémica entre Benjamin y Schmitt en el* homo sacer *de Agamben*. Barcelona: Universitat Autònoma de Barcelona. Disponível em: <http://www.ub.edu/demoment/jornadasfp2008/PDFs/16-agamben.pdf>. (Texto gentilmente cedido pelo Professor Selvino J. Assmann).

415 AGAMBEN, *Estado de exceção*, p. 75.

416 HYDE, *La polémica entre Benjamin y Schmitt en el* homo sacer *de Agamben*, p. 5.

417 Ibidem, loc. cit.

ção de seu texto *Para uma crítica da violência*.[418] O filósofo afirma que essa forma de violência se concebe somente se houver uma distinção na esfera dos meios sem a consideração dos fins.[419]

De fato, pondera Benjamin, a violência jurídica é sempre um meio em relação a um fim. Isso porque ela é válida tanto para o direito natural - que intenciona "justificar" os meios para a justiça de seus fins - como para o direito positivo - que objetiva "garantir" a justiça de seus fins por meio da legitimação de seus meios. A violência pura benjaminiana, por outro lado, nunca se apresenta simplesmente como um meio em relação a um fim. Ela, para Agamben, é uma "medialidade sem fins", ou seja, um meio que, permanecendo como tal, é considerado independente dos fins que persegue.[420]

A violência pura expressa, portanto, uma característica relacional, uma condição. Nesse caso, uma violência pura depende de sua relação com o direito. E uma violência pura, como meio puro do qual trata também Agamben, é aquela que consiste só em sua manifestação: uma violência que não governa nem executa, simplesmente se manifesta, como uma raiva.

Benjamin tentou demonstrar, na sua crítica sobre a violência, a existência de uma esfera da atividade humana além do direito[421] que fosse capaz de romper com a dialética da violência mítica. De acordo com Roberto

---

418 BENJAMIN, W. *Escritos sobre mito e linguagem*. Organização, apresentação e notas Jeanne Marie Gagnebin; tradução Susana Kampf Lages e Ernani Chaves. São Paulo: Duas Cidades; Ed. 34, 2011, p. 121-122.

419 Agamben parece dedicar-se, na obra *Mezzi senza fine*, justamente a essa análise quando lança como paradigma genuinamente político a "esfera dos meios puros [...] isto é, dos meios que, afastando-se dos fins, se emancipam dele, como esfera própria da política" (AGAMBEN, *Mezzi senza fine*, "Advertência").

420 AGAMBEN, *Estado de exceção*, p. 95.

421 HYDE, *La polémica entre Benjamin y Schmitt en el* homo sacer *de Agamben*, p. 6.

Esposito,[422] essa violência mítica se regra sempre pelos fins do direito, os quais se podem resumir em um só: a conservação da vida.

É oportuno o destaque de trecho de mencionada obra de Benjamin:[423]

> [...] se poderia talvez considerar a surpreendente possibilidade de que o interesse do direito, ao monopolizar a violência nas mãos de uma pessoa particular, não expresse a intenção de defender os objetivos do direito, mas, e sobretudo, ao direito mesmo. Vale dizer que a violência, quando não é aplicada pelas correspondentes instâncias do direito, o coloca em perigo, não tanto pelos fins que aspira a alcançar, mas sim por sua mera existência fora do direito.

No entanto, seguindo-se a ideia benjaminiana da relação do direito com a violência, entende-se a razão pela qual Schmitt, em sua réplica a esse filósofo, na *Teologia política*, teve por objetivo devolver a violência pura à ordem jurídica. Assim, por meio da teoria da soberania com o fundamento no conceito de decisão, Schmitt procurou demonstrar que não pode existir uma violência pura e anômica porque a violência está incluída no direito por meio de sua própria exclusão.

Para Agamben, o estado de exceção schmittiano é o espaço teórico no qual se objetiva apreender a ideia de Benjamin de uma violência pura e de inscrever a anomia no interior de uma ordem jurídica, do *nomos*.[424] Desta forma, a substituir e neutralizar a *violência pura* de Benjamin, Schmitt apresenta a *violência soberana*, que, nos moldes propostos por aquele, não funda e tampouco conserva o direito, mas *o suspende*.[425]

A crítica mais importante de Benjamin a Schmitt consiste, portanto, em mostrar que, na ocasião em que regra e exceção se confundem, o soberano se vê, na verdade, em uma impossibilidade de decidir.

---

422 Ibidem, loc. cit.

423 BENJAMIN, *Escritos sobre mito e linguagem*, p. 157.

424 AGAMBEN, *Estado de exceção*, p. 86.

425 Ibidem, loc. cit.

Em outras palavras, no esteio mesmo das ponderações do pensamento de Schmitt dessa pesquisa, pode-se dizer que Benjamin reconhece que a decisão é uma categoria metafísica que justifica o recurso do estado de exceção, porém esta é, para o filósofo alemão, mais uma desalentadora experiência de uma indeterminação própria do direito.

Essa indeterminação entre exceção e regra, o fora e o dentro do direito, *que torna impossível a decisão soberana*, é o fundamento da crítica de Benjamin à teoria do jurista.[426]

Segundo Agamben, Schmitt tinha presente a crítica de Benjamin e, por essa razão, elabora uma teoria da soberania baseada em um conceito de decisão em resposta a uma ideia benjaminiana de indecidibilidade última de todos os problemas jurídicos, sendo, dessa maneira, a soberania o lugar de uma decisão extrema.[427]

De fato, a crítica benjaminiana em *Por uma crítica da violência* consistia em demonstrar que não é possível decidir na situação extrema, ou seja, quando a exceção e a regra se confundem. Mas a resposta de Schmitt, em *Teologia política*, para Agamben, consiste em tomar essa confusão como o fundamento mesmo da decisão soberana.

Assim, Agamben compactua com Schmitt, para quem a soberania é aquele conceito-limite aqui mencionado sobre seu pensamento. Nessa trilha:

> que esse lugar não seja externo e nem interno ao direito, que a soberania seja, desse ponto de vista, um "*Grenzbegriff*",[428] é a consequência necessária da tentativa schmittiana de neutralizar a violência pura e garantir a relação entre anomia e contexto jurídico.[429]

---

426 HYDE, *La polémica entre Benjamin y Schmitt en el* homo sacer *de Agamben*, p. 8.

427 AGAMBEN, *Estado de exceção*, p. 86.

428 Conceito-limite, traduzido do alemão. *Dicionário Michaelis, on line*.

429 AGAMBEN, *Estado de exceção*, p. 86.

Anos mais tarde, Benjamin escreve seu *Ursprung des deutschen Trauerspiels* (1929), uma resposta à *Teologia política*, de 1922, no qual desenvolve uma verdadeira teoria da indecisão soberana.[430] Para Agamben, nesse texto, há um aprofundamento do anterior, *Por uma crítica da violência*. A ideia benjaminiana da "indeterminação própria de todos os problemas do direito" é substituída por uma teoria barroca da soberania, que foi construída em estrita oposição a Schmitt.

Se, para Schmitt, a decisão é o elo que une a soberania e o estado de exceção, Agamben anota que, de modo irônico, Benjamin separa o poder do soberano e seu exercício e mostra que o soberano barroco está, constitutivamente, na impossibilidade de decidir.

Assim, o filósofo alemão atribui ao soberano esse lugar que não é nem exterior, tampouco interior ao ordenamento jurídico. Assim, ele, na verdade, não apresenta aquela condição schmittiana de decisão sobre o estado de exceção, mas, precisamente, uma função de excluí-lo.

Em outras palavras, aqui Benjamin substitui estrategicamente *decidir* por *excluir* para alterar a definição de Schmitt, ao mesmo tempo que evoca a decisão.

Avança o filósofo italiano e, nesse entrecruzamento de "gigantes", ele talvez depare com o argumento mais pujante de Benjamin a enfrentar um dos pilares do pensamento schmittiano: o milagre é substituído pela catástrofe.

De fato, a cisão entre o poder soberano e seu exercício, anota Agamben, "corresponde exatamente à cisão entre normas do direito e normas de realização do direito, a qual, no livro *A ditadura*, era a base da ditadura comissária".[431] Ao contra-ataque com que Schmitt, ao responder na obra *Teologia política*, à crítica benjaminiana da dialética entre poder constituinte e poder constituído, havia introduzido o conceito de decisão, Benjamin responde criticando a distinção schmittiana entre norma e sua realização. O soberano, que

430 Ibidem, p. 87.

431 AGAMBEN, *Estado de exceção*, p. 88.

> a cada vez deveria decidir a respeito da exceção, é precisamente o lugar em que a fratura que divide o corpo do direito se torna irrecuperável: entre Macht e Vermögen, entre o poder e seu exercício, abre-se uma distância que nenhuma decisão é capaz de preencher.[432]

É por isso, entende Agamben, por meio de um novo deslocamento, que o paradigma do estado de exceção não é mais, como na *Teologia política*, o milagre, mas, sim, a catástrofe. E citando Benjamin, o pensador italiano destaca que, como antítese ao ideal histórico da restauração, diante dele (o barroco), está a ideia de catástrofe. Sobre essa antítese, pontua Benjamin, se forja a teoria do estado de exceção.

Agamben observa[433] então que uma infeliz correção no texto de *Gesammelte Schriften* impediu a avaliação de todas as implicações desse deslocamento. A existência de uma escatologia barroca foi alterada para "não há uma escatologia barroca". O barroco conhece uma escatologia, um "final do tempo", porém vazio, o que converte o estado de exceção em uma catástrofe.

A "escatalogia branca", pode-se dizer, é o principal afastamento de Agamben do pensamento schmittiano sobre o tema da soberania. Neste passo, vale mesmo a transcrição literal desse filósofo:

> [...] E é ainda essa escatologia branca que quebra a correspondência entre soberania e transcendência, entre monarca e Deus que definia o teológico-político schmittiano. Enquanto neste último "o soberano [...] é identificado com Deus e ocupa no Estado exatamente a mesma posição que, no mundo, cabe ao deus do sistema cartesiano", em Benjamin, o soberano "fica fechado no âmbito da criação, é o senhor das criaturas, mas permanece criatura".[434]

---

432 Ibidem, loc. cit.

433 Ibidem, loc. cit.

434 Ibidem, p. 89.

Para Agamben, essa drástica redefinição da função soberana implica uma situação diferente do estado de exceção e ele detecta, nos mesmos moldes de seus paradigmas anteriores, uma zona de absoluta indeterminação.

O estado de exceção, dessa maneira, não é mais o limiar que garante a articulação entre um dentro e um fora, entre anomia e contexto jurídico em virtude de uma lei que está em vigor em sua suspensão. Ele é, acima de tudo, o absoluto indiscernível entre anomia e direito, em que a esfera da criação e a ordem jurídica são arrastadas em uma mesma catástrofe.

Retomando então a Tese VIII de Benjamin sobre o conceito de história, o "estado de emergência" converteu-se em regra e, por isso, devemos dispor de um conceito de história que corresponda a esse fato e produzir um estado real, efetivo de exceção.

A Tese VIII de Benjamin também foi investigada por Agamben no ensaio *O messias e o soberano - o problema da lei em Walter Benjamin.*[435] Nesse texto, o pensador italiano ocupa-se do messianismo e aqui já se lançaram suas ideias essenciais. Aprofundá-las, ainda que bastante interessante, demandaria um estudo particular. É necessário, porém, reter a ideia de que, para Agamben, a tarefa do pensamento que vem o leva a abordar o problema do messianismo. Pensar, para o autor, o tempo messiânico, é pensar nosso estado político atual e buscar soluções para o estado de exceção permanente no qual estamos inexoravelmente inseridos. Tais soluções, aponta Agamben, passam pela compreensão do significado do "estado real de exceção".

O emprego da palavra *real* implica a necessidade de que uma distinção clara deva ser feita e que o estado de exceção revela, de alguma maneira, um estado *fictício.*

O fictício aqui não parece mesmo se relacionar com o imaginário, mas sim que o estado de exceção, ao valer-se de seu recurso à lei e à justiça para a suspensão de direitos individuais, sugere uma fundamentação em uma *ficção jurídica.*

---

435 Idem, *La potencia del pensamento*, p. 323-347.

A intenção de Benjamin[436] parece então ter sido salientar a falsidade daquela ficção por meio da ideia de um "estado real de exceção", que revelasse a mentira daquele que, em seu entender, havia se tornado regra. Agamben já havia observado em *Homo sacer* que

> [...] a violência, que Benjamin define divina, situa-se, em vez disto, em uma zona na qual não é mais possível distinguir entre exceção e regra. Ela está, para a violência soberana, na mesma razão em que, na oitava tese, o estado de exceção efetivo está para aquele virtual.[437]

Para Agamben, a intenção de Benjamin é estratégica e a VIII Tese é explicitamente direcionada para o que o filósofo frankfurtiano considera um aperfeiçoamento da "luta contra o fascismo". Na esteira do enfrentamento do pensamento conservador de Schmitt, Benjamin postula uma esfera de "ação humana anômica", ou seja, uma esfera de ação fora da esfera da lei, para a qual ele escolhe o termo simples e marcante da *violência* (*Gewalt*). Para Agamben, Benjamin não está se referindo aos atos reais de violência física. Em vez disso, ele joga um jogo conceitual, sutil e surpreendente, com os teorizadores do Estado que instrumentalizam o uso da violência.

Agamben vislumbra, ao longo de toda a polêmica entre Schmitt e Benjamin, um estatuto da violência como cifra da ação humana, como aqui já se mencionou, e para Carlos Zavada Hyde[438] trata-se de uma luta em que aqueles pensadores objetivam incluir a anomia em seu domínio teórico. Schmitt deseja por todos os meios reinscrevê-la no interior do direito, insiste-se, ao passo que Benjamin, em várias réplicas, defende que sua existência está fora do direito e além dele.

---

436 Nesse sentido, é o entendimento de LA DURANTAYE, *Giorgio Agamben*, p. 343.

437 AGAMBEN, *Homo sacer*, p. 72-73.

438 HYDE, *La polémica entre Benjamin y Schmitt en el* homo sacer *de Agamben*, p. 10.

Dessa maneira, esse estado de exceção real não apresenta tão somente uma função estratégica, mas é, sobretudo, um "estado revolucionário",[439] no qual prevaleceria uma relação da lei totalmente diferente com a vida.

Em *Homo sacer I*, Agamben escreveu sobre a curiosa concepção que Kafka atribuía à lei e o debate que Benjamin teve sobre essa questão com Scholem, acrescentando, por meio de sua própria explicação crítica, que "a lei, que se torna indistinguível da vida em um estado efetivo de exceção, é confrontada pela vida que, por meio de um gesto simétrico mas inverso, é inteiramente transformada em lei".[440]

Segundo Agamben, a vida inteiramente transformada em lei é um lugar tormentoso. Essa figura invertida do "estado real de exceção" é a fórmula de Benjamin para uma concepção totalmente diferente da lei. Vale dizer: uma concepção com características revolucionárias, em que as relações do Estado com a lei, da lei com a violência, do individual com o coletivo e da potencialidade com a realidade são totalmente revisadas.

Nesse mesmo ensaio de Benjamin sobre Kafka há, segundo Agamben, um salto acerca da relação entre direito e violência. O direito, nessa perspectiva, não é mais praticado, mas apenas estudado,[441] ainda que não se trate de uma justiça, mas apenas uma porta que leva a ela. E o que abre uma passagem para a justiça não é uma anulação, mas sim a desativação do direito, vale dizer, um outro uso dele, exatamente o que a força-~~da lei~~ pretende impedir. Os personagens de Kafka, figuras espectrais do direito e do estado de exceção – e Joseph K. talvez seja essa máxima representação –, o "estudam", "desativam-no". Brincam com o direito.[442]

Dessa forma, os poderes destrutivos do estado de exceção, que Agamben vislumbra na fundação do próprio Estado, só podem ser neutraliza-

---

439 LA DURANTAYE, *Giorgio Agamben*, p. 345.

440 AGAMBEN, *Homo sacer*, p. 58.

441 Aproximação, ao que parece, da imagem de um "novo direito" de que Foucault se ocupou, que se libera de toda a relação da disciplina e soberania. Semelhança anotada no item "Herança foucaultiana".

442 AGAMBEN, *Estado de exceção*, p. 96-98.

dos pelo "estado real de exceção" nas concepções ora alinhavadas. Mas é ainda com a ideia do profano que essa distinção toma mais intensidade. O nó da soberania implica, assim, uma desativação e uma profanação.

A escolha do pensamento de Schmitt nessa pesquisa não é, certamente, em vão. Agamben dele se distancia e se aproxima e essa dinâmica, como se anunciou, terá item próprio. Em *Estado de exceção*, o jurista talvez se faça mesmo mais presente. As estratégias por ele adotadas são ferramentas indiscutíveis ao pensamento do filósofo italiano, assim como os estudos de direito e, claro, o riquíssimo debate com Walter Benjamin.

Nessas perspectivas elaboradas na obra citada, a ideia de Schmitt de que as concepções legais servem de barreira às concepções éticas tem, igualmente, influência enorme para Agamben e esse assunto é o ponto de partida em *O que resta de Auschwitz.*

## Auschwitz. Ética. Biopolítica

Em *Homo sacer - o poder soberano e a vida nua, I*, Agamben procurou definir a estrutura jurídica do campo. *O que resta de Auschwitz* procura a compreensão da atualidade do significado ético do extermínio.[443]

Agamben se vê, nessa obra, como que às voltas de um questionamento de como produzir o relato de um horror inenarrável e testemunhar sobre uma violência que se encontra além da compreensão humana. O filósofo, nesse caminho, traça uma análise bastante profunda da produção literária de sobreviventes do Holocausto, termo esse, aliás, por ele afastado em razão de sua herança semântica cristã que confunde fornos crematórios e altares.

O filósofo deixa claro, já em suas primeiras linhas, que não se ocupa do entendimento das circunstâncias materiais relacionadas ao maior campo de concentração de Hitler. O livro investiga, sim, as dificuldades do testemunho em um espaço no qual inexistem referências básicas de humanidade e em que reina uma ordem de todo disfuncional que não preserva a vida.

---

443 CASTRO, *Introdução a Giorgio Agamben*, p. 90.

A aporia de Auschwitz, para Agamben, é realmente a própria aporia do conhecimento histórico: a não coincidência entre fatos e verdade, entre constatação e compreensão.[444]

A aporia imediata constatada no livro – a aporia de um evento e seu relato – é estabelecida dessa maneira, pelo autor, em forma direta a uma aporia de ordem mais genérica, ou seja, aquela entre fato e verdade, entre a verificação e o entendimento. Nos mesmos moldes de *Homo sacer I*, o fenômeno histórico em questão deve ser estudado paradigmaticamente para uma formulação mais ampla que diz respeito, dessa maneira, ao nosso saber sobre o passado, o nosso conhecimento histórico.

O depoimento do escritor Primo Levi, ex-prisioneiro de Auschwitz, é a matriz para a análise agambeana.[445] A estratégia de Levi foi condicionar a sobrevivência à necessidade de contar a história. Todavia, são os "muçulmanos" os únicos capazes de apresentar os indicativos verdadeiros do terror. Por essa designação, entende-se a condição de prisioneiros reduzidos a cadáveres ambulantes e que estão privados de linguagem.

A filologia é um campo de particular interesse a Agamben e, nesse texto, estão dedicadas a ela ricas ponderações. De todo modo, a tentativa neste item será apenas apreender esse outro paradigma lançado pelo autor – o muçulmano – absolutamente único na história, e contextualizar a soberania nessa compreensão.

Assim, o testemunho, subtítulo da obra, tem seu valor justamente no que lhe falta, naquilo que os não homens diriam se pudessem falar. É a partir dele que se traça o ponto, para Agamben, para o qual convergem as questões específicas sobre Auschwitz e as questões gerais sobre o conhecimento histórico. Ademais, o testemunho também forma o ponto em que o conhecimento e a ética se encontram.[446] Assinala Agamben, na Advertência que inaugura o seu trabalho: "Conforme veremos, quase

444 AGAMBEN, G. *O que resta de Auschwitz* – o arquivo e a testemunha – Homo sacer, III. São Paulo: Boitempo, 2008, p. 20.

445 LEVI, P. É isto um homem? Rio de Janeiro: Rocco, 1988.

446 LA DURANTAYE, *Giorgio Agamben*, p. 252.

nenhum dos princípios éticos que o nosso tempo acreditou poder reconhecer como válidos resistiu à prova decisiva, a de uma '*Ethica more Auschwitz demonstrata*'".[447]

O seguinte trecho, que ainda se destaca, talvez condense as pretensões de Agamben nessa sequência do *Homo sacer I*: "Auschwitz marca o fim e a ruína de qualquer ética da dignidade e da adequação a uma norma. A vida nua, a que o homem foi reduzido, não exige nem se adapta a nada".[448]

Retomando os conceitos já abordados *Estado de exceção* e *Homo sacer – o poder soberano e a vida nua, I*, Agamben aponta o campo de concentração como o traço do biopoder contemporâneo que reduz a vida à sobrevida biológica. Produzir sobreviventes seria, dessa maneira, "a tarefa decisiva da biopolítica de nosso tempo". Auschwitz funde as fronteiras do humano e inumano e Agamben coloca à prova, nesse binômio que sempre o moveu, a reflexão de nosso tempo, revelando em sua catástrofe o perfil incerto de uma nova ética.

Seguem-se nesta pesquisa, portanto, e nessas preliminares considerações, os desdobramentos da compreensão de Agamben sobre a ética, bem como sobre sua reformulação da concepção biopolítica de Foucault.

A distinção entre as concepções do que seja o ético e o legal não tem no direito o alcance emprestado, ao que parece, por Agamben.[449] É relativamente um consenso que o direito tornou algumas prescrições e limitações – originárias da ética – sanções jurídicas. A ética traduz-se de

---

447 AGAMBEN, *O que resta de Auschwitz*, p. 21.

448 Ibidem, loc. cit.

449 Interessante anotar a observação de Jeanne Marie Gagnebin na "Apresentação" da edição brasileira dessa obra de Agamben. Há, no tocante à ética, diz ela, um "paradoxo constitutivo (que) rege tal pesquisa". A ética que orienta as normas apresenta um *limite* constitutivo à ação humana, no duplo sentido da palavra *limite:* podem nos obrigar a obedecer, mas também nos ajudar a dar uma forma construtiva ao turbilhão de desejos. O espaço absoluto de anomia do campo, pontua a filósofa, destrói as condições de possibilidade de uma construção ética clássica.

um pensamento de valores e o que a distingue do direito é a ausência da imposição pela força. A discussão recentemente ganhou maior destaque pelo experimento científico com seres humanos, em razão de um conteúdo ético que deveria existir nas legislações que tratam desse assunto. Mas não é dessa distinção que se ocupará o pensador italiano, que, ao que se pode depreender de seu método paradigmático, quer estabelecer concepções de um "novo elemento ético".[450]

Agamben, como aqui já se referiu nos eixos de seu pensamento, tem uma preocupação com a vocação humana e insere também nesse contexto a temática da ética. Para o autor, por existir algo como a ética, é possível existir a experiência humana para uma vocação. E a única experiência ética (que, como tal, não pode ser tarefa nem decisão subjetiva) é ser a própria potência de não ser.[451]

A herança schmittiana lega para Agamben, por outro lado, a concepção de que as categorias legais são empecilhos à ética. De fato, a crença do jurista de que uma racionalização possa assegurar a vida por meio de critérios normativos é decisiva para o filósofo italiano nessa investigação.

E, assim, na obra *O que resta de Auschwitz* o filósofo italiano vai esmiuçar o que considera uma contaminação da ética pelo direito e a razão pela qual, por consistir a lei em prescrições de normas, ela necessariamente restringe a potência da humanidade.[452]

*O que resta de Auschwitz* se inicia, então, com a observação de Agamben sobre o que considera um grande equívoco:[453] a confusão entre categorias éticas e categorias jurídicas. No ensaio *Mezzi senza fine*,[454] que precede aquela obra, o autor já diagnosticava que a ruína irreparável de toda a experiência ética reside mesmo na confusão entre categorias ético-

---

450 AGAMBEN, *O que resta de Auschwitz*, p. 30.

451 Idem, *La comunidad que viene*, p. 41-42.

452 MURRAY, A; WHITE, J. *The Agamben Dictionary*. Edinburgh: Edinburgh University Press, 2011, p. 64.

453 AGAMBEN, *O que resta de Auschwitz*, p. 28.

454 Idem, *Mezzi senza fine*, p. 100-101.

-religiosas e conceitos jurídicos. Vivemos um momento de ápice desse paroxismo e, onde quer que se fale de moral, veem-se as pessoas anunciando categorias jurídicas e, onde quer que se façam leis e processos, lá estão conceitos éticos.

Agamben considera que as categorias utilizadas em matéria moral ou religiosa são, de algum modo, *contaminadas com o direito*,[455] como se disse. A contaminação atinge concepções jurídicas como culpa, responsabilidade, inocência, julgamento e absolvição, ele exemplifica. De fato, esses conceitos não só ocultam, mas, sobretudo, "contaminam" a compreensão das situações extremadas ocorridas nos campos de extermínio.

A lei, neste passo, para o pensador italiano, embute qualquer coisa mesmo de muito danosa. E lei, para Agamben, não só abarca o texto de tradição em seu aspecto regulador, mas compreende também a *Torah* hebraica, a *Shariah* islâmica, o dogma cristão e o *nomos* profano.[456]

Agamben parece isolar um problema de mau uso de conceitos legais, ou seja, de como esses conceitos, como responsabilidade e culpa, são usados como se fossem conceitos éticos. A contestação de Agamben é que lei e ética são áreas díspares e devem ser tratadas como tal.[457]

A ética parece ser contaminada pela lei no sentido de que o projeto de desenvolver conceitos éticos como culpa, responsabilidade, inocência, julgamento e perdão é abandonado em favor de uma impensada adoção dos conceitos legais. Mencionou-se a frase de Savigny que inaugura *Homo sacer - o poder soberano e a vida nua, I*: a lei não tem existência por ela própria; sua essência está na vida dos homens. Do ponto de vista da lei, dessa forma, Agamben vislumbra algo de muito perigoso em razão de sua tendência a obscurecer coordenadas éticas das quais ela precisa ser distinguida.

---

455 Idem, *O que resta de Auschwitz*, p. 28.

456 Idem, *Homo sacer*, p. 59.

457 LA DURANTAYE, *Giorgio Agamben*, p. 254.

Para Agamben, avalia Leland de La Durantaye, a lei pode contaminar a ética não porque seja danosa por si só, mas "porque o âmbito da lei e o âmbito da ética não coincidem".[458]

Neste passo, ao encontro das primeiras afirmações de que o constitucionalismo não era capaz realmente de equilibrar as forças do poder soberano, a indistinção destacada por Agamben dos conceitos de legalidade e ética é fator decisivo.

É preciso, então, investigar o entendimento do autor do que seja essa não coincidência da ética e do direito.

Imediatamente após a constatação de que há uma contaminação pelo direito, Agamben é categórico ao afirmar que ele "não tende, em última análise, ao estabelecimento da justiça".[459] Aos seus operadores, como no caso desta autora, a afirmação é de todo impactante, mas, como em todo seu pensamento, há um apoio teórico e histórico solidamente construído.

Nesse caminho, Agamben, além de constatar que o direito não busca a justiça, também conclui que não "estabelece a verdade". Ele, então, se vale do conceito da força de coisa julgada, que também pode tornar definitivo uma sentença injusta. Ele considera que essa "criatura híbrida", a respeito da qual não se é possível dizer tratar de fato ou norma, tem por único objetivo a pacificação dos conflitos. Além disso, para Agamben, o direito não consegue ir.

O pensador italiano, todavia, não toca em sustentação fundamental da coisa julgada, que é a manutenção da segurança jurídica das decisões. A vedação da possibilidade interminável de reexames de fatos conflituosos atende igualmente a um princípio geral de justiça. De todo modo, é forte tendência do direito brasileiro, e de uma forma geral em sistemas legais de outros países, uma chamada *relativização da coisa julgada*, em razão mesmo de um atendimento à verdade. É o caso da possibilidade de revisão de decisões do direito de família. Em uma ação de investigação de paternidade, por exemplo, ainda que haja uma decisão revestida

458 Ibidem, p. 255.

459 AGAMBEN, *O que resta de Auschwitz*, p. 28.

de coisa julgada, uma prova posterior de filiação é capaz de alterá-la. Há, ainda, uma medida legal que visa à correção de um julgado definitivo que, eventualmente, seja injusto. Trata-se de uma *ação rescisória*.

No entanto, se talvez esse argumento não seja realmente irrebatível, a análise agambeana de uma necessidade ontológica de um processo que preceda a pena é muito mais interessante. Ele se apoia em Salvatore Satta, um jurista italiano, para quem o *mistério do processo* é que o julgamento é em si mesmo sua finalidade, e não a punição, o fazer justiça ou o estabelecimento da verdade.

Destaca-se do artigo do mencionado jurista:[460]

> Se o julgamento é necessário à pena, a pena surge necessária ao julgamento: *nullum judicium sine poena*. Dir-se-ia, melhor, que toda pena está no julgamento. Que a punição – o cárcere, o carrasco – interessa somente enquanto são, por assim dizer, o prosseguir de um julgamento (pensemos no termo justiçar).

Uma sentença de absolvição, na verdade, no entendimento de Salvatore Satta, nada mais é do que uma confissão do erro judiciário. De qualquer modo, a experiência comum é de que nada preocupa tanto os homens quanto a vida do criminoso ou do suposto criminoso que se deseja suprimir por meio do julgamento. E nada mais os frustra quanto o réu que foge do julgamento por meio do suicídio. A razão imediata desse fenômeno singular, a razão inferior, ele pontua,[461] da qual talvez somente os homens sejam conscientes, está no originário e ainda permanente núcleo de vingança da qual se desenvolve a justiça. Mas a razão verdadeira, a razão essencial, é bem mais profunda. É que nada aborrece mais os homens que o julgamento, esse ato sem finalidade que colocaram no centro de suas

---

460 SATTA, S. *Il Mistero del processo*. Tradução da língua italiana por Arno Dal Ri Júnior e Lucas Carlos Lima. *Seqüência – Estudos Jurídicos e Políticos*, julho de 2010, n. 60, p. 11. Conferência ministrada na Universidade de Catania, na Itália, em 4 de abril de 1949.

461 Ibidem.

existências. Cada um é intimamente inocente: e o *verdadeiro inocente não é aquele que vem absolvido, mas sim aquele que passa pela vida sem julgamento.*

A natureza autorreferencial do processo também é analisada pelo pensador italiano, mais uma vez e de forma não menos instigante, na obra de Kafka, *O processo*. Extraindo dela a frase: "*O Tribunal não quer nada de ti. Acolhe-te quando vens e te deixa partir, quando vais embora*",[462] o autor parte da premissa de que, se a essência da lei é o processo, se todo o direito (e a moral está contaminada por ele) é unicamente direito (e moral) processual, então execução e transgressão, inocência e culpa, obediência e desobediência se confundem e perdem importância.

Já em *Mezzi senza fine*,[463] Agamben se valeu de Kafka para uma importante constatação do domínio do direito sobre a vida humana no nosso tempo e, neste passo, anunciar que a vigência de uma lei sem significado está intimamente relacionada "à incondicionada vigência das categorias jurídicas em um mundo em que estas não respeitam mais nenhum compreensível conteúdo ético".

Ainda na trilha do que Agamben constata como uma confusão de categorias éticas e jurídicas, ele se utiliza dos doze processos de Nuremberg e demais que se realizaram fora da Alemanha, como o de Eichmann. Também a responsabilidade e a culpa são fios condutores à incompreensão do significado ético e político de Auschwitz. É mister, assim, neste passo, uma breve atenção a cada um deles.

A análise agambeana dos processos de Nuremberg, bem como daquele de Adolf Eichmann,[464] é de que, apesar de necessários, eles contribuíram para difundir uma falsa ideia de que o problema havia sido superado. As regras do direito ali cumpridas, quais sejam, provas de culpa e emitir de

---

462 AGAMBEN, *O que resta de Auschwitz*, p. 28.

463 Idem, *Mezzi senza fine*, p. 103-104.

464 Não há, por parte de Agamben, a referência ao livro de Hannah Arendt *Eichmann em Jerusalém*, mas as discussões inseridas nessa obra acerca da culpa e da responsabilidade certamente o influenciaram nas digressões que formula a respeito.

sentenças, não esgotam, para Agamben, o problema de Auschwitz. E neste ponto há, por parte desse pensador, o que seja novamente uma profunda crítica ao direito. Não esgotar o problema de Auschwitz é para ele "*por em questão o próprio direito, de levá-lo à própria ruína*".[465]

Da apropriação do conceito de responsabilidade jurídica pela ética, política e religião, Agamben considera um resultado de não responsabilidade.

Em outras palavras, a definição da ética, da política e da religião passa necessariamente pela exclusão do jurídico. E isso para o pensador significa, em especial para a ética, confrontar-se com uma responsabilidade ainda maior.

É aqui que Agamben considera um *novo elemento ético*. A descoberta inaudita que Levi fez de Auschwitz[466] diz respeito a um assunto refratário a qualquer identificação de responsabilidade. Levi, segundo o pensador italiano, conseguiu isolar algo como novo elemento ético, o qual denomina "zona cinzenta". Esse espaço deriva de uma "longa cadeia de conjunção entre vítimas e algozes". No texto de Agamben, a reprodução dessa frase é levada a cabo mesmo com tais aspas e sem qualquer referência bibliográfica. Mais adiante, ele explicita a relação: "o oprimido se torna opressor e o carrasco, por sua vez, aparece como vítima".[467]

A referência a Adorno, ainda que não explicitada, é muito clara. Em "Elementos do antissemitismo: limites do esclarecimento", capítulo que compõe *Dialética do esclarecimento*,[468] Adorno considera que as tentativas de fundamentação e de justificação racionais das categorias políticas, sociais ou econômicas, como as de Agamben, por si sós, não explicam a barbárie de Auschwitz. Não esclarecem a redução à vida nua das vítimas dos campos e a crueldade dos carrascos nazistas.

---

465 AGAMBEN, *O que resta de Auschwitz*, p. 29.

466 Ibidem, p. 30.

467 Ibidem, loc. cit.

468 ADORNO, T. W. *Dialética do esclarecimento*. Rio de Janeiro: Jorge Zahar, 1985, p. 139 et seq.

A Escola de Frankfurt tem, entre outras linhas teóricas, o pensamento de Freud em sua linha de frente e se utiliza de seus instrumentos conceituais para o entendimento de pulsões, *mímesis*, morte e regressão. Dessa forma, na vida exposta a toda sorte de violência, o que desencadeia o ódio do torturador é a identificação mimética de sua mesma origem material, animal e desordenada com a da vítima. É a pulsão da morte atraída como se fosse necessária à manutenção da vida, no fundamento das preleções desse psicanalista.[469]

A alquimia cinzenta, a qual Agamben registra identificada por Levi, na qual o bem e o mal, e com eles todos os metais da ética tradicional alcançam seu ponto de fusão,[470] coincide, dessa forma, com a constatação do filósofo frankfurtiano.

Contudo, Agamben identifica, como já identificou em outros momentos de seu trabalho, na origem etimológica do termo *responsabilidade*[471] (derivado do vocábulo *spondeo*), uma classificação genuinamente jurídica. Esse apoio etimológico do termo leva Agamben a sustentar que também a "responsabilidade" não é capaz de justificar Auschwitz. *Spondeo* relaciona-se com uma espécie de fiança, uma garantia de algo em relação a alguém.

---

469 Trabalho apresentado no Programa de Pós-graduação em Filosofia PUC/SP, Seminário Avançado de Pesquisa: Teoria Crítica e Tradição Histórica, Professora Jeanne Marie Gagnebin, primeiro semestre de 2009.

470 AGAMBEN, *O que resta de Auschwitz*, p. 30.

471 Responsabilidade é, de fato, o "dever jurídico, em que se coloca a pessoa, seja em virtude de contrato, seja em face de fato ou omissão, que lhe seja imputado, para satisfazer a prestação convencionada ou para suportar as sanções legais, que lhe são impostas. Onde quer, portanto, que haja obrigação de fazer, dar ou não fazer alguma coisa, de ressarcir danos, de suportar sanções legais ou penalidades, há a responsabilidade, em virtude da qual se exige a satisfação ou o cumprimento da obrigação ou da sanção" (SILVA, P. *Vocabulário jurídico*. Rio de Janeiro: Forense, 2010, p. 642).

A assunção de uma responsabilidade, portanto, é estrita e originariamente jurídica, frisa Agamben, e serve tão somente para assegurar esse vínculo. Nada há de nobre ou ético, portanto, ao menos em relação a sua origem. E, como tal, a responsabilidade está estreitamente ligada ao conceito de *culpa*, dirá Agamben,[472] que em sentido lato indica a imputabilidade de um dano. Justamente por essa ligação com a imputabilidade é que o direito não se importa com qualquer prejuízo provocado em si mesmo.

A responsabilidade e a culpa, para Agamben, exprimem, portanto, dois aspectos de uma imputabilidade jurídica e só em um segundo momento foram inseridos e transferidos para fora do direito. É interessante destacar:

> [...] disso *(da inserção e exclusão posterior pelo direito)* nascem a insuficiência e a opacidade de toda a doutrina ética que tenha a pretensão de se fundamentar nesses dois conceitos [...] Tal insuficiência e tal opacidade emergem com clareza cada vez que se trata de delinear as fronteiras que separam a ética do direito.[473]

Agamben se socorre novamente do processo de Eichmann para ilustrar que os conceitos de culpa e responsabilidade não dizem respeito à ética. A defesa no processo, perfeitamente adequada às regras de exclusão de responsabilidade penal, era a de que se tratava de um funcionário que agia sob o estrito cumprimento do dever legal vigente na Alemanha à época. Todavia, o réu assumia uma culpa moral, uma culpa diante de Deus. Ética, portanto, que escapava às sanções jurídicas.

Nada mais representativo para o pensador italiano sobre a confusão das categorias éticas e jurídicas que os inúmeros suicídios (na esteira de Salvatore Satta), não só no caso de nazistas, para escapar de um processo em que a tácita assunção de uma culpa moral teria a pretensão de

472 AGAMBEN, *O que resta de Auschwitz*, p. 31.
473 Ibidem, p. 32.

redimir-se daquela jurídica. E Agamben decreta: "após ter alçado as categorias jurídicas a categorias éticas supremas e ter, assim, confundido irremediavelmente os papéis, ela (a ética) ainda gostaria de recorrer ao seu 'distinguo'".[474]

Agamben, é bem verdade, não toca na questão do verdadeiro Tribunal de Exceção instaurado para processar e condenar à morte Adolf Eichamnn. Ele foi sequestrado em Buenos Aires e submetido a um julgamento em Israel em uma encenação de devido processo legal, contando apenas com uma defesa meramente formal. O julgamento foi, em toda evidência, político.

De qualquer modo, Eichmann e Nuremberg servem de modelo a Agamben para uma importante conclusão: a de que a ética é esfera que não conhece culpa nem responsabilidade. E não é necessária, de fato, a utilização de exemplos de julgamentos, ainda que ilegais, de nazistas para a compreensão dessa afirmação. No processo legal do que ficou conhecido como o "Massacre da Detenção", que resultou na chacina de 111 presos, o Coronel da Polícia Militar de São Paulo Ubiratan Guimarães argumentou não ter sido movido pela "intenção de matar". Invocou em sua defesa, igualmente, o estrito cumprimento do dever legal e acabou sendo absolvido em 2006 pelo Órgão Especial do Tribunal de Justiça de São Paulo, pela sua condição de deputado, por vinte votos a dois.

A "doutrina de vida feliz" da ética de Spinoza, invocada por Agamben, é, de fato, muito oportuna. Assumir culpa e responsabilidade significa sair do âmbito da ética para ingressar no direito. E tanto Adolf Eichamnn como Ubiratan Guimarães, ainda que em desfechos processuais distintos, efetivamente, não se dispuseram a fazê-lo.

O ato de assumir a responsabilidade moral para uma isenção da jurídica corresponde a uma terrível vinculação incondicional de vigências das categorias jurídicas em âmbito no qual há profundo desrespeito à ética.

Desse direito, muito compreensivelmente, Agamben quer escapar.

---

474 Ibidem, p. 33.

A figura do "muçulmano", por outro lado, não só servirá a Agamben para sua avaliação de contaminação de preceitos éticos e jurídicos, mas também para uma reformulação do conceito de biopolítica, na medida em que a vida dessas pessoas no interior de Auschwitz torna difícil sua identificação como humana.

Discutindo o testemunho de Primo Levi, Agamben observa:

> [...] a nova matéria ética, que Auschwitz lhe permitia descobrir, realmente não consentia juízos sumários nem distinções e, agradando-lhe ou não, a falta de dignidade lhe devia interessar tanto quanto a dignidade. A ética em Auschwitz, aliás, começava - também isso estava ironicamente contido no título retórico "É isto um homem?" - precisamente no ponto em que o muçulmano, a "testemunha integral", havia eliminado para sempre qualquer possibilidade de distinguir entre o homem e o não homem.[475]

Agamben é cuidadoso ao não situar o "muçulmano" como além do humano e, neste passo, ele compactua mais uma vez com a lição de Primo Levi para suas reflexões sobre a paradoxal situação ética dessa figura.

O "muçulmano" não deve ser considerado para Agamben como um umbral para além do qual se deixa de ser homem, ou, ainda, a cifra da morte moral contra a qual se deve resistir com toda a força para salvar a humanidade e o respeito de si.[476] Para Levi, interpreta o pensador italiano, o "muçulmano" é, antes, o lugar de um experimento em que o própria moral, a própria humanidade são postos em questão. Nas concepções estratégicas schmittianas, Agamben registra: é uma figura-limite de uma espécie particular, em que perdem sentido não só categorias como dignidade e respeito, mas até mesmo a própria ideia de um limite ético.

No entanto, não se pode mesmo negar a humanidade dos "muçulmanos", pontua Agamben,[477] porque seria aceitar o veredicto das SS, re-

475 Ibidem, p. 55.
476 Ibidem, p. 70.
477 Ibidem, loc. cit.

petindo seu gesto. O "muçulmano", em vez disso, se moveu para uma zona do humano no qual esses conceitos de dignidade e autorrespeito se tornaram inúteis. E aqui a ruína da ética constatada pelo pensador italiano também se torna evidenciada:

> [...] se existe, porém, uma região do humano em que tais conceitos não têm sentido, não se trata de conceitos éticos genuínos, porque nenhuma ética pode ter a pretensão de excluir do seu âmbito uma parte do humano, por mais desagradável, por mais difícil que seja contemplada.[478]

O paradoxo ético representado pelo muçulmano é, portanto, explicado por se tratar um ser humano de maneira inumana. Mas, além disso, ele representa para Agamben um paradoxo diferente, uma vez que as categorias de dignidade e responsabilidade deixam de se aplicar.

Em uma entrevista que se seguiu à publicação de *O que resta de Auschwitz*, Agamben disse que sua intenção era "nem tanto explicar Auschwitz como entender o fenômeno de Auschwitz em seus aspectos éticos e políticos".[479] Indagado em que nível esse entendimento deveria ter lugar, ele respondeu: "no nível ético ou político - ou, mais adequadamente, no nível biopolítico".[480]

Nesse caso, o nível biopolítico designa uma vida que é difícil identificar como humana. As categorias dignidade e responsabilidade parecem a Agamben inaplicáveis porque sua herança é jurídica, tornando-as, dessa maneira, impróprias para a tarefa a elas atribuída. O que a posição "entre homem e não homem" ocupada pelo "muçulmano" revela é o anunciado pelo filósofo italiano como seu objetivo ao longo do livro. E, repita-se: quase nenhum dos princípios éticos que a nossa era acreditou poder re-

---

478 Ibidem, p. 71.

479 AGAMBEN, G. Auschwitz: Il testimone invisibil: depoimento. [8 de outubro, 1998]. Roma: *La Repubblica*, 1998, p. 38-39. Entrevista concedida a Antonio Gnoli.

480 Ibidem, loc. cit.

conhecer como válidos passou pelo teste decisivo, o teste de uma "*Ethica more Auschwitz demonstrata*".

O olhar de Agamben, então, desloca-se da vida nua para a morte[481] e, ao final desse capítulo - "O muçulmano" -, ele tratará finalmente da biopolítica em duas passagens.[482]

Cuidou-se, nesta investigação, da analítica de poder em Foucault e de suas considerações sobre o direito do soberano de *fazer morrer e deixar viver*. Na transformação do poder soberano em biopoder, o antigo direito de fazer morrer e deixar viver dá lugar a uma figura inversa, que também se tratou em quadra própria: a de *fazer viver e deixar morrer*.

A biopolítica, então, torna-se tanatopolítica, que também se investigou. O nazismo, para Foucault, não só elevou ao paroxismo a fusão entre o direito soberano de matar e os mecanismos biopolíticos de controle, mas revelou a potencialidade dessa inscrição em todos os Estados. O racismo surge, dessa forma, como a condição de exercício do moderno direito de matar e vai cumprir seu papel em que a morte é requerida: na guerra, na criminalidade ou nos fenômenos dos doentes mentais. O racismo permitirá ao biopoder estabelecer, no *continuum* biológico da espécie humana, uma série de cortes, reintroduzindo o princípio da guerra no sistema de "fazer viver".

Em *Homo sacer - poder soberano e a vida nua I*, investigou-se que o diagnóstico, para Foucault, do "limiar da modernidade", era a inversão da vida política em biológica. Agamben, como se viu, resiste a essa inversão e propõe uma relação intrínseca ou originária entre a lei e a vida, estabelecida por meio da estrutura excepcional do poder soberano.

---

481 Passando pelo pensamento de Heidegger sobre a "fabricação de cadáveres", que não merecerá detenção nesta obra, pois demandaria, por si só, uma investigação própria, assim como também mereceria maior atenção o interessante item nesta obra de Agamben, *O arquivo e o testemunho*, no qual há uma profunda e extensa reflexão filosófica acerca da relação entre testemunho e subjetividade, nas premissas também de Foucault, mas que escaparia igualmente ao objeto desta investigação.

482 AGAMBEN, *O que resta de Auschwitz*, p. 88-91, 155-157.

No "muçulmano", figura assim trágica de *O que resta de Auschwitz*, "a substância biopolítica final no *continuum* biológico é encontrada [...] e uma substância biopolítica absoluta é vislumbrada".[483]

Agamben se ocupa, então, de esmiuçar o significado da substância biopolítica final.

A cesura que divide o âmbito biopolítico para Foucault era aquela entre povo e população, que consiste, entende Agamben, em fazer emergir do próprio seio do povo uma população, ou melhor, em transformar um corpo essencialmente político em um corpo essencialmente biológico em que se controlava e regulava natalidade e mortalidade, saúde e doença.

No Reich nazista, o estatuto legal que tinha por objetivo "a proteção da saúde hereditária do povo alemão" marca, para o pensador italiano, precisamente essa cesura originária. Nessa trilha, e de forma progressiva, as cesuras que distinguem os cidadãos de "ascendência ariana" daqueles de "ascendência não ariana", os judeus com um ou dois avós dessa etnia, e assim por diante.

As cesuras biopolíticas são, dessa maneira, móveis e isolam, de cada vez, no *continuum* da vida uma zona ulterior, que corresponde para Agamben a um processo de aviltamento e de degradação cada vez mais intenso. Nessa trilha, Agamben mapeia esta terrível evolução:[484] o não ariano torna-se um judeu, o judeu torna-se deportado, o deportado torna-se internado até que, no campo, as cesuras biopolíticas alcançam seu limite último. Este limite é o "muçulmano". A biopolítica, neste ponto, vai além da raça e penetra em um umbral em que já não é mais possível estabelecer cesuras. Nesse momento, registra Agamben,[485] aquele vínculo flutuante entre povo e população se rompe definitivamente, dando lugar ao surgimento de uma "substância biopolítica absoluta", que não pode ser determinada, nem pode admitir cesuras.

---

483 Ibidem, p. 90.

484 Ibidem, loc. cit.

485 Ibidem, loc. cit.

O filósofo, então, conclui:

> compreende-se então a função decisiva dos campos no sistema da biopolítica nazista. Eles não são apenas o lugar da morte e do extermínio, mas também, e antes de qualquer coisa, o lugar de produção do muçulmano, da última substância biopolítica isolável no "*continuum*" biológico.[486]

Para além disso, a morte na câmara de gás.

Nos passos ainda de uma reformulação pretendida por Agamben da concepção foucaultiana de biopolítica, ou ainda nos termos do pensador italiano – uma "integração à tese foucaultiana"[487] –, o registro da fórmula

> *fazer sobreviver* definiria "o caráter mais específico da biopolítica do século XX [...] nem a vida nem a morte, mas a produção de uma sobrevivência modulável e virtualmente infinita constitui a tarefa decisiva do biopoder em nosso tempo.[488]

A ambição suprema do biopoder, explicita Agamben, consiste em produzir, em um corpo humano, a separação absoluta entre o ser vivo e o ser que fala, entre *zoé* e *bios*, entre o não homem e o homem: a sobrevivência. Por isso o "muçulmano" não manifesta apenas a eficácia do biopoder, mas apresenta sua cifra secreta, exibe seu *arcanum* (derivado de arca, cofre).[489]

Na biopolítica contemporânea, a sobrevivência traz à luz a face oculta da estrutura de poder, o *arcanum imperii* como tal. Para Agamben, no "muçulmano" o biopoder pretendeu produzir seu último arcano, uma sobrevivência separada de qualquer possibilidade de testemunho, uma espécie de substância biopolítica absoluta que, em seu isolamento, permite que se confira qualquer identidade demográfica, étnica, nacional e política.

---

486 Ibidem, loc. cit.

487 Idem, *Homo sacer*, p. 15.

488 Idem, *O que resta de Auschwitz*, p. 155.

489 Ibidem, p. 156.

Ainda no que toca ao "muçulmano", uma importante referência a ele é feita por Agamben no final do livro *Homo sacer – o poder soberano e a vida nua*. O "muçulmano", como se traçou em linhas anteriores, era essa figura cadavérica, que perambulava no interior dos campos, entregue e incapaz de se manifestar. Não distinguia "aguilhões do frio e a ferocidade das SS",[490] demarcando Agamben, na perspectiva deste trabalho, a indistinção de fato e de direito, vida e norma, natureza e política. Justamente por isso, identifica o pensador italiano, o guardião parece impotente, importando considerar ser mesmo o "muçulmano" "uma forma inaudita de resistência".[491]

Como Bartleby, o "muçulmano" é uma figura – e um paradigma – de resistência singular. Ele é improvável no sentido de que representa o oposto de uma reação. O trabalho do funcionário de Washington o sucumbe e ele também é esmagado pelo peso de uma força desumanizadora que se agiganta progressivamente contra ele. O "muçulmano" é modelo ainda mais intenso porque real. Exaurido, emocional e fisicamente, ele não mais responde ao mundo e não diferencia ordens de nazistas ou a temperatura que o congela. É reduzido a uma vida nua.

O "*Muselmann*", na sequência do que se anunciou no percurso do pensamento teórico de Agamben, é paradigma para o entendimento de uma estrutura histórica repleta de relevância para a compreensão de uma "situação do presente".

Além disso, pode-se também considerar, ilustra no contexto do pensamento do autor, a potência-de-não-ser diante da biopolítica da soberania.

## Considerações sobre a soberania em "O reino e a glória – *Homo sacer* II, 2"

Conforme anotado no início deste capítulo, a soberania também é tratada na obra de Agamben intitulada *O reino e a glória*, mas articulada agora com o conceito de governo. Há, como se afirmou, uma complexa investigação da genealogia teológica dos conceitos tanto de economia como

490 Idem, *Homo sacer*, p. 191.

491 Ibidem, loc. cit.

de governo e não existe a pretensão, tanto porque excederia os limites do que aqui foi proposto, de deles se ocupar.

Este item tem por objetivo uma apertada contextualização desse trabalho em uma tentativa de compreensão da soberania também na perspectiva da articulação com a máquina governamental.

*O reino e a glória* apresenta-se como a segunda parte do segundo volume da série *Homo sacer*, a saber, como *Homo sacer II, 2*. Segundo essa ordem, localiza-se entre o *Estado de exceção* e *O que resta de Auschwitz*. Foi publicado em 2007 e nele se veem modificações no projeto do filósofo italiano.

Essas modificações trazidas para a obra foram investigadas pela primeira vez no texto *O que é um dispositivo?*, que integra a obra *O que é o contemporâneo?*[492]. Ainda que Agamben não tenha dedicado nenhuma consideração particular ao conceito de máquina, "é possível determinar suas notas constitutivas"[493] para essa concepção. Para isso, colabora outro conceito do qual o filósofo se ocupou explicitamente. Trata-se do conceito agambeano de *dispositivo*.

Com efeito, máquina é um dos sentidos do termo *dispositivo*. Assim ele anuncia:

> chamarei literalmente de dispositivo qualquer coisa que tenha de algum modo a capacidade de capturar, orientar, determinar, interceptar, modelar, controlar e assegurar os gestos, as condutas, as opiniões e os discursos dos seres viventes.[494]

Uma máquina é, em sentido amplo, um "dispositivo de produção de gestos, de condutas, de discursos".[495] Além disso, explicita Edgardo Castro,

---

492 O autor apresentou uma primeira versão desse ensaio como uma das conferências que realizou no Brasil em setembro de 2005. AGAMBEN, G. *O que é o contemporâneo? E outros ensaios*. Tradução de Vinícius Nicastro Honesko. Chapecó, SC: Argos, 2009, p. 25.

493 CASTRO, *Introdução a Giorgio Agamben*, p. 104.

494 AGAMBEN, *O que é o contemporâneo? E outros ensaios*, p. 40.

495 CASTRO, *Introdução a Giorgio Agamben*, p. 104.

uma nota que define as máquinas no conceito agambeano é a "bipolaridade". E, assim, "a máquina-dispositivo articula dois elementos que, à primeira vista ao menos, parecem excluir-se ou opor-se: *langue* e *parole* na máquina-infância... soberania e governo na máquina governamental".[496]

Há ainda uma última ideia, registra Edgardo Castro:[497] é que o funcionamento dessas máquinas produz zonas de indiscernibilidade, nas quais é impossível distinguir de qual dos dois componentes articulados se trata. Assim, por exemplo, a máquina jurídico-política do Ocidente produz essas zonas em que não se pode distinguir entre o animal e o humano: *os campos*.

Todo esse trajeto permitirá a Agamben o diagnóstico de que o centro dessas máquinas está vazio. A engrenagem que articula essa bipolaridade não tem nenhuma realidade substancial. Por girarem no vazio, tais máquinas só se definem em termos funcionais.

*O reino e a glória* conduz até o centro vazio da máquina governamental do Ocidente, até o *trono vazio*. Animado pela herança cristã do poder, Agamben traça nessa obra uma discussão sobre o cristianismo e as questões sobre economia. A teologia cristã, para Agamben,[498] transforma, no sentido dinâmico, o monoteísmo bíblico e opõe o pluralismo das pessoas e das práticas à unidade da substância, tal como para Schmitt. Assim, a questão da economia é talvez o início da pergunta sobre nós mesmos e sobre a nossa *zoé*. Da economia, o caminho de Agamben é para a glória. E a glória aponta para a perfeição divina.

Mais uma vez, a opção aristotélica fica evidente em Agamben. O divino é a unidade entre potência e ato[499] e não há a necessidade, como aqui se registrou, de realizar algo. Ele reina, mas não precisa governar e mediar com o mundo. A glória do divino é a inoperosidade. Dele e, por essa razão, seu lugar fica vazio, sem as condições para a realização de qualquer

---

496 Ibidem, p. 105.

497 Ibidem, loc. cit.

498 MILOVIC, M. Política do messianismo: algumas reflexões sobre Agamben e Derrida. *Cadernos de Ética e Filosofia*, n. 14, 1/2009, p. 103-121.

499 Ibidem, p. 110.

coisa. É nesse sentido que Agamben fala de trono vazio. Esse vazio é a ilustração da glória, da política da glória. Entregar-se ao divino significa celebrar, afirmar essa inoperosidade da essência humana.

Já se cuidou do conceito de inoperosidade nos primeiros itens deste capítulo, que seja, potência-de-não-ser que estabelece o paradigma da política que vem.

Como se disse, *O reino e a glória* trata de uma reformulação do projeto agambeano iniciado por sua genealogia de poder em 1995, cujas obras foram até aqui investigadas. Do eixo central da soberania, ali abordado, o filósofo enfrenta a estrutura final da máquina governamental - o "arcano central do poder".[500]

A "Premissa" que inaugura a obra é explicativa sobre os objetivos e os alcances estudados pelo autor.[501]

Ele se situa mais uma vez na trilha foucaultiana, e por duas razões. Por primeiro, a retomada dos temas centrais de Foucault em seus últimos trabalhos, como os conceitos de governo e economia. De fato, a questão central de *O reino e a glória* é a razão pela qual o exercício do poder foi assumido no Ocidente na forma de governo e da *oikonomia*. A segunda razão reside no fato de que Agamben retoma seus problemas em termos genealógicos, ou seja, uma genealogia mesmo do governo e da economia, como ele próprio anuncia no subtítulo.

Todavia, ao optar por esse caminho, Agamben se estende na cronologia e resgata os primeiros séculos do cristianismo para alcançar, a partir dos tratados de teologia em que se elaborou conceitualmente o dogma da Trindade, o paradigma teológico da economia e do governo.

---

500 AGAMBEN, *O reino e a glória*, p. 10.

501 Talvez agora influenciado pela publicação dos cursos de Foucault no correr dos anos 2000, sobretudo *Segurança, território e população* e *Nascimento da biopolítica*.

Mais claramente, em sua entrevista a Gianluca Sacco,[502]

> [...] vejo o meu trabalho sem dúvida próximo daquele de Foucault. Nas minhas duas últimas pesquisas sobre o "estado de exceção" e sobre a "teologia econômica", procurei aplicar o mesmo método genealógico e paradigmático que praticava Foucault. Por outro lado, Foucault trabalhou em tantos campos, mas os dois que deixou de fora são, exatamente, o direito e a teologia, e me pareceu natural dedicar minhas duas últimas pesquisas precisamente nesta direção.

Contudo, não é só essa proximidade de Foucault. Agamben, mais uma vez, se acerca de Carl Schmitt nesse caminho da herança teológica e se valerá de um dos seus pensamentos-chave, como se viu: *todos os conceitos decisivos da doutrina moderna do Estado são conceitos teológicos secularizados.* Foi assim no pensamento cristão, que Schmitt problematizou os antecedentes e as implicações do conceito moderno de soberania. Agamben, nessa premissa, investiga uma "polêmica singular", como ele registra,[503] havida entre o jurista e o teólogo Erik Peterson, ambos católicos e com identidades de pressupostos teológicos. O segundo afirmava, contrariamente a Schmitt, que o paradigma de uma teologia política não é uma criação da teologia cristã, mas sim judaica.

À teologia política, explicita Edgardo Castro,[504] Peterson opõe outro paradigma: o de uma teologia econômica, elaborada nos tratados teológicos sobre a Trindade. Mais precisamente, segundo esse teólogo, é em Filón de Alexandria que aparece pela primeira vez a ideia de uma teologia política, com um conceito de um único Deus, uma monarquia divina, que governa os homens e o mundo.

---

502 AGAMBEN, G. Da teologia política à teologia econômica. Tradução de Selvino José Assmann. *Interthesis*, *Revista Internacional Interdisciplinar*, v. 2, Florianópolis, julho/dezembro de 2005.

503 AGAMBEN, *O reino e a glória*, p. 18.

504 CASTRO, *Introdução a Giorgio Agamben*, p. 109.

Para Agamben, vários autores seguem Eusébio de Cesarea, para quem a existência de um imperador se justifica na existência de um único Deus, utilizando-se do paralelismo entre unidade do império e unidade de Deus como chave de leitura da história. No entanto, o paradigma da monarquia divina, sobre o qual se funda o paradigma da teologia política, ingressa em uma crise, segundo Peterson, com a elaboração da teologia da Trindade, substituindo a teologia política pela econômica.

O debate entre Schmitt e Perterson revela, segundo Agamben, não só que se trata de dois paradigmas opostos, mas também que estão conectados de maneira funcional. Dessa maneira, da teologia cristã derivam dois paradigmas políticos em sentido amplo:

> a teologia política, que fundamenta no único Deus a transcendência do poder soberano, e a teologia econômica, que substitui aquela pela ideia de uma "oikonomia", concebida como uma ordem imanente - doméstica e não política em sentido estrito - tanto na vida divina quanto da vida humana. Do primeiro paradigma derivam a filosofia política e a *teoria moderna da soberania*, do segundo, a biopolítica moderna até o atual trunfo da economia e do governo sobre qualquer outro aspecto da vida social.[505]

Agamben se ocupará, então, de estender a tese schmittiana da secularização até os conceitos de governo e economia e de descrever o paradigma da teologia econômica para levar a termo a genealogia da economia e do governo. Também investigará o modo em que ambos os paradigmas se articulam. A primeira tarefa levará o autor à análise dos tratados que deram forma à teologia da Trindade; a segunda, à teologia da glória.

No entanto, neste item, como se disse, a tentativa é de apreensão da teologia política e sua relação com a moderna teoria da soberania, e nesse objetivo se percorrerão as próximas linhas.

Registrou-se que, de acordo com o estudo de Peterson, acompanhado por Agamben, Eusébio de Cesarea, teólogo cristão do século IV, estabelece

505 AGAMBEN, *O reino e a glória*, p. 13. Grifos nossos.

uma próxima correspondência entre a vinda de Cristo sobre a terra como salvador de todas as nações e a instauração por Augusto de um poder imperial sobre toda a terra, confirmada posteriormente com a reunificação e restauração original promovida por Constantino.[506] Paulo Orósio, historiador cristão próximo a Agostinho, no século V, se utilizando da imagem do recenseamento romano, defenderia o paralelismo entre a unidade do império mundial e a revelação cumprida pelo único Deus.

Em todos os casos, o fio condutor da interpretação sempre reivindica a visibilidade de um poder monárquico, concebido como o único capaz de garantir a unidade harmônica e eliminar a possibilidade de contradição, uma vez que um poder dividido em partes sempre conta com a hipótese de oposição entre elas. A monarquia traria o elemento de coerência e coesão desejado por qualquer poder. À imagem de uma monarquia indivisa, nem mesmo a opulência do dogma trinitário teria o condão de fragilizar: Gregório de Nissa, pouco antes do Concílio de Constantinopla, que, no ano de 381, afirmou definitivamente sua doutrina, já havia consagrado a tese segundo a qual a Trindade, ainda que comportando três modos de ser, seria única em sua substância. Deus seria uno na substância e trino na economia, sem dissolução de comunhão.[507]

O desafio para os teólogos sempre foi demonstrar como se poderia, admitida a diversidade de funções, manter ainda a unidade irrenunciável. Note-se que a economia trinitária comporta uma diversidade de funções, aparentes especialmente nos atributos de louvação dirigidos a cada uma das pessoas: o Pai, criador de tudo o que existe; o Filho, redentor, salvador, senhor e juiz; e o Espírito Santo, transmissor da vida e comunicador do amor divino (elementos distintos na doxologia cristã).

---

506 Ibidem, p. 22.

507 Ibidem, p. 25.

Tratava-se de outro desafio, ainda, evitar,[508] com relação à concepção de Deus, a fratura entre ontologia e prática, entre ser e agir. Se Deus decide governar o mundo, algo que diverge de si em substância, esse governo não pode estar separado de sua natureza unitária. A possibilidade de tal governo não pode permitir que o indício de diversidade seja compreendido associativamente com qualquer espécie de politeísmo.

Dessa forma, há, na monarquia, no poder emanado de uma única fonte, o modelo de perfeição. A imagem de um poder capaz de ser e agir sem contradição, sem que suas partes ou suas ordens sejam viciadas por uma crise de oposição, permeia o senso comum popular de um período que se inicia em tempos imemoriais, no âmbito tanto teológico quanto político, desde a proclamação do monoteísmo à consagração dos grandes reis e às compilações promovidas pelos Códigos de Hamurabi e Ur-Nammu. E viceja, acentue-se, até os nossos dias.

Mesmo Montesquieu, aquele que deixaria à teoria política ocidental a concepção formal da doutrina da tripartição dos poderes, toma os maiores cuidados para que sua sugestão não seja vista apenas como uma mera divisão: a distinção dos poderes Legislativo, Executivo e Judiciário é proposta como meio eficaz de garantia da liberdade política, mas cumpre o que promete somente se eles agirem coordenadamente na consecução dos mesmos fins. Se uma relação viciosa insanável se alojar no sistema de divisão de poderes, o resultado é justamente o oposto do que a princípio se desejaria: um conflito exorbitante levaria ao enfraquecimento do Estado e à derrocada dos auspícios de liberdade.[509]

Para Agamben, também o conceito de inoperosidade, e nisso talvez resida o desfecho de sua apurada genealogia teológica, marca a concepção do poder monolítico. Assim, por um lado, trata-se de compreender

---

508 NASCIMENTO, D. A. Do conceito de inoperosidade no recente vulto de Giorgio Agamben. *Cadernos de Ética e Filosofia Política*. n. 17, 2/2010, p. 79-101.

509 MONTESQUIEU, *O espírito das leis*. São Paulo: Abril Cultural, 1973, p. 155-163. Livro XI, em especial o capítulo VI.

como a tradição aristotélica, mais uma vez herdada pela teologia ocidental, se presta com o maior rigor à defesa da inoperosidade originária do divino. Por outro, como a visibilidade da inoperosidade do poder político mundano, cristalizada na figura do rei, produz seu fundamento e se torna desejada pelo ideário de majestade.

De acordo com a investigação de Agamben, no tratado pseudoaristotélico *Sobre o mundo*, a oposição binária entre essência (*ousía*) e potência (*dynamis*)[510] constitui o paradigma da distinção entre ser e agir divinos. Utilizando-se de passagens do mencionado escrito, o filósofo italiano esclarece que

> os antigos filósofos que afirmaram que todo o mundo sensível é pleno dos deuses, enunciaram um discurso que convém não ao ser de Deus, mas à sua potência. Enquanto Deus reside, em verdade, na região mais alta dos céus, a sua potência "se difunde por todo o cosmos e é causa da conservação de todas as coisas que estão sobre a terra". [...] Ele "não trabalha cansativamente por si próprio, mas faz uso de uma potência indefectível, mediante a qual domina até mesmo aquelas coisas que parecem muito longe dele".[511]

O teólogo Peterson, ao comentar o opúsculo de Aristóteles, em seu *Monoteísmo como problema político*, com o objetivo de provar que "*le roi regne, mais il ne gouverne pas*", separa também *arché* e *dynamis*. Deus seria o pressuposto para que a potência tenha ação no cosmos, mas por isso mesmo, pelo fato de ser pressuposto, ele mesmo não seria potência. Anterioridade lógica e autonomia de conduta distinguem essência e potência.[512]

Nesse sentido, Agamben observa: "por isso, como soberano, Ele deve *reinar* e não *governar*, fixar as leis e as vontades gerais e deixar ao jogo

---

510 NASCIMENTO, Do conceito de inoperosidade no recente vulto de Giorgio Agamben, p. 84.

511 AGAMBEN, *O reino e a glória*, p. 85.

512 NASCIMENTO, Do conceito de inoperosidade no recente vulto de Giorgio Agamben, p. 84.

contingente das causas ocasionais e das vontades particulares sua mais econômica execução".[513]

De todo modo, a fonte da discussão que se desenrola durante todo o período filosófico medieval encontra sua raiz no texto aristotélico, no qual o filósofo justifica o início da relação natural de causalidade pela incursão de um *primeiro motor imóvel*. Esforçando-se para garantir uma passagem lógica da imobilidade à mobilidade, da transcendência à imanência, Aristóteles oferece, no livro XII de sua *Metafísica*, o paradigma para os teólogos interessados na compreensão da distinção entre reino e governo, entre o ser de Deus e sua ação sobre o mundo.

Lê-se no capítulo oito: como "não pode haver nenhum movimento que não tenha por fim senão a si mesmo ou a um outro movimento" (1074a), "o primeiro princípio ou ser primeiro não é suscetível de ser movido, quer em si mesmo, quer acidentalmente, mas diga-se antes que ele é que produz o movimento primeiro, movimento eterno e único" (1073a).[514]

A origem de todo movimento ontológico, toda relação de causalidade presente no curso da natureza e, em última análise, de toda passagem entre *dynamis* e *energeia*, potência e ato, é ocupada pelo *primeiro motor imóvel*. Um *primeiro motor imóvel*, relacionado com o divino pelo próprio Aristóteles, deve ser tomado como princípio e as qualidades que o definem serão expostas uma a uma: ele é anterior, eterno, imóvel, inalterável, imaterial, atualidade pura, necessário, autossuficiente, indivisível, uno e separado do sensível.

Embora não seja possível concluir definitivamente se o filósofo grego endossa sem reservas uma tese monoteísta ou politeísta, ou monocinética ou policinética, explicita Daniel Arruda do Nascimento, isto é, se "essa substância é uma só ou mais de uma" (1073a), o fato é que tal disputa perde aqui seu relevo na medida em que, admitida uma esfera única de *entida-*

513 AGAMBEN, *O reino e a glória*, p. 291-292.
514 ARISTÓTELES, Metafísica, apud NASCIMENTO, Do conceito de inoperosidade no recente vulto de Giorgio Agamben, p. 85.

*de imóvel*,[515] são tantos os motores imóveis quanto forem os movimentos independentes e eternos, não contraditórios entre si.

De qualquer maneira, o ponto nevrálgico da teoria aristotélica para a economia teológica será a passagem da imobilidade para a mobilidade e a possibilidade de concebermos "algo separado que existe por si mesmo".[516] O capítulo que adquirirá uma especial importância para a reflexão de Agamben será o décimo, no qual Aristóteles coloca a questão da relação entre o supremo bem e o bem do mundo.

Há uma importante nota. Tem-se aqui a passagem da transcendência para a imanência, ou melhor, "o problema da relação entre transcendência e imanência do bem, que se torna assim aquele da relação entre ontologia e prática, entre o ser de Deus e a sua ação".[517] Acrescente-se que, a partir de então, não é possível ignorar, no que diz respeito à transcendência, o paralelo entre poder divino e poder humano, sugerido mesmo pela metáfora do comandante e seu exército usada no texto aristotélico, o que permite a Agamben uma importante conclusão:

> [...] em última instância, o motor imóvel como *arché* transcendente e a ordem imanente (como *physis*) formam um único sistema bipolar e, malgrado a variedade e a diversidade das naturezas, a casa-mundo é governada por um princípio único. O poder - todo poder, seja humano ou divino - deve manter juntos estes dois polos, deve ser, isto é, igualmente, reino e governo, norma transcendente e ordem imanente.[518]

No plano da mediação monárquica humana, a transcendência do rei é justificada em razão de uma função mágico-religiosa e de sua proteção contra a corrupção do mundo e a possibilidade de debilidade. O linguista

---

515 NASCIMENTO, Do conceito de inoperosidade no recente vulto de Giorgio Agamben, p. 85.

516 Ibidem, loc. cit.

517 AGAMBEN, *O reino e a glória*, p. 98.

518 Ibidem, p. 97.

francês Émile Benveniste, também bastante consultado por Agamben na obra *O reino e a glória*, explica que "documentado apenas em itálico, celta e indiano, ou seja, nos extremos ocidental e oriental do mundo indo-europeu, *rex* pertence a um grupo antiquíssimo de termos referentes à religião e ao direito".[519] Em que a palavra latina *regio* possui uma expressão geométrica e designa "o ponto atingido em linha reta", "*rectus*" consiste analogamente no "reto tal como essa linha que se traça" e dá origem à concepção de regra.

A partir de então, *reto* será o que se opõe ao que é torto, curvo, desviante. Assim, de acordo com Émile Benveniste:[520]

> Deve-se partir dessa noção totalmente material em sua origem, mas pronta a se desenvolver no sentido moral, para entender a formação de "*rex*" e do verbo "*regere*". Essa dupla noção está presente na importante expressão "*regere fines*", ato religioso, ato preliminar da construção; "*regere fines*" significa literalmente "traçar as fronteiras em linhas retas". É a operação executada pelo grande sacerdote para a construção de um templo ou de uma cidade, e que consiste em determinar o espaço consagrado no terreno. Operação cujo caráter mágico é evidente: trata-se de delimitar o interior e o exterior, o reino do sagrado e o reino do profano, o território nacional e o território estrangeiro. Esse traçado é efetuado pela figura investida dos mais altos poderes, o "*rex*".

O parágrafo, desta maneira, não somente mostra a estreita ligação entre o religioso e o jurídico, que desde o início impregna as diversas manifestações aparentemente díspares, mas também expõe com uma clareza meridiana a vocação real à transcendência e à separação do que possa ser contaminado pelo profano. Algo que nos faz recordar a mais refinada descrição da transcendência no século XX, já fragilizado na capacidade de divinizar reis: a imagem kafkiana do poder, tão recorrentemente in-

---

519 BENVENISTE, E. *O vocabulário das instituições indo-européias*. v. II. Tradução Denise Bottmann. Campinas: Editora da Unicamp, 2005, p. 9.
520 Ibidem, p. 14.

vocada por Agamben, em que dominantes encastelados ou escondidos em tribunais às escuras nunca se dão a conhecer, mas governam somente por meio de uma delegação incontável de funcionários arranjados hierarquicamente, com um poder que promete ser sempre maior do que a princípio se julga conhecer.

Com fundamento em documentos de peritos canônicos medievais, Agamben dirá que a ignorância, a velhice, a loucura ou a doença de um rei ou um príncipe não implicavam necessariamente sua deposição, mas a separação entre a dignidade, que resta irremovível de sua pessoa, e o exercício, transmissível a um administrador.[521] A tendência é considerar que a possibilidade de divisão do poder seja mesmo um eficiente subterfúgio à sua permanência e manutenção.

Em *Estado de exceção*, aqui analisado, Agamben já havia se detido na reflexão sobre o tema, quando dedica um capítulo à separação entre *auctoritas* e *potestas* oriunda do direito romano, fonte que maior influência irradiou sobre toda a formação do direito ocidental.

Algumas figuras do gênero ainda estão muito presentes nos séculos subsequentes e em nossos dias. De fato, na teoria política moderna, a elaboração da doutrina parlamentarista permite a distinção entre chefe de Estado e de governo, e talvez na atualidade a forma mais visível da articulada cisão política entre ser e agir, em que o primeiro apenas desempenha preponderantemente a função de representante do Estado, símbolo da unidade e do liame moral nacional, ocupando uma posição exterior e acima das disputas políticas cotidianas.

O poder escalonado interessa-se, com efeito, mais por sua concentração que pela sua difusão, o que parece não ter sido detectado por Maquiavel. Faltaria ao filósofo florentino a sensibilidade própria do olhar político contemporâneo presente no preciso comentário de Agamben: "a verdadeira razão da distinção entre poder primário e secundário, titularidade

521 AGAMBEN, *O reino e a glória*, p. 117.

e execução, é que essa é a condição necessária ao bom funcionamento da máquina governamental".[522]

O vínculo entre inoperosidade e glória virá reforçar a tese que associa a monarquia à impossibilidade de abdicar do modo inoperoso de ser. Isso porque a imagem da glória, tanto na tradição cristã quanto na tradição judaica que a precede, guarda a memória de um Deus inoperoso, paradigma posterior à ocupação do trono terreno. O que é o sábado judaico senão a revelação da inoperosidade como a dimensão mais própria de Deus e dos homens que a ele se dirigem?, indaga Daniel Arruda do Nascimento,[523] o que é a vida eterna prometida pelos teólogos do cristianismo senão a cessão de toda atividade, inclusive litúrgica? A *Carta aos hebreus*, escrita por aquele que uniria nas primeiras comunidades cristãs as tradições antigas e novas, não exige do leitor nem mesmo um esforço de exegese: ela denomina de inoperosidade a beatitude que aguarda o povo de Deus. Paulo se refere à inoperosidade como uma promessa e como a condição dos que ingressarão no reino e na glória de Deus, algo retomado posteriormente por Agostinho, quando reconhece a conversão condicional e final dos crentes como um *tornar-se sábado*, glorioso e inoperoso. Contudo,

> [...] se a condição pós-judicial coincide com a glória suprema e se a glória nos séculos dos séculos tem a forma de um sábado eterno, o que resta interrogar é propriamente o sentido desta intimidade entre glória e sabatismo. Ao início e ao fim do poder mais alto está, segundo a teologia cristã, não uma figura da ação e do governo, mas da inoperosidade. [...] A glória, tanto na teologia quanto na política, é precisamente o que toma oposto do vazio impensável que é a inoperosidade do poder.[524]

522 Ibidem, p. 122.

523 NASCIMENTO, Do conceito de inoperosidade no recente vulto de Giorgio Agamben, p. 90.

524 AGAMBEN, *O reino e a glória*, p. 265.

*O reino e a glória* termina, pode-se dizer, com a escalação de um legado, um terreno de ação e aquela tarefa de que se tratou no início desta obra, sobretudo em "*Considerações sobre o pensamento de Giorgio Agamben*": a intervenção do conceito de inoperosidade abre aos viventes novas possibilidades; o corte aí realizado os porta à dimensão que chamamos de política; compete aos viventes, liberados de práticas que atrofiam e enviados ao espaço fértil da política, incluir a inoperosidade nos dispositivos, tornar inoperosos os dispositivos que os dominam.

A reflexão encaminhada por Agamben, desde o início de seu projeto *Homo sacer*, havia conduzido, como visto, do quadro do declínio das instituições jurídicas nacionais e internacionais, ou, ainda, ao uso tático do direito apenas como instrumento político dominante produzido por uma forma de soberania relativamente nova, apoiada no estado de exceção permanente e na fragilidade da vida nua.

Nesse momento do trabalho de Agamben há, talvez, um diagnóstico de uma possibilidade de desenlace para a tarefa de pensar a política do nosso tempo: o filósofo salienta que é preciso tornar inoperosos os dispositivos.

O homem político comum, ao perceber-se de frente para os aparelhos do direito, está tão confuso e entregue quanto os protagonistas das narrativas kafkianas. A exemplo do que o século XX realizou com a experiência humana, parece querer o século XXI levar a cabo o que se poderia chamar de colapso jurídico do Estado de Direito. Viu-se no *Estado de exceção* que ele alcançou seu máximo desdobramento. Detectou-se naquela análise que o aspecto normativo do direito pode ser impunemente suprimido e contestado por uma violência governamental que, ignorando no âmbito externo o direito internacional e produzindo no âmbito interno um estado de exceção permanente, pretende ainda aplicar o direito.

Todavia, se por um lado se adentra em um ambiente jurídico inconsistente e rarefeito, fruto de um processo antigo e lento, ou melhor, de processos graduais de diferentes naturezas, que ocorrem de modo concomitante ou intrincado e que de alguma maneira cooperam para amarrar sempre mais as malhas do poder, por outro nota-se que a intensa submissão do político e do jurídico aos interesses econômicos adquire sempre maiores proporções.

Nosso tempo, para Agamben, é aquele em que o poder assume primordialmente a forma da economia e do governo. A atual hegemonia dos processos e interesses econômicos sobre os políticos reduz a vida democrática ao mínimo necessário e as decisões políticas fundamentais são tomadas pelo mercado, não pela vontade popular. Coube a Agamben a virtude de captar como as novas configurações do poder demandam também a articulação de novos dispositivos.

Ele dirá: "Não seria provavelmente errado definir a fase extrema do desenvolvimento capitalista que estamos vivendo como uma gigantesca acumulação e proliferação de dispositivos".[525]

Nas páginas finais de *O reino e a glória*, no "Apêndice", o pensador italiano acaba mesmo por concluir que o verdadeiro problema, o arcano central da política, não é a soberania, mas o governo; não é Deus, mas o anjo; não é o rei, mas o ministro; não é a lei, mas a polícia, vale dizer, a máquina governamental que eles formam e mantêm em movimento.[526]

Assim, esses dispositivos são como pontos magnéticos disseminados por todo o campo político, como nervos em tramas que lançam suas terminações em todas as direções. Todos são capturados em dispositivos de poder. E a pergunta que aqui exige uma resposta é a seguinte: se não é possível, nem por vezes desejável, eliminá-los, como desativá-los? Como usá-los de outro modo? As tentativas de respostas agambeanas a tais questões serão tratadas na última parte desta obra.

## A herança schmittiana e foucaultiana no pensamento de Giorgio Agamben

### Considerações iniciais

Ao longo do percurso desta obra, foi impossível não detectar no pensamento de Giorgio Agamben premissas teóricas de Carl Schmitt e Michel Foucault. E não há, de sua parte, qualquer indicativo de não lhes render tributo. Como se registrou no item deste livro sobre os eixos de sua filosofia, Agamben estabelece um diálogo com esses pensadores, aprofun-

525 AGAMBEN, *O que é o contemporâneo? E outros ensaios*, p. 23.
526 Idem, *O reino e a glória*, p. 299.

da diagnósticos, vale-se de suas estratégias, esmiúça genealogias para proporcionar um redimensionamento das categorias jurídico-políticas.

Carl Schmitt é adepto do realismo político, como se tentou demonstrar em item próprio de seu pensamento nesta obra. Assim, na alternativa entre ser e dever-ser, entre real e ideal, o jurista privilegia a particularidade dos antagonismos políticos - estratégia do amigo-inimigo - e das relações de poder e de força em oposição à crença na possibilidade de conter a vida pública dentro de princípios racionais e universais.

Considerada à luz de algumas das polaridades que marcam a tradição do realismo político,[527] a reflexão de Carl Schmitt parece se posicionar decididamente ao lado de uma imagem do real concebida em termos da irredutibilidade das situações de exceção, da concretude das relações de força, da inevitabilidade do conflito, da possibilidade da guerra, da contingência do acontecer histórico e, ao mesmo tempo, em oposição à crença na universalidade da norma, na racionalidade abstrata do direito, na viabilidade de um consenso inclusivo, na superioridade moral da paz, na natureza incondicional dos princípios éticos.

São alguns traços que marcam aspectos essenciais do pensamento de Agamben e cujo legado pretende-se identificar.

Antes, porém, da correlação entre o pensamento de Schmitt e o de Agamben, há mais algumas ponderações importantes sobre a instigante escolha do filósofo italiano pelo jurista alemão.

Agamben, em 2005, publicou uma coletânea de entrevistas de Carl Schmitt. Na *Introdução*,[528] ele parece tentar apontar algumas incongruências daquele autor. De fato, tratou-se, pondera o filósofo italiano, de um teórico de enorme contribuição às bases do nazismo, ao mesmo tempo que construiu um modo novo para as categorias políticas. Ainda, um

---

527 Para uma abordagem geral do realismo político do ponto de vista conceitual e da história do pensamento político, veja-se PORTINARO, P. P. *Il realismo político*. Bari: Laterza, 1999.

528 AGAMBEN, G. *Carl Schmitt* - un giurista davanti a se stesso. Saggi e interviste. Vicenza: Neri Pozza Editore, 2005.

doutrinador genial que entrelaçou o pensamento de personalidades mais significativas de seu tempo, como Walter Benjamim, mas que legitimou juridicamente um dos períodos mais catastróficos da história. Um teórico, pondera ainda Agamben, convencido do decisionismo ou, como decreta Karl Löwith,[529] um ocasionalista incerto e privado tanto de convenções quanto de escrúpulos.

Agamben compreende, considerando as figuras mitológicas invocadas pelo próprio Schmitt nas entrevistas concedidas - mais uma vez Hermann Melville no conto "Benito Cereno" -, bem como em seu tom confidencial em muitos dos trechos, que o jurista alemão não se reduz a um teórico do decisionismo que pensou a soberania como a decisão do estado de exceção e a política como a cesura do amigo-inimigo, mas se caracteriza sobretudo como uma figura incerta que, na Europa premida pelo fascismo, procura uma impossível passagem entre a legalidade e o estado de exceção, direito e violência.[530]

Ao mesmo tempo, porém, e como se procurou demonstrar ao longo deste livro, Agamben se vale de recursos teóricos e estratégicos de Schmitt e, nessa *Introdução* do livro *Carl Schmitt - um giurista davanti a se stesso*, há desdobramentos interessantes da temática aqui estudada que valem um pequeno incurso.

Agamben anota mesmo uma personalidade ambígua de Schmitt[531] ao tratar da questão do poder constituinte. O filósofo comenta a entrevista do jurista com Fulco Lanchaster,[532] sobre o ensaio *Die legale weltrvolution.*

Trata-se, para Agamben, de um dos textos em que a atualidade da problemática schmittiana aparece com maior intensidade. É o domínio da legalidade do nosso tempo que traz um paradoxo de revolução, ou, em

529 Ibidem, p. 8.

530 Não é em vão, portanto, que Agamben tende a concordar, como se viu, no debate entre Schmitt e Benjamin, pelo marxista e a edição dessa coletânea bem revela sua preocupação no calço teórico dessa inclinação.

531 AGAMBEN, *Carl Schmitt*, p. 19.

532 Ibidem, p. 17.

outras palavras, da transformação da constituição material e formal[533] de um país que se realiza de forma legal, mas não legítima.

O fascismo e o nacional-socialismo são exemplos de revoluções legais. Schmitt defende que todas as grandes transformações político-sociais tendem a legitimar o Estado em troca do ato de benevolência com o qual se permite que haja lugar para uma revolução estatal-legal. O jurista anota que "na rapidez do progresso científico-técnico industrial não é mais possível distinguir entre constituição, lei e medida que foram simplesmente transformados em outros tantos métodos em sua permanente alteração de valores".[534] É por essa razão, conclui, que se constata a crise da dialética entre o poder constituinte e o poder constituído, que na Revolução Francesa havia regulado as grandes transformações políticas. Crise essa anotada por Agamben e eixo de sua compreensão do esvaziamento do conceito de soberania.

Para Schmitt, a prática progressiva de legalizações de golpes de Estado e dos processos de modificação da constitucional material, situação atualíssima, elimina a necessidade de uma revolução para a passagem de uma fase constituinte. Assim, "a revolução legal torna-se permanente e a revolução estatal permanente torna-se legal".[535]

Neste ponto, Agamben tenta decifrar o eclipse do poder constituinte em favor do domínio da categoria do legal e observa a pertinência atual da análise schmittiana. Ele, então, evoca a Constituição Europeia e a recusa de sua ratificação por França e Holanda. Um novo poder constituído sem um poder constituinte pode ser legal, aponta Agamben, mas nunca legítimo. Não é admissível a aceitação de acordos legais entre governos sem a imprescindível passagem de uma fase constituinte.

---

533 O conceito de constituição formal diz respeito à sua forma escrita, ao passo que o de constituição material relaciona-se com a sua efetividade.

534 AGAMBEN, *Carl Schmitte*, p. 18.

535 Ibidem, loc. cit.

O *não* dos cidadãos franceses e holandeses, pode-se, a essa altura, compreender do pensamento agambeano, parece ter desatado o nó que uniu a soberania e o poder constituinte.

Contudo, Agamben assinala a contradição de Schmitt: simultaneamente a inaceitável força da legalidade impondo-se sobre a legitimidade, da qual o próprio Agamben comunga, o jurista invoca um "patriotismo europeu", uma identidade de espécie[536], que revela, inquestionavelmente, um racismo contraposto ao primado de um poder constituinte legítimo que ele próprio defende.

Esse racismo tem a sua máxima representação em um texto de Schmitt intitulado *Estado, movimento e povo*, de 1933, igualmente trazido por Agamben nessa coletânea de entrevistas. De acordo com Cantimori,[537] mais do que a dedução teórica dos princípios fundamentais de uma nova ordem constitucional nacional-socialista, Schmitt delineia os princípios constitutivos de uma sociedade pós-democrática. Trata-se do "*arcanum*" da teoria schmittiana do direito público. E se o jurista, para Agamben, não a republicou, não foi tanto pelo compromisso com o nazismo que de resto já era incontornável e notado, mas porque a verdade revelada nesse trabalho ressoa muito mais desagradável do que se possa aceitar aos que se alinham politicamente tanto à direita quanto à esquerda.

As considerações de Agamben sobre o texto *Estado, movimento e povo* confrontam conceitos de soberania e biopolítica à luz do pensamento schmittiano e foucaultiano e, por todo oportuno, merecerão aqui também um desdobramento.

Esse ensaio de Schmitt revela, para Agamben, muito embora contraditoriamente, as três articulações de uma unidade política. Anuncia o fim da Constituição de Weimar e, com ele, toda a tradição liberal-democrática, que para ele são princípios opostos da identidade e representação, como se viu em item próprio. A democracia liberal, para Schmitt, encontra-se

---

536 Ibidem, p. 22.

537 Ibidem, loc. cit.

exaurida e a unidade política que a substitui se funda em três elementos: Estado, movimento e povo.[538]

A unidade evocada choca-se com a separação dos três poderes e, neste passo, com o fundamento mesmo do constitucionalismo democrático, de tradição liberal, tratando-se quase de uma anulação ou, ao menos, uma relativização da totalidade política. Esse assunto foi tratado no Capítulo 1.

Os três elementos não correm paralelamente, mas um ao lado do outro, explicita o jurista. O movimento que sustenta o Estado e o povo penetra e conduz os dois outros. Tem natureza constitutiva e é analisado por Schmitt como uma *nova forma de governo*, um paradigma de evolução da constituição democrático-liberal.

Nessa perspectiva, o Estado é parte política estática, o movimento é o elemento político dinâmico e o povo é o impolítico, crescente, sobre a proteção e sombra de uma decisão política.

Há uma repercussão decisiva nessa tríplice articulação da unidade política e o povo: esse povo, *que na tradição democrática era o portador da soberania e da legitimidade política*, torna-se um elemento impolítico, não mais "corpo político", mas corpo biológico que cresce "à sombra e sobre a proteção do movimento".

Seria difícil imaginar, prossegue Agamben, uma definição mais pertinente do que aquela que Foucault chamará depois de biopolítica, ou, em outras palavras, a passagem do estado de soberania para o estado de população. O primado do movimento, que torna o portador da decisão política e encontra nos partidos políticos sua forma específica, tem a função de tornar impolítico o povo, ou seja, definitivo o declínio da constituição democrática.

O movimento – esse é o paradoxo que o define – não é simplesmente movimento do povo, mas é que "leva", "conduz", "guia", "penetra" o povo e, desse modo, lhe decide, protege e governa o caráter impolítico. Com uma significativa reforma da tradição democrática que assina-

538 Ibidem, p. 19.

la seu ingresso na dimensão biopolítica, agora o político é quem decide o impolítico.

Esse enunciado paradoxal, para Agamben, implica uma nova e decisiva reformulação da definição de política que Schmitt já havia proposto em 1927, ou seja, a oposição amigo-inimigo. Na perspectiva da constituição material do nacional-socialismo, essa oposição coincide agora com a inscrição no espaço ocupado pelo povo, da cesura político-impolítico. Essa cesura não é ato arbitrário de um sujeito, mas qualquer coisa como o movimento de uma onda que não cessa de marcar a vida de um determinado povo. O decidir do político torna-se uno com a decisão do impolítico. Povo e movimento, corpo político e impolítico são, nesse sentido, as duas versões de uma cúspide na qual se situa a cabeça do *Führer*, que não é o sujeito, mas pura expressão do movimento, o incessante decidir-se do político e do impolítico.

A máquina da biopolítica ocidental talvez não tenha sido colocada com tanta clareza: a política nada mais é que a decisão da vida nua e a produção de um corpo impolítico, e não a sombra (segundo a metáfora schmittiana), mas a substância da decisão política.

Compreende-se agora por que Schmitt, com aquilo que pode parecer um gesto irresponsável de oportunismo, tenha precisado nesse ponto assumir a doutrina nacional-socialista da raça em sua nova constituição do Reich, introduzindo nesse texto como um "pressuposto e a base mais indispensável" o conceito de *artgleichheit*, que Cantimori opta por nominar "identidade de estirpe", mas que Agamben prefere chamar "identidade de espécie".[539]

Já Foucault, no curso de 1976, *Em defesa da sociedade*, como aqui analisado, havia observado que o racismo é o dispositivo que permite a conciliação do novo biopoder que se apresenta como cura da vida, como o velho poder soberano sobre a vida e a morte. Na perspectiva de Schmitt, o nexo entre os dois elementos é ainda mais essencial. A identidade da espécie, que, segundo Schmitt, intensifica e absolutiza o princípio democrático da

539 Ibidem, p. 22.

identidade, é o que garante a articulação unitária do Estado, movimento, povo e *Führer*. O movimento pode trazer o povo e a Direção (o Guia) pode conduzir o movimento porque ele está comprometido por uma "incondicionada unidade de espécie". Somente a igualdade de espécie, para Schmitt, pode impedir que o poder do Guia torne-se tirania e arbítrio.

Assim como na teologia medieval a *governatio divina* governa o mundo por meio da natureza mesma das criaturas, também o *Führer* guia o movimento não de fora, mas em virtude da identidade da espécie. A identidade da espécie é, portanto, o dispositivo que permite a inscrição no corpo despolitizado do povo, a cesura amigo-inimigo, na forma de um limiar por meio do qual o impolítico, incessantemente, transpassa o político e, juntos, se separam de si. Mas, por isso mesmo, esse dispositivo deixa, necessariamente, um resto[540] que não se assume, que é estranho à espécie (*frendamt*).

Nas palavras de Schmitt,

> um estranho à espécie pode dissimular-se criticamente e empregar-se sagazmente quando deseja, pode ler e escrever livros, mas ele pensa e entende diversamente, porque ele é feito (*geartet*) de outro modo e permanece, na ordem de cada ideia essencial, na condição existencial de sua própria espécie (*Art*).[541]

---

540 A noção de resto, muito embora não tratada nos eixos principais do pensamento de Agamben, ocupa um lugar central na definição de tempo messiânico e da vida messiânica. O contexto é benjaminiano e procurou-se aqui justificar esse afastamento, uma vez que se exigiria um trabalho próprio. Todavia, aqui se faz necessária a compreensão de que *resto* é um conceito técnico da linguagem profética. O resto que, segundo os profetas, sobreviverá ao evento apocalíptico foi interpretado como parte de Israel que sobrevive à catástrofe de seu próprio povo ou como todo o povo judeu que sobrevive à catástrofe dos outros povos (CASTRO, *Introdução a Giorgio Agamben*, p. 181-182).

541 AGAMBEN, *Carl Schmitt*, p. 311.

Assim, conclui Agamben, o princípio da identidade próprio da democracia de massa, visto ao extremo, implica necessariamente, para Schmitt, sua exclusão.

A constrangedora atualidade do pensamento de Schmitt, anuncia Agamben, encontra aqui uma ulterior confirmação. Se no advento hoje do domínio do biopoder, o político não é nada mais que a decisão do impolítico, então a parte desse impolítico que é excluída torna-se sempre maior e incontrastável. A tese do primado do movimento e do partido ganha um sentido próprio – e se torna, por isso mesmo, mais inquietante – somente considerando que ela é alguma coisa que o nacional-socialismo compartilha, ao menos em aparência antagônica, com o movimento operário, o marxismo e a social-democracia.

Em outras palavras: tanto o nacional-socialismo como o movimento operário, o marxismo e a social-democracia, na teoria schmittiana, consideram o *povo* um corpo biopolítico.

Ao final do texto *Estado, movimento e povo*, Schmitt se vale da alegoria do conto de Melville, "Benito Cereno", para definir a situação indiscernível do direito. Também de notável atualidade de seu pensamento é a constatação de que o uso frequente das cláusulas "segurança e ordem" e "estado de perigo", a pretexto do uso do direito, o lança ao extremo de sua incerteza, resvalando no permanente estado de exceção de que aqui tanto se ocupou.

O pensamento de Carl Schmitt, assim como o de Michel Foucault, por outro lado, representa para Agamben, além de uma opção metodológica, um fio condutor para todas as suas investigações. Em movimentos ora de aproximações, ora de distanciamentos, de um estudo genealógico de poder até um retorno à herança greco-cristã, em *O reino e a glória* o filósofo italiano tem em Foucault talvez a mais decisiva influência de seus trabalhos.

De fato, registrou-se, no início desta obra, o método filosófico de Agamben ao que ele considera uma ontologia paradigmática de seus trabalhos. Essa opção tornou-se mais clara na publicação de *Signatura rerum*, em 2008.

E é a Foucault que Agamben se refere no início dessa obra. Todo o texto é, em maior ou menor medida, uma indagação a respeito das ideias do pensador francês. *Signatura rerum* é, de certa maneira, uma *arqueologia de uma arqueologia,* dessa vez, a *Arqueologia do saber* de Foucault.

Em 2004, Agamben elabora um prefácio para um livro de Enzo Melandri, *La linea e il circolo*, preparatório de *Signatura rerum*, em que o primeiro, originário do direito, sustenta uma lógica de pensamento baseada na analogia. A complementariedade entre esse prefácio e a *Arqueologia do saber* é a chave para sua proposta metodológica:

> fundando a arqueologia sobre os enunciados (isto é, não sobre o dito de um discurso, mas sobre seu puro ter-lugar), Foucault fornece-lhe (para Agamben), por assim dizer, o paradigma ontológico; Melandri, fundando a arqueologia sobre a analogia, fornece-lhe (a Agamben, igualmente) a "lógica" da qual tinha necessidade.[542]

Para o pensador italiano, é justamente essa leitura em paralelo que lhe possibilita falar em arqueologia, isto é, em uma leitura da *arché*. Nesse caminho arqueológico, pode-se dizer, foram encontrados os paradigmas de Agamben.

Para além da aproximação do método filosófico de Giorgio Agamben ao de Michel Foucault na arqueologia que "é única via de acesso ao presente",[543] há aproximações decisivas sob o ponto de vista teórico. Há também distanciamentos.

Deles se ocupará o item "Herança foucaultiana".

---

542 "As assinaturas de uma política que vem", Vinícius Honesko, resenha do livro de Giorgio Agamben *Signatura rerum:* sul metodo, 2008, Bolatti Boringhieri, "in" Sopro 16, agosto de 2009, Panfleto Político Cultural.
543 AGAMBEN, Entrevista com Giorgio Agamben, p. 131-132.

## Herança schmittiana

### *Conceitos-limites*[544] *e ameaça à forma de vida*

Conceitos-limites, ou o agrupamento amigo-inimigo, para Schmitt, constitui-se, como já se referiu, em *objeto do pensamento*. Ao jurista, a vida política é indissociável de uma guerra e, nessa medida, ele considera que esse método parte de uma premissa de que o "núcleo das coisas" somente se torna mais claro para quem o considera a partir de uma posição extrema. Por essa razão, o inimigo, para Schmitt, apresenta a condição moral de uma ameaça à forma de vida.

Agamben, ao longo do que se investigou de seus trabalhos nesta obra, está profundamente interessado nas possibilidades estratégicas presentes nas concepções políticas e ele se vale claramente de conceitos-limites, de insofismável inspiração em Schmitt.

De fato, a utilização do conceito de *vida nua*, eleita o protagonista de *Homo sacer - o poder soberano e vida nua I*, é chave de toda a pesquisa do autor sobre a soberania, presente também nas obras *Estado de exceção* e *O que resta de Auschwitz*. É um problema-limite que aponta, simultaneamente, para o ingresso da vida natural do homem nas estruturas de poder e para o anteparo da última expropriação da individualidade.[545] A vida, necessária ao estabelecimento de uma sociedade fundada sobre o direito, revela sua outra face: o abandono primordial de uma vida humana despida de direitos e obrigações.

Ao tratar do "muçulmano", Agamben expressa: "é uma figura-limite de uma espécie particular, em que perdem o sentido não só categorias como dignidade e respeito, mas até mesmo a própria ideia de um limite ético".[546] Ética, para Agamben - cuja clara inspiração é o jurista alemão -, no sentido de que ela não apresenta adequação com a norma.

---

544 Conquanto tenha havido por parte de Agamben uma observação ulterior de modificação do conceito amigo-inimigo por Schmitt, anotado em item precedente, sua utilização nas obras aqui investigadas é decisiva.

545 AGAMBEN, *La comunidad que viene*, p. 52.

546 Idem, *O que resta de Auschwitz*, p. 70.

Pode-se, nessa perspectiva, entender que o estado de exceção agambeano, igualmente, é conceito-limite de indiferença entre uma situação de fato e uma situação de direito.

O campo de concentração, na mesma estratégia agambeana de inspiração em Schmitt, é abordado como problema-limite. Como se tentou delinear em item próprio, o campo para o pensador italiano é o traço do biopoder contemporâneo que reduz a vida à sobrevida biológica. Produzir sobreviventes seria, dessa forma, "a tarefa decisiva da biopolítica do nosso tempo". Tratou-se aqui do entendimento do jurista acerca do que seja *conferir a medida pelo político*. Se o político é fundamental, é porque ele exige um posicionamento em face da possibilidade-limite da morte. Sua medida não é uma medida qualquer, mas a medida decisiva, que coloca o homem perante sua própria condição.[547] O antagonismo político da estratégia de pensamento adotada por Agamben, nos moldes schmittianos, remete a uma dimensão existencial e originária da condição humana, ou seja, sua mortalidade.

Ainda é importante registrar, no tocante ao conceito-limite, que a diferenciação entre amigo-inimigo implica uma decisão que se volta não apenas para fora, mas também para dentro da unidade política, o que se passa num duplo aspecto. Em sentido mais comum, a decisão envolve uma pacificação no interior do Estado por meio mesmo dessa distinção[548] e, portanto, a possibilidade de declarar como *fora da lei, banir*, desterrar aqueles que venham a ser considerados como ameaça à ordem da unidade política. Em uma perspectiva-limite, assim, e originária da "exceção absoluta",[549] essa decisão é, paradoxalmente, constitutiva da própria unidade política. Ao tratar da exceção como estrutura da própria soberania e estabelecer, com esteio em Jean-Luc Nancy, como *bando* a potência da lei de manter-se na própria privação da vida, Agamben parece aqui também apoiar-se em Schmitt no paradoxo da inclusão-exclusão.

---

547 FERREIRA, *O risco do político*, p. 46.

548 SCHMITT, *O conceito do político*, p. 46.

549 Idem, *Teologia política*, p. 13.

A forma-de-vida é o primeiro tema tratado por Agamben em *Mezzi senza fine*. Esta é sua definição:

> Com o termo *forma-de-vida* entendemos uma vida que não pode jamais ser separada da sua forma, uma vida na qual não é jamais possível isolar algo como uma vida nua.[550]

Schmitt também trata desse conceito. O inimigo não é o moralmente mau, mas sim a condição moral que se apresenta como uma ameaça à forma de vida.

Desta maneira, a afirmação política da própria forma de existência, da forma de vida, implica o pensamento schmittiano na determinação do inimigo e em sua exclusão.[551] O inimigo, para Schmitt, já se registrou, é o liberalismo.

Para Agamben, esse inimigo parece ser a soberania. Bastante elucidativa é sua conclusão:

> Uma vida política, ou seja, orientada sobre a ideia de felicidade e coesa em uma forma-de-vida é pensável apenas a partir da emancipação desta cisão, do irrevogável êxodo de qualquer soberania.[552]

### *A secularização e a soberania*

Schmitt considera que todos os conceitos da moderna doutrina do Estado são conceitos teológicos secularizados, conforme já se investigou. Tal secularização, consignou-se em item próprio deste livro, se opera em dois planos: Deus todo-poderoso é o legislador onipotente e, ainda, uma analogia propriamente sistemática e estrutural entre os pensamentos teológico e político.

---

550 AGAMBEN, *La comunidad que viene*, p. 13. Grifos do original.

551 FERREIRA, *O risco do político*, p. 45.

552 AGAMBEN, *La comunidad que viene*, p. 17.

O exemplo, para Schmitt, mais significativo de conceito produzido ao longo da tradição política ocidental de fundo religioso, é a soberania. Agamben se vale dessa premissa ao longo de toda a sua genealogia, ainda que altere o percurso em *O reino e a glória*.

O caráter demiúrgico do soberano, que determina as condições objetivas diante das quais o caos é detectado e ele estabelecerá uma nova ordem, é linha de força para o pensador italiano para os trabalhos em *Homo sacer - o poder soberano e a vida nua, I*, *Estado de exceção* e *O que resta de Auschwitz*. A investigação de uma genealogia teológica da economia e do governo, em *O reino e a glória*, parece aproximar Agamben de Schmitt na constatação do jurista de uma analogia estrutural entre o pensamento teológico e o político.

O decisionismo é a marca política do pensamento schmittiano, como se destacou. No esteio do realismo político, entre norma e realidade, a decisão para ele apresenta uma função mediadora, como condição da efetividade de uma ordem normativa para o estabelecimento de uma situação normal. É também na exceção que o pensamento de Schmitt encontra uma das chaves do realismo político. É diante da exceção que a filosofia de uma vida concreta se revela ainda mais essencial, posto que é "na exceção a força da vida real rompe a crosta de uma mecânica entorpecida pela repetição".[553] Em uma perspectiva-limite e originária da exceção, a decisão, originária do soberano, será constitutiva da unidade política.

O soberano, ao decidir o estado de exceção, ao mesmo tempo que está fora do direito, nele está inserido para realizar o direito. À imagem de Deus, em uma intervenção milagrosa, porque extraordinária, o soberano decide sobre o que e onde está a ordem.

A partir dessas premissas schmittianas, Agamben firma suas próprias conclusões. Fundamentalmente, para o pensador italiano, a decisão, contrariamente ao jurista alemão, não é uma expressão de uma vontade que decide sobre o estado de exceção, mas representa sim uma inscrição no corpo do *nomos*, da exterioridade que o anima e lhe dá sentido. Por de-

---

553 SCHMITT, *Teologia política*, p. 21.

cidir assim o soberano, nas palavras de Agamben, *na estrutura normal das relações de vida*, ela não se circunscreve a uma decisão de fato ou de direito, mas à própria relação entre direito e fato, tornando a exceção a forma *originária do direito*.

As teorias de Schmitt, desta maneira, não servem a Agamben para a explicação do estado de exceção pela distinção entre norma e decisão, poder constituinte e poder constituído.[554] Ao pensador italiano, o estado de exceção não é uma ditadura na qual se realiza o direito, mas um *espaço vazio de direito, uma zona de anomia* em que todas as determinações jurídicas estão desativadas.

O milagre, de outro lado, considerado por Schmitt, é substituído por Agamben pelo conceito benjaminiano de catástrofe. No estado de exceção, há um absoluto indiscernível entre anomia e direito, em que a esfera de criação e a ordem jurídica são conduzidas em uma mesma catástrofe.

Contudo, essa substituição do milagre pela catástrofe teve outra análise em *O reino e a glória*. No percurso genealógico da teologia cristã, Agamben estabelece nessa origem, como se mencionou, o mecanismo da divisão de poderes. Dessa maneira, o milagre, tratado nessa obra, não está fora do sistema legal, centralizado na figura do soberano. Quem detém para Agamben o poder soberano são os anjos. Assim:

> o milagre [...] representa um caso particular em que uma lei vem a ser desaplicada a fim de permitir a aplicação de outra lei, com que Deus, com o objetivo de atingir o melhor governo possível, delegou aos anjos o seu poder soberano.[555]

---

554 É interessante anotar esse distanciamento registrado por Agamben em 2003, no *Estado de exceção*, p. 78-80, porque o ditador encontra mesmo no poder constituinte sua fundamentação pela força originária do direito e a retomada deste tema em *Carl Schmitt - un giurista davanti a se stesso*. Agamben, nessa coletânea de 2005, considera a atualidade das ponderações de Schmitt sobre o esvaziamento do poder constituinte pelos governos legais, mas observa o caráter racista de sua argumentação acerca da unidade política.

555 AGAMBEN, *O reino e a glória*, p. 290.

No entanto, aquele espaço vazio de direito, essa anomia tratada no *Estado de exceção* para Agamben mantém, curiosamente, uma relação estratégica com o Estado. Os atos, assim proferidos pelo Legislativo ou Executivo, nessa verdadeira suspensão do direito, situam-se em um não lugar absoluto, em que há vigência da lei, mas sem aplicação (força-~~de-lei~~). Um reino sem governo, como mais tarde o pensador também concluirá.

Essa perda de significado da lei, para Schmitt, decorre, ao que parece, somente da crença do constitucionalismo liberal de que o Estado de Direito possa abranger a totalidade das situações concretas no interior do ordenamento legal. Agamben, igualmente, comunga dessa racionalidade abstrata do direito e há indicativo de que aqui também há uma superação do pensamento schmittiano: uma vigência da lei sem aplicação, a força-~~de-lei.~~

Mencionou-se a analogia sistemática e estrutural entre o pensamento teológico e político, diagnosticada por Schmitt. De fato, o jurista acredita ser possível firmar entre a representação eclesiástica e a estatal um parentesco no plano da forma porque, nas duas situações, a constituição de uma ordem e de uma unidade concretas – *a complexium oppositorum* – remete à totalização que não está presente no mundo das coisas.

Representar a unidade do povo implica, para Schmitt, uma atribuição concreta. Significa dar forma a uma noção ideal, transcendente, segundo ele. Dessa maneira, na utilização de uma caracterização da "teologia política", há uma analogia estrutural fundamentada no princípio da representação.

A representação detém, por sua vez, um sentido existencial porque ela pertence à esfera do político.[556] De fato, ela teria um papel decisivo para assegurar a vigência das leis, mas não na expressão da vontade popular, em seu estado natural, segundo Schmitt, mas na formação do todo. A representatividade não é um modo de dar expressão à vontade popular, dessa forma, mas uma maneira de constituir e formar a "unidade como um todo".

---

556 SCHMITT, *Teoría de la constitución*, p. 211.

Repita-se que não se identifica no jurista uma negação do caráter normativo do direito, mas sim que a metafísica liberal reputa uma fundamentação da ordem em si mesma, que se reduz à condição de coisa.

Partindo dessas conclusões, o pensador alemão se interessa pela estrutura racional da Igreja Católica, como se viu em capítulo próprio, dado que, a seu ver, o catolicismo é capaz de reunir os contrários, em uma espécie de unidade, sem sintetizá-los. A *complexio* católica é apta, portanto, a uma formação da realidade.[557]

Agamben também, e não há como afastar a inspiração schmittiana, se apodera da ideia dos aspectos do pensamento cristão em *O reino e a glória* e também em suas últimas obras, como *Il tempo che resta*, *Altissima pobreza* e *Opus dei*. Certamente não é o objeto desta investigação o acompanhamento desse percurso, mas apenas um pequeno registro no pertinente a essa interessante aproximação.

Prestigiou-se neste livro, ainda que de maneira sucinta, o paradigma da teologia política, e não econômica, em razão mesmo daquela derivar para Agamben a teoria moderna da soberania. Nesse caminho, o pensador italiano retoma os primeiros séculos do cristianismo para buscar, a partir dos tratados de teologia em que se elaborou conceitualmente o dogma da Trindade (um único Deus que é três pessoas), esse paradigma.

O emprego da teologia política para Agamben em *O reino e a glória*, tendo em vista mesmo o conceito de secularização, pretende dar conta de uma genealogia da morfologia política do Ocidente significando considerá-la como condição de experimento para observar o funcionamento e a articulação, a um tempo externa e interna, da máquina governamental.[558]

É por meio dessa via que Agamben pôde ter acesso ao arcano central do poder do Ocidente, ou seja, o conceito de glória. Em suas palavras:

> A sociedade do espetáculo – se denominamos assim as democracias contemporâneas – é, desse ponto de vista, uma sociedade em que o poder em seu

557 Idem, *Catolicismo romano e forma política*, p. 16.

558 CASTRO, *Introdução a Giorgio Agamben*, p. 107.

> aspecto "glorioso" se torna indiscernível com a relação à oikonomia e ao governo. Ter identificado integralmente Glória e oikonomia na forma aclamativa do consenso é antes a prestação específica das democracias contemporâneas e seu "*government by consent*" cujo paradigma original não está escrito no grego de Tucídides, mas no árido latim dos tratados medievais e barrocos sobre o governo divino do mundo.[559]

Na obra *Il tempo che resta*, o pensador italiano trata do tempo messiânico e resgata a figura bíblica de Paulo, célebre fundador do universalismo, a partir, entre outros autores, de Schmitt. A superação das diferenças entre gregos e judeus, homens e mulheres, escravos e homens-livres para Paulo, e que mereceu o interesse de Agamben, pode ser relacionada àquela estrutura racional identificada pelo jurista da Igreja Católica e que pretende conferir unidade política.

Contudo, talvez o liame que mais particularmente una o pensamento schmittiano ao de Agamben no contexto desta obra é a indicação do jurista da racionalidade abstrata do direito e que ele seja mesmo autorreferenciado - o esforço do pensador italiano em mostrar como a centralidade da "suspensão legal da lei", na compreensão da estrutura jurídico-política da modernidade, não é apenas um fenômeno localizado, mas trata-se, fundamentalmente, de criticar uma noção de razão vinculada à crença de que racionalizar é assegurar a vida por meio da posição de critérios normativos de justificação intersubjetivamente partilhados.

### *O político*

O político, para Schmitt, é o que confere a medida,[560] aqui já se referiu. Se o político é fundamental, é porque ele exige um posicionamento em face da possibilidade-limite da morte. Para o jurista, não se trata de uma medida qualquer, mas da medida decisiva que coloca o homem perante sua própria condição.

559 AGAMBEN, *O reino e a glória*, p. 10 e 11.

560 FERREIRA, *O risco do político*, p. 46.

Nessa perspectiva, a relação amigo-inimigo é compreendida como o critério do político.

Assim, o antagonismo entre as construções conceituais de Schmitt é chave de seu objeto de pensamento. A soberania e a decisão devem fazer frente à dissolução dos fundamentos tradicionais da ordem resultantes da emergência do sujeito individual moderno, cujas premissas são moldadas no liberalismo, que é, ao final, o inimigo, porque é ele quem ameaça uma forma de vida.

A preocupação com *vidas* é, portanto, pode-se dizer, um grande fio condutor do pensamento schmittiano.

E o é, igualmente, para Agamben, de acordo com o que se desenhou nessa pesquisa nas obras *Homo sacer - I, Estado de exceção* e *O que resta de Auschwitz.*

O critério do político confere no pensamento schmittiano, assim, a medida para detectar o inimigo, o liberalismo e, neste passo, preservar a vida. A soberania e a decisão são operacionalizadas para essa tarefa.

No entanto, para Agamben, se a mesma medida também permitiu diagnosticar a ameaça a uma forma de vida, a política e a soberania assumem um outro papel.

De fato, para o pensador italiano, a política é mesmo o pensamento e a mais autêntica dimensão da humanidade.[561]

A política contemporânea, todavia, também vem diagnosticada para Agamben como um experimento devastador e, do que até agora se percorreu de suas investigações, a soberania, afastada inteiramente daquela categoria jurídica de representação que a originou, é o nó, o *inimigo* na perspectiva-limite, que deve urgentemente ser desatado.

O desate, a desativação, passa também pelo *real*, o que nesse aspecto aproxima igualmente os pensamentos de Schmitt e Agamben.

Aqui já se acentuou a característica do realismo político de Schmitt. Se, por um lado, o cerne da política encontra-se no conflito real entre amigos e inimigos, por outro, em razão mesmo desse realismo, a humanidade deve

---

561 AGAMBEN, *Ideia da prosa*, p. 95.

levar a sério as formas de representação e de cognição da política que, no limite, sustentam-se em crenças racionalmente indemonstráveis (talvez o maior exemplo para o jurista sejam as instituições liberais).

O saber da política, do pensamento, em suma, deve considerar, na expressão de Nelson Rodrigues, a "vida como ela é".

A "vida como ela é" preocupou e direcionou os trabalhos do pensador italiano. Essa constatação é muito clara quando ele afirma a necessidade de "fazer sair o político de sua ocultação e, ao mesmo tempo, restituir o pensamento à sua vocação prática".[562] Essa vocação prática se relaciona, ele destaca ainda, com a "urgência da catástrofe".[563] A catástrofe, como se tentou aqui desvendar, significa que os abusos excepcionais de poder se tornem a regra.

Compreende-se, nessa chave, como a potência do real, proposta por Agamben, não se vincula a uma categoria sem substância, sem concretude. Trata-se do *estado real de exceção* que na profanação encontra uma desativação do poder. Uma vocação profana, destaca o autor, "é uma tarefa da política".[564]

## Herança foucaultiana

O pensamento de Foucault, muitas vezes se registrou aqui, é decisivo no percurso filosófico de Agamben.

Identifica-se, nas páginas do pensador italiano em *Homo sacer I*, a retomada das teses de Foucault sobre biopolítica em *A vontade de saber* e nos cursos do Collège de France. Agamben chama a atenção nessa obra sobre a falta de análise do ponto de convergência entre as técnicas políticas e as tecnologias de si mesmo e propõe uma correção à tese foucaultiana acerca da inclusão da vida biológica na esfera da vida política, que, para ele, é constatação muito antiga, caracterizando a modernidade a exceção convertida em regra.

---

562 Idem, *Homo sacer*, p. 12.

563 Ibidem, p. 20.

564 Idem, *Profanações*, p. 68.

É ainda em *Homo sacer I* que Agamben explora a ideia de soberania foucaultiana. O modelo soberano para o pensador francês, como se tentou demonstrar aqui, foi substituído pelo modelo disciplinar. Mas não é retomando o modelo soberano, para opô-lo a um modelo disciplinador que se poderia limitar sua eficácia. Foucault defende "uma liberação do privilégio teórico da soberania"[565] e Agamben, na verdade, intensifica suas reflexões nessa temática e as une radicalmente aos estudos sobre a soberania de Carl Schmitt.

Em *Mezzi senza fine* e *O que resta de Auschwitz*, o filósofo italiano retoma a tese de Foucault sobre a degradação da morte como consequência do advento da biopolítica e sobre o racismo como continuação do antigo poder soberano de fazer morrer.

A expressão foucaultiana "*um novo direito*" é retomada por Agamben em *Estado de exceção*.[566]

Em *O reino e a glória*, logo na "Premissa", Agamben assinala as razões pelas quais Foucault não logrou concluir sua investigação sobre a governamentalidade. A articulação entre soberania e governo, nessa obra tratada, foi desdobrada por Agamben a partir do conceito foucaultiano de máquina governamental.

Os itens a seguir alinhavados consideram o principal legado de Foucault para Agamben.

### *A biopolítica e o racismo*

A estrutura eleita nesta pesquisa demanda mesmo destaques dos legados de Foucault no pensamento agambeano e a função deste item será propriamente fixá-los.

Como se tentou descrever em quadra própria, a analítica do poder proposta por Foucault deu a essa categoria uma conotação de particular significação para analisar uma das formas que assume o poder na modernidade. Essa analítica se caracterizou, em grande parte, por tentar se

---

565 FOUCAULT, *História da sexualidade I*, p. 80.

566 Ibidem, p. 98.

afastar dos mecanismos jurídicos formais nos moldes da filosofia política clássica da centralidade do poder soberano, privilegiando-se o funcionamento concreto do poder e, nesse percurso, o autor analisou as técnicas de dominação e os dispositivos de saber-poder.

Nessa senda, o pensador francês identificou o aparecimento, já no século XVIII, de uma mecânica de poder disciplinar que se exercia diretamente sobre os corpos procurando extrair deles tempo e trabalho, com o mínimo de gastos e o máximo de eficácia possível, dando lugar, assim, progressivamente, a um saber, próprio das ciências humanas, tendo como diretriz não a lei, mas a norma.

A analítica do poder, dessa forma, não se limita aos moldes da soberania, mas busca, sobretudo, compreender as relações de poder próprias ao poder disciplinar. Ora, um dos aspectos fundamentais da disciplina é que esta não se manifesta por regras jurídicas, mas por uma normalização.

Muito diferente, portanto, do que se acredita a propósito da essencialidade do constitucionalismo nas sociedades democráticas ocidentais, assim organizadas. O modelo de atuação do poder do Estado naqueles considerados democráticos imagina que a lei, em especial de índole constitucional, tenha essa limitação de que se afasta Foucault. Agamben, por outro lado, não obstante retomar o poder soberano como decisivo na estrutura de poder, igualmente considera que o arcabouço jurídico que centraliza a vida como proteção essencial não enfrenta os mecanismos recorrentes da violência.

E acerca da violência Foucault e Agamben cuidam de formas também díspares.

Para Foucault, o poder não preexiste ao Estado, o que justifica também seu afastamento do modelo legal. Por outro lado, as relações de força exigem uma conjugação à liberdade, o que lhe permite escapar também do modelo da violência legal e adotar a noção de governo.

A questão da violência do Estado é, para Agamben, decisiva nas suas conclusões da perenidade do estado de exceção, até mesmo porque ele retoma o poder soberano como central. Se para Foucault a violência é um instrumento utilizado nas relações de poder, ao filósofo italiano ela é identificada, de forma constitutiva, pela inexistência de uma articulação essencial entre violência e direito, vida e norma.

No entanto, Foucault aprimora o conceito de relações de força e estuda, assim, o que se designou de "governamentalidade". Momento crucial em que as análises de Foucault recaem menos no indivíduo do que na população: doravante, o corpo é o da população, ressaltando uma tecnologia de poder anotada pelo autor como biopoder.

A potência da morte que simbolizava o poder soberano é agora recoberta pela administração dos corpos e pela gestão calculista da vida, introduzindo Foucault a sua ideia de biopolítica, consubstanciada em uma nova forma de exercício de políticas estatais, diversamente assim do exercício clássico da soberania.

O soberano, no século XVIII, detinha o "direito de fazer morrer ou de deixar viver". A partir do século XIX, porém, se impôs uma transformação decisiva que deu lugar à biopolítica com uma nova modalidade de poder: "poder de fazer viver e deixar morrer".

Para Foucault, nesse sentido, a biopolítica é um fenômeno especificamente moderno. A aparição da demografia, por exemplo, é expressão dessa transformação política que não poderia ter sido reconhecida anteriormente.

Agamben, de outro lado e como se procurou identificar aqui, vincula indissoluvelmente a biopolítica ao direito originário do soberano. Para o pensador italiano, dessa forma, o diagnóstico "poder de fazer viver e deixar morrer" não é então um fenômeno moderno, mas identificado desde a inscrição da vida no nascimento do Estado.

É possível argumentar que o soberano sempre teve, desde a Idade Clássica (séculos XVII a XVIII) ao menos, o poder de fazer morrer com sua insígnia pública. Todavia, pela biopolítica, não é o cidadão individual que transgride a lei que se castiga, mas grupos inteiros que, ao não se conformarem com a norma, são abandonados pela lei, que os deixa à mercê da morte por quem quer que seja. Agamben sustenta a hipótese, como se procurou demonstrar, de indecidibilidade entre a exceção e a regra, o que significa que qualquer um pode ser *posto no bando* em qualquer momento, *abandonado* a um poder absoluto da vida e de morte.

É por essa razão que o campo de concentração, como espaço em que a exceção se realiza permanentemente, foi transformado para Agamben na cifra da modernidade.

As preocupações, de outro lado, das políticas estatais com a vida da população, imprimem para Foucault políticas de caráter higienistas e eugênicas, o que o leva à temática do racismo. A tanatopolítica, dessa forma, torna-se o reverso da biopolítica. O Estado vela pelo interesse da vida para massacrá-la quando necessário.

O nazismo, dirá o pensador francês, não só elevou o paroxismo entre o direito de matar e os mecanismos biopolíticos de controle, mas revelou a potencialidade dessa inscrição em todos os Estados. O racismo é a condição de exercício do moderno direito de matar. Ele aparece, dessa maneira, onde a morte é requisitada: na guerra, na criminalidade, nos fenômenos dos doentes mentais, nos presos, etc.

Agamben parece ir além. O racismo e o campo serão considerados pelo filósofo como paradigmas indispensáveis de experiência histórica e será neles que a transformação da biopolítica em tanatopolítica na modernidade exibirá uma de suas possibilidades mais sombrias.

Para Foucault, o nazismo, dessa maneira, foi considerando um exemplo, uma das possibilidades inscritas em um dispositivo de poder que tem um caráter produtivo, e que forma parte de uma tecnologia governamental mais ampla, que inclui, por assim dizer, governos disciplinar e jurídico.

Para Agamben, repise-se, o nazismo parece ter maiores repercussão e alcance. Esse paradigma representa o encontro da biopolítica com os campos e ainda a articulação entre as técnicas políticas da modernidade e as tecnologias do eu, o que o autor sempre assinalou ter sido sua proposição a partir do pensamento foucaultiano. Será também tomando o depoimento de Primo Levi, pela detenção em Auschwitz, que o autor italiano compreenderá na atualidade o significado ético do extermínio e formulará suas concepções de *substância biopolítica final.*

De fato, na biopolítica contemporânea a sobrevivência traz à luz a face oculta da estrutura de poder, o *arcanum imperii.* O autor italiano vê no "muçulmano" o biopoder que pretendeu produzir seu último arcano, uma sobrevivência separada de qualquer possibilidade de testemunho, uma espécie de substância biopolítica absoluta que, em seu isolamento, permite que seja conferida qualquer identidade demográfica, étnica, nacional e política.

## *A polícia soberana*

No Estado Moderno, pontuou Foucault, a integração de caráter marginal dos indivíduos ao Estado não toma forma ética, como na cidade grega. Em uma nova racionalidade política, uma técnica particular empregada é identificada. Trata-se da polícia.

A doutrina da polícia, dirá o pensador francês,[567] não é uma instituição ou um mecanismo no interior do Estado. Considera-se que seja mesmo uma "técnica de governo própria do Estado".[568]

Uma segunda constatação importante no pensamento de Foucault e que claramente influenciará Agamben é: *o objeto da polícia é a vida.*[569]

Essas duas constatações, portanto, permitem agora mais claramente uma aproximação desses autores: a política estatal se apresenta sempre como polícia.

A vida, dessa forma, que com as declarações dos direitos humanos era fundamento da soberania, torna-se sujeito-objeto da polícia.

Consideram-se, nesta investigação, dois momentos anotados por Agamben. O primeiro, em *Mezzi senza fine*,[570] em que o filósofo italiano registra igualmente uma natureza constitutiva da polícia na relação violência e direito que caracteriza a figura do soberano. Agamben, nas mesmas páginas, dirá que essa proximidade adquire a forma de uma polícia soberana: o inimigo é excluído da humanidade civil, considerado um criminoso e eliminado sem respeitar nenhuma regra jurídica.

Sob um segundo aspecto, o tema da polícia, de acordo mesmo com o que assegurou Giorgio Agamben em entrevista a Vladimir Safatle,[571] é também fundamental para sua compreensão da máquina governamental focada na obra *O reino e a glória.*

---

567 FOUCAULT, *Ética, sexualidade, política*, p. 309.

568 Ibidem, loc. cit.

569 Ibidem, p. 313.

570 AGAMBEN, *Mezzi senza fine* - note sulla política, p. 83-84.

571 Idem, A política da profanação.

Trata-se, para o pensador italiano, do olhar à política e ao direito a partir de uma nova perspectiva na qual as hierarquias se invertem e o poder considerado executivo - a "polícia" igualmente no sentido lato - dá causa ao problema central. Ainda em resposta ao entrevistador, quanto à substituição da política ocidental contemporânea pelo paradigma genérico da segurança como técnica normal do governo, Agamben lembra Foucault e afirma que esse paradigma não nasce para instaurar a ordem, mas para governar a desordem. É nesse sentido que a segurança, com o estado de exceção, pontua Agamben, é o modelo fundamental da política mundial.

### *O direito e a teologia*

Se a soberania, como se disse, foi eixo das obras de Agamben em *Homo sacer - o poder soberano e a vida nua, I*, *Estado de exceção* e *O que resta de Auchwitz*, e o direito e a vida alternavam-se como protagonistas, houve um deslocamento em *O reino e a glória*, sendo a soberania tratada em articulação com a máquina governamental. Igualmente se anotou.

Agamben, na verdade, nunca abandonou nas suas investigações as relações constitutivas do direito e da filosofia, ainda que em movimentos distintos de aproximação, que julgou inexplorados em Foucault.

Como se registrou, Agamben, anteriormente à publicação de *O reino e a glória*, lançou *O que é o contemporâneo*, quando avizinhou seu conceito de máquina à concepção de dispositivos foucaultianos.

Dessa maneira, parece então que o pensador italiano em *O reino e a glória* considera acertado o distanciamento de Foucault dos denominados "universais" - o Estado, a lei, a soberania, o poder - quando analisa o processo concreto e os dispositivos que realizam as relações de poder.

Em já mencionada entrevista de Agamben a Safatle, o pensador italiano afirma:

> o verdadeiro ponto misterioso da política ocidental não é o Estado, não é Constituição, não é a soberania, *mas o governo*, não o soberano, mas o ministro. Não o legislador, mas o funcionário.[572]

---

572 Ibidem, loc. cit.

O trajeto mesmo percorrido por Foucault, quando diagnostica que o nascimento da economia política e o surgimento da população demarcaram a passagem das artes de governar para a ciência política, das *estruturas da soberania para as estruturas de governo*, é seguido por Agamben.

*O reino e a glória* diz respeito exatamente à tentativa de compreender o modo pelo qual a máquina governamental ocidental funciona. Agamben olha agora para o direito e para a política a partir de uma nova perspectiva na qual as hierarquias se invertem e o poder considerado executivo – da polícia – no sentido lato, advém o problema central, como já se disse. E ele pondera: "mas mesmo aqui, não faço mais do que alargar o trabalho de Michel Foucault".[573]

Além da teologia da Trindade, de que aqui se ocupou em item próprio, Agamben também fará uma associação ao paradigma teológico da providência. Para ele, os conceitos de ordem e segurança foram elaborados pela primeira vez como paradigmas de governo. Para o autor, a teoria da Providência não é outra coisa que a teoria do governo divino do mundo, ou seja, do melhor governo possível.

Foi intenção manifesta desta autora o afastamento da minuciosa investigação de Agamben sobre a teologia econômica por tentar esta obra se ater, exclusivamente nesse ponto, à teoria moderna da soberania e não da biopolítica. Mas não se pode deixar de anotar, neste momento, a referência do pensador italiano à questão do poder pastoral de Foucault. Agamben, no Capítulo "Máquina Providencial",[574] anota o essencial pensamento do filósofo francês quanto ao cuidado dos homens "*omnes et singulatim*" e, nesse sentido, a transmissão à esfera de governo do Estado Moderno, que é, por isso mesmo, individualizante e totalizante. Outra questão pontuada por Agamben, ainda no que se refere ao poder pastoral, é a ideia de economia, da forma que o pastorado eclesiástico e o governo político situam-se no interior de um paradigma essencialmente econômico.

---

573 Ibidem, loc. cit.

574 AGAMBEN, *O reino e a glória*, p. 126.

Para Agamben, Foucault ignora as implicações teológicas do termo "*oikonomia*" e ele desse conceito se ocupará com o apoio de Gregório de Nanzianzo.

Contudo, é fundamental destacar nesse cotejo as semelhantes necessidades tanto de Foucault quanto de Agamben, consideradas as precípuas peculiaridades, do desvencilhamento do direito em oposição ao garrote da soberania.

O pensador francês anotava no Curso de 1976, *Em defesa da sociedade*,[575] a premência de um "direito novo", considerando um direito antidisciplinar que estaria ao mesmo tempo "liberto do princípio da soberania" nas condições mesmo, segundo ele, de lutar contra um tipo de poder normalizador, revelando sua preocupação com a possibilidade de uma forma ética para o direito.

Essa "imagem" do direito foi, de certa forma, traduzida por Agamben,[576] trilhando igualmente os caminhos da ética: de um novo uso do direito para sua desativação.

Schmitt, aliás, ao menos no período em que se deteve esta obra, pretendeu "*ignorar o direito*" para, paradoxalmente, segundo ele, "*realizá-lo*" por intermédio do soberano. Seu entendimento de que o direito não seja mesmo autorreferenciado autorizaria a figura de um ditador para uma transposição à realidade.

Um último cotejo entre Foucault e Agamben: o pensador italiano não procura uma economia diferente de corpos e prazeres, diferentemente do que ocorre com o pensamento foucaultiano. Esse corpo, para Agamben, precisa ser transformado no local para a constituição e instalação de uma nova forma-de-vida, para além da vida nua, de uma *bios* que seja somente *zoé*.

Uma vida assim, fora do estado de exceção, é uma *vida profana*. Não é passagem de um novo corpo, como para Foucault, e também Deleuze, que desejaram um corpo fora da captura e de uma recuperação do Estado, mas uma livre utilização da vida nua como profana.

Neste passo, torna-se central a tentativa de maior apreensão do conceito agambeano de *profanação*.

---

575 FOUCAULT, *Em defesa da sociedade*, p. 47.

576 AGAMBEN, *Estado de exceção*, p. 98.

CAPÍTULO 4

# A superação da soberania no pensamento de Giorgio Agamben

## A desativação do direito e a profanação

Lançou-se nas primeiras considerações sobre o pensamento agambeano sua ideia de *profano.*

Com efeito, para Agamben, os poderes destrutivos do estado de exceção somente podem ser neutralizados por meio do que ele chama de *estado real de exceção.* E é somente nessa condição que para ele é possível desatar o nó górdio da soberania. Mas o estado de exceção que o filósofo vislumbra na fundação do Estado não é o mesmo *estado real de exceção* que ele vê como seu destino desejado, como já se anotou.

A compreensão dessa distinção é mais bem elaborada por meio de uma das ideias centrais de sua escrita, qual seja, a *profanação.*

A preocupação de Agamben pelo sagrado se destaca já em *Homo sacer I.* Nesse modelo ambíguo do homem sagrado, que aliás concedeu ao seu projeto o título, o autor vislumbrou no interstício entre os dois termos gregos para a vida - *zoé* e *bíos* - uma: "figura do sagrado que, antes ou além do religioso, constitui o primeiro paradigma da produção política do ocidente".[577]

---

577 AGAMBEN, *Homo sacer*, p. 9.

E em *Mezzi senza fine*,[578] o pensador registrou que a tarefa do *pensamento que vem, da política que vem*, traduz-se da concepção de:

> uma "vida feliz", sobre a qual deve fundar-se a filosofia política, não pode por isto ser nem a vida nua que a soberania pressupõe para fazer dela o próprio sujeito, nem a estranheza impenetrável da ciência e da biopolítica moderna, que se procura hoje em vão sacralizar, mas, precisamente uma "vida suficiente" e absolutamente profana, que atingiu a perfeição da própria potência e da própria comunicabilidade, sobre a qual a soberania e o direito não têm mais nenhum controle.

Uma nova forma-de-vida, de acordo com o que se anotou na herança foucaultiana, implica mesmo o afastamento dessa concepção em Michel Foucault. Não é um corpo fora da recaptura, mas um uso livre dele.

Para Agamben, assim como o corpo biopolítico do Ocidente não pode ser simplesmente devolvido à sua vida natural no *oikos*, ele também não pode ser sobrepujado na passagem a um novo corpo - um corpo técnico ou um corpo totalmente político ou glorioso - no qual uma diferente economia de prazeres e funções vitais resolveria de uma vez por todas o entrelaçamento da *zoé* e *bios*, que parecem definir o destino político do Ocidente. Uma nova forma-de-vida assim, que se pretende e que não pode ser colocada em um estado de exceção sagrado, seria uma vida profana, em que a *bios* coincidiria com a *zoé*.

Registrou-se em quadra própria que o ato de profanar implica mesmo retornar as coisas de um estado de exceção sagrado para serem consagradas a seu contexto original, profano. O objetivo da profanação é, portanto, ao mesmo tempo repelir essa legislação sem fundamentos e encontrar novos usos para o que remanesce.

Escreve Agamben: "A criação de um novo uso somente é possível por meio da desativação de um uso antigo - tornando-o inoperante".[579] E é também, por essa razão, "*um meio puro*", o que quer dizer "*um meio sem*

578 Idem, *Mezzi senza fine*, p. 91.

579 Idem, *Profanações*, p. 75.

*fim*".[580] A ideia de profanação está, nesse aspecto, intimamente vinculada às ideias de *vocação, inoperosidade, potencialidade* e a uma concepção de *meios sem fins*.

Nas últimas páginas do livro *A linguagem e a morte*,[581] escrito em 1985, Agamben anota que a filosofia é, precisamente, a fundação do homem enquanto humano, a tentativa de absolver o homem de sua não fundamentação e indizibilidade do mistério sacrificial. É esse mistério sacrificial que foi explorado na série *Homo sacer*, inconcluída, bem como na nova perspectiva oferecida em *Profanações*. O puro, o profano e o liberto dos nomes sagrados, destaca Agamben,[582] é aquilo que é retornado ao uso comum da humanidade.

*Homo sacer I* leva a sério o conselho de Benjamin, citado por seu autor: "*Valeria a pena indagar a origem do dogma da sacralidade da vida*".[583] Esse dogma da sacralidade da vida o pensador italiano tenta rastrear desde *A linguagem e a morte*, em *Estado de exceção*, *Profanações* e *O reino e a glória*.

Agamben mostrou que investigar a origem do dogma da sacralidade da vida tem seu corolário na demonstração de que esse dogma é essencialmente isso - um dogma - e que, para as comunidades que vêm, ele deve ser substituído por um foco sobre a natureza "integralmente profana" da existência humana.

Conforme ele deixou claro, já em *A linguagem e a morte*, nada coloca o sagrado tão em distanciamento como os rituais que o separam do *continuum* da vida cotidiana, assim criando e mantendo à distância um espaço e poderes sagrados a serem exercidos sobre muitos por poucos. Em *Homo sacer I*, Agamben reafirma esse ponto, salientando que, para sociedades como a Grécia clássica, "a vida se tornou sagrada apenas por meio

---

580 Ibidem, loc. cit.

581 Idem, *A linguagem e a morte* - Um seminário sobre o lugar da negatividade. Belo Horizonte: Editora UFMG, 2006, p. 143.

582 Idem, *Profanações*, p. 69,

583 Idem, *Homo sacer*, p. 74.

de uma série de rituais, cujo objetivo era precisamente separar a vida de seu contexto profano".[584]

A intenção de Agamben – particularmente clara em *Profanações* – é reverter esse processo e retornar a vida a seu contexto profano. Consequentemente, profanar algo – no uso especial que ele atribui àquela atividade – não é torná-lo impuro, mas, em vez disso, libertá-lo, removê-lo da esfera do sagrado e nos livrar da ideia de que há algumas coisas que são sagradas e outras que são profanas e que elas devem ser mantidas separadas, sob pena de se perder o equilíbrio oculto do mundo.

Em outras palavras: a concepção que Agamben faz da relação do sagrado e do profano é uma relação *dessacralizada*. Em sua opinião, não há nada intrinsecamente sagrado nas coisas sagradas, e nada intrinsecamente profano nas coisas profanas. Elas são categorias como outras, forjadas por aqueles cujo interesse era tê-las e guiar-se por tais distinções. Para Agamben, profanar algo não é, de modo algum, depreciar sua natureza ou reduzir seu valor. Profanar é, para ele, primeiro um ato positivo, servindo para liberar as coisas e práticas para o uso da comunidade. Por essa razão, Agamben escreve que "o puro, o profano, e o liberado dos nomes sagrados, é a coisa retornada ao uso comum da humanidade".[585] Essa cadeia de adjetivos – *puro*, *profano*, *livre* – mostra tanto a intenção da profanação, bem como a razão pela qual Agamben deseja elogiá-la. O objetivo da profanação é purificar e livrar as coisas dos "nomes sagrados" que as separam, como o domínio de poucos; é o retorno das coisas do mundo ao seu contexto natural: "o uso comum".

O filósofo italiano registrou apenas em *Mezzi senza fine*[586] as "modalidades e as possibilidades do *uso livre*". Em uma entrevista para a revista francesa *Vacarme*,[587] no debate que surgiu entre a Igreja Católica e a Ordem

584 Ibidem, p. 89.

585 Ibidem, loc. cit.

586 Idem, *Mezzi senza fine*, p. 93.

587 GRELET, POTTE-BONNEVILLE, Une biopolitique mineure, une entretien avec Girogio Agamben, p. 4-10.

Franciscana, ele ofereceu uma ilustração do que enxergava com o uso livre das coisas do mundo. Não apenas os franciscanos rejeitavam a ideia de que possuíssem propriedades privadas, mas também se recusavam a aceitar a propriedade comunitária (em nome da Ordem). A Igreja sugeriu que eles classificassem sua maneira de viver como sendo *droit d'usage* (usufruto, em distinção ao direito de propriedade). Agamben relata que a Ordem Franciscana retrucou (em sua própria paráfrase): "*Non, ce n'est pas un droit d'usage, c'est de l'usage sans droit*" (Não, esse não é um uso do direito, é um uso sem direito).[588]

Esse exemplo torna claro que o uso livre em questão não é simplesmente um uso com uma definição legal mais ampla ou liberal, mas um uso que categoricamente rejeita a ideia de posse legítima. Esse "uso sem lei" não é um uso puramente anárquico, mas rejeita os paradigmas oferecidos pela cultura jurídica de sua época – com a implicação, verdadeiramente revolucionária, de que o "uso da lei", conforme entendido à época, pela Igreja e pelo Estado, estava longe de ser justo. Não é surpresa que Agamben retorna, em *Profanações*, à ideia do uso livre advogada pelos franciscanos e que o Papa João XXII tenha a ela respondido com tal veemência.[589] A ideia de um uso sem direito corresponde a um uso livre, no qual as coisas do mundo – e, acima de tudo, aquelas coisas e práticas que foram consagradas por uns poucos indivíduos sagrados – seriam "retornadas" a seus contextos originais.

O paradigma dessa profanação, observou-se em quadra própria, é o jogo, cuja origem é a da prática divinatória. Para Agamben, o jogo libera sem uma abolição. Abolir significaria convidar a uma restauração – uma inversão dialética, que reinstalaria o sagrado. A mudança que Agamben deseja efetuar, portanto, seria mais radical e permanente.

Ele propõe, nesse sentido, que "fazer com que o jogo volte a sua vocação puramente profana é uma tarefa política".[590] Agamben busca no pro-

---

588 Ibidem, loc. cit.

589 AGAMBEN, *Profanações*, p. 72.

590 Ibidem, p. 68.

fano uma resposta ao estado soberano de exceção e à lógica da sacralidade, da qual ele depende. À luz da ideia que ele faz do profano, os distintos livros *Homo Sacer I*, *O que resta de Auschwitz*, *Estado de exceção*, *Profanações* e *O reino e a glória* são, em última análise, respostas ao mesmo problema e todos vislumbram formas especiais e paradigmáticas de se jogar com objetos sagrados, de modo a realizar sua dessacralização.

Um estado de exceção, estendido sem limites, seria um estado *real* de exceção, contendo, como consequência, um estado verdadeiramente excepcional e uma existência verdadeiramente excepcional, na qual as divisões violentas da soberania e da sacralidade, com sua instrumentalização dos estados parciais de exceção, seriam tornadas inoperantes. Tal "estado *real* de exceção" corresponderia a um mundo "integralmente profano" - um mundo que tivesse empregado os dispositivos de profanação, de modo a desarmar a biopolítica soberana e a suspender as divisões entre o sagrado e o profano.

Essa identificação do pensamento de Agamben permite compreender melhor seu projeto político. A preocupação com a sacralidade, levantada ao final de *A linguagem e a morte*, é tomada com maior foco e intensidade, mais de dez anos depois, e é essa ideia que une livros tão diferentes, como o erudito *Homo sacer I* e um livro mais pessoal, como *Profanações*. Essas obras se aproximam da mesma ideia, sob pontos de vista radicalmente diferentes: *Homo sacer I*, ao lado da lei, *O reino e a glória*, ao lado da teologia, e *Profanações*, ao lado das experiências pessoais, no objetivo de definir um *real estado de exceção*, que iria também formar uma ordem verdadeiramente profana.

O estado fictício de exceção que mantém uma distinção entre o sagrado e o profano, entre a imanência e a transcendência, daquilo que está interno à ordem jurídica, e daquilo que está além desta, precisa, para Agamben, ser substituído, se desejarmos evitar "uma guerra civil planetária". Em 1996, Agamben já havia escrito:

> antes que os campos de extermínio sejam reabertos na Europa (algo que já está começando a acontecer), é necessário que as nações-estado encontrem a coragem para questionar o próprio princípio da inscrição do nascimento,

bem como da trindade do estado-nação-território, que está fundado sobre este princípio.[591]

Para Agamben, o abandono do campo de concentração na condição de "paradigma biopolítico" implica a criação de um *estado real de exceção*, uma ordem integralmente real e profana, na qual as distinções destrutivas entre o sagrado e o profano, entre a exceção e a norma, e entre o singular e o universal, sejam neutralizadas. Estas não devem ser, de algum modo, magicamente destruídas e não devem ser aniquiladas da memória do homem, mas, em vez disso, devem ser vistas sob uma nova luz - a mesma luz que Agamben, em outro contexto, chama de messiânica.

Nesta pesquisa, por fim, procurou-se identificar algumas das problematizações do direito na perspectiva agambeana: há contaminação dos conceitos legais pela ética e a lei não é dirigida ao estabelecimento da verdade ou da justiça. A deposição do direito,[592] nesse diagnóstico, conduz ao questionamento mesmo de seu sentido. Para ele, "mostrar o direito em sua não-relação com a vida e vida em sua não relação com o direito significa abrir entre eles um espaço para a ação humana que, há algum tempo, reivindicava para si o nome de 'política'".[593]

Nesta consideração, também se registrou nos eixos do pensamento de Agamben distinção entre secularização e profanação, ambas de caráter político. Mas, enquanto a secularização política de conceitos teológicos - a transcendência de Deus como paradigma do poder soberano - limita-se a transmutar a monarquia celeste, deixando intacto o poder, a profanação implica uma desativação dos dispositivos de poder, devolvendo ao uso comum os espaços que ele havia confiscado.

No entanto, Agamben parece detectar ainda outro *inimigo*. Nas indicações de Benjamin, ele compartilha a concepção de que o sistema capitalista é um fenômeno religioso cujo mecanismo sacrificial consiste em

591 Idem, *Mezzi senza fine*, p. 27.

592 Idem, *Estado de exceção*, p. 97.

593 Ibidem, p. 133.

separar os homens das coisas e de si mesmos para torná-los mercadoria. O espaço atual em que foi separado o comum dos homens chama-se consumo. E consumir significa, de fato, não um ato de uso, mas de destruição. Por essa razão, Agamben pensa o capitalismo como qualquer coisa mesmo de "improfanável".[594]

Em um primeiro momento, vislumbra-se nesse cenário uma impossibilidade de restituição, pondera Agamben, ao uso comum daquilo que foi convertido em mercadoria. No entanto, este improfanável sobre o qual se funda a religião capitalista não é para o autor "de fato tal, posto que, atualmente, ainda haja formas eficazes de profanação".[595]

Jogar ou brincar com o direito não parece, de fato, uma resposta concreta ou ainda um paradigma definitivo para *um novo uso da lei* ou, em outras palavras, uma ruptura capaz de fazer frente às consequências catastróficas da soberania e do capitalismo.

O *estado real de exceção* proposto por Agamben permite, sim, à luz mesmo do que se tentou percorrer até aqui de seu pensamento, por assim dizer, um salvo-conduto à potencialidade de pensar, agir e viver.

E a "Clareira",[596] o claro do escuro, inaugurada em uma das primeiras poesias do filósofo, possibilita talvez a esta obra algumas incursões iniciais sobre *soberania popular* por ele inexploradas. É o que se tentará fazer para, nessa fenda aberta pelo filósofo italiano, pensar uma oposição aos poderes avassaladores da soberania.

## A autonomia ontológica da soberania popular ou um novo paradigma

A ação política, como se tentou detectar ao longo dos trabalhos de Agamben, em especial em *Homo sacer I*, *Estado de exceção* e *Profanações*, é preocupação de ordem maior de seu pensamento. É sua linha de força a necessidade mesmo da restituição do pensamento à sua vocação prática, relacionada, por sua vez, à urgência da catástrofe.

---

594 Idem, *Profanações*, p. 74. Grafado pelo autor em maiúscula.

595 Ibidem, loc. cit.

596 Idem, Radure. *Tempo presente*, Roma, vol. 12, n; 6, junho de 1967, p. 53-54.

Ao lado dessas perspectivas, porém, Agamben conduz todo o seu pensamento nos contornos fundamentais de sua ideia de potencialidade em Aristóteles, igualmente se vislumbrou ao longo desta obra. A fórmula do "preferiria não", para o pensador italiano, destrói a possibilidade de construir uma relação entre poder e querer.

Ainda nessa perspectiva, anotou-se uma dificuldade de se adentrar ao real. Mas Agamben, no esteio do filósofo grego e de Bataille, considera a inoperosidade como o paradigma da política que vem. No ponto, assim, no qual a ontologia e a filosofia política convergem, a resposta agambeana com um *não* é seu olhar sobre o passado e o presente. E essa ontologia vem tratada por ele, como ao longo deste livro foi pontuado, por seus paradigmas.

É claro que Agamben é alvo de inúmeras críticas e aqui algumas foram trazidas. Desde estetizar a política ou somente contribuir para modificações da ética, neste passo, o que talvez mais inquiete seja mesmo uma inconsistente proposta de brincar ou jogar para o desuso da lei.

São interessantes as ponderações de Slavoj Zizek, para quem a noção foucaultiana-agambeana de biopolítica como culminância do pensamento ocidental como um todo acaba, em suas palavras,

> enredada numa espécie de "armadilha ontológica", em que os campos de concentração surgem como uma espécie de "destino ontológico": cada um de nós estaria na situação do refugiado em um campo. Toda diferença entre democracia e totalitarismo esmaece e toda a prática política já se mostra presa na armadilha biopolítica.[597]

A conclusão, desse modo, de que os paradigmas ontológicos propostos pelo pensador italiano impossibilitem o surgimento de uma subjetividade política não é desarrazoada.

Contudo, não parece realmente que esse impasse esteja no horizonte do pensamento de Agamben. No mínimo por duas razões. A primeira é

---

597 ZIZEK, S. *A visão em paralaxe*. São Paulo: Boitempo, 2008, p. 446.

seu entendimento de que o elemento filosófico – rico em potencialidade – é aquele que, embora presente, permanece tácito e é dessa maneira para que seus leitores busquem nas entrelinhas e formulem o pensamento à sua própria maneira. A segunda, e talvez mais importante, permeada em seus trabalhos aqui investigados: a preocupação com *vidas* ameaçadas *concretamente* pela catástrofe.

Contudo, ainda é possível, entrever uma perspectiva materialista de Agamben. Quando confrontadas as missivas entre Benjamin e Adorno,[598] a propósito de suas diferenças metodológicas, o filósofo italiano adota claramente uma posição benjaminiana.

A interpretação de Agamben sobre Marx demandaria, decerto, trabalho próprio. Essa perspectiva materialista e sua indagação sobre a configuração do campo da práxis tem sua antecâmara em uma investigação a respeito das relações entre ser e linguagem articulada a partir das tradições hegelianas e heideggerianas.

Trata-se, no contexto das investigações do pensador italiano, de articulações heterodoxas por tentarem, como anota Vladimir Safatle,[599] demonstrar os limites de um certo heideggero-hegelianismo marcado por certos usos da noção de negatividade. Ainda mais heterodoxas, segue Safatle, por acoplarem-se posteriormente a uma temática tipicamente foucaultiana imbricada pela atualização do problema da biopolítica. Esse movimento, a dar cabo da compreensão da natureza do materialismo proposto por Agamben, como se disse, se de todo instigante, não é a proposta deste livro, mas marca aqui um traço de suas reflexões.

O modelo paradigmático, por outro lado, adotado pelo autor, foi por ele explicado como a substituição de uma lógica dicotômica por uma

---

598 AGAMBEN, G. *Infância e história*. Belo Horizonte: Editora UFMG, 2005, p. 129-150.

599 SAFATLE, V. *Materialismo, imanência e política: Algumas considerações sobre a teoria da ação de Giorgio Agamben*. Disponível em: <http://www.oocities.org/vladimirsafatle/vladi106.htm>.

*analogia bipolar*.[600] Os paradigmas servem a Agamben como um "*tertium comparationes*",[601] parecendo ter sido a soberania popular afastada.

Há uma analogia estrutural muito clara, de fato, entre a ditadura soberana e a soberania popular, na medida em que são elementos constitutivos do poder constituinte, distanciando-se, sem dúvida, pela representatividade.

De fato, com a ditadura soberana, nas lições schmittianas, pretende-se retirar a constituição vigente e impor uma outra, ou ainda suspendê-la, por parte de uma única pessoa ou grupo de pessoas na concepção moderna de soberania, que se apresentem como intérpretes de uma suposta racionalidade e atuam como comissárias do povo, ainda que não tenham recebido um mandato específico. A disponibilidade de um exército de força ou a força da coesão de um partido e sua capacidade para conseguir obediência representam os pressupostos para o exercício dessa ditadura soberana que encontra a legitimação não em um consenso, mas na ideologia de uma suposta racionalidade.

Em uma perspectiva justamente oposta, encontra-se a "*real soberania do povo*", que se manifesta no seu poder constituinte,[602] pelo qual, por meio da Constituição, ela define órgãos e os poderes constituídos e instaura o ordenamento, em que estão previstas as regras que permitem sua transformação e sua aplicação. Prescindindo-se do "jogo" ou da "brincadeira", na manifestação direta da soberania popular, há uma transferência de poder tanto do Legislativo quanto do Executivo.

De fato, o poder constituinte do povo conhece, no sistema constitucional brasileiro, os procedimentos. Com efeito, a Constituição Federal prevê em seu Capítulo dos Direitos Políticos, art. 14, incisos I, II e III, o plebiscito, o referendo e a lei de iniciativa popular. Esses mecanismos estão regulamentados pela Lei n. 9.709/98. O plebiscito e o referendo são consultas formuladas ao povo para que delibere sobre matéria de acentuada relevância, de natureza constitucional, legislativa ou administrativa. O primeiro é

---

600 AGAMBEN, *Signatura Rerum*, p. 21-22.

601 Ibidem, loc. cit.

602 BOBBIO, MATTEUCCI, PASQUINO, *Dicionário de política*, p. 1185.

convocado com anterioridade a ato legislativo ou administrativo, cabendo ao povo, pelo voto, aprovar ou denegar o que lhe tenha sido submetido. O referendo, por sua vez, é convocado com posterioridade a ato legislativo ou administrativo, cumprindo ao povo a respectiva ratificação ou rejeição. A iniciativa popular consiste na apresentação de projeto de lei à Câmara dos Deputados, subscrito por, no mínimo, 1% do eleitorado nacional.

É bastante oportuna a observação de Jacques Derrida em *Força da lei*; aliás, obra-chave para Agamben:

> Quero logo reservar a possibilidade de uma Justiça, ou de uma lei, que não apenas exceda ou contradiga o Direito, mas que talvez não tenha relação com o Direito, ou mantenha com ele uma relação tão estranha que pode exigir do Direito quanto excluí-lo.[603]

Talvez essa relação possa ser identificada na soberania popular, que, por meio de suas ferramentas, é apta a se colocar em uma oposição soberana em um Estado ilegal. Na lógica da analogia bipolar proposta pelo pensador italiano, esse mecanismo permite um poder constituinte considerado livre do poder soberano.

As disposições legais brasileiras possibilitariam, por exemplo, um plebiscito nos moldes do que ocorreu na Islândia em 2008, quando a população decidiu pela interrupção do pagamento de milionária dívida bancária. Há um indicativo denso de que uma improfanável regra de mercado foi rompida.

A letalidade do estado de exceção, valendo-se de uma expressão agambeana, possivelmente não permita uma impotência normativa diante da realidade.

O poder constituinte da soberania popular com "*auctoritas*" talvez possa "permitir que o presente não seja um passado em potência, mas o momento da escolha e da ação" (Simone de Beauvoir).

---

603 DERRIDA, J. *Força da lei*. São Paulo: Martins Fontes, 2010, p. 58.

# Referências bibliográficas


ADORNO, T. W. *Dialética do esclarecimento*. Rio de Janeiro: Jorge Zahar, 1985.

AGAMBEN, G. *A linguagem e a morte* - Um seminário sobre o lugar da negatividade. Belo Horizonte: Editora UFMG, 2006.

_____. A política da profanação: depoimento [18 de setembro, 2005]. São Paulo: *Folha de S. Paulo*. Entrevista concedida a Vladimir Safatle. Disponível em: <http://www1.folha.uol.com.br/fsp/mais/fs1809200505.htm>.

_____. Auschwitz: Il testimone invisibil: depoimento. [8 de outubro, 1998]. Roma: *La Repubblica*, 1998, p. 38-39. Entrevista concedida a Antonio Gnoli.

_____. *Carl Schmitt* - um giurista davanti a se stesso. Saggi e interviste. Vicenza: Neri Pozza Editore, 2005.

_____. Da teologia política à teologia econômica. Tradução de Selvino José Assmann. *Interthesis, Revista Internacional Interdisciplinar*, v. 2, Florianópolis, julho/dezembro de 2005.

_____. Entrevista com Giorgio Agamben: depoimento. [2006]. *Revista do Departamento de Psicologia - UFF*, n. 1, jan.-jun. 2006, p. 131. Entrevista concedida a Flavia Costa.

_____. *Estado de exceção* - Homo sacer, II, 1. São Paulo: Boitempo, 2004.

_____. *Glosas marginais aos "comentários sobre a sociedade do espetáculo"*. Tradução de João Gabriel. São Paulo: CAF, 2008. Disponível em: <http://caf.fflch.usp.br/artigo/glosas-marginais-aos-comentarios-sobre-sociedade-do-espetaculo>.

_____. *Homo sacer* - Il potere sovrano e la nuda vita I. Torino: Giulio Enaudi Editore, 1995.

_____. *Homo sacer* - o poder soberano e a vida nua, I. Belo Horizonte: Editora UFMG, 2002.

_____. *Ideia da prosa*. Lisboa: Cotovia, 1999.

_____. *Ideia da prosa*. São Paulo: Autêntica, 2012.

_____. Il luoghi della vita: depoimento. [8 de fevereiro, 2004]. Roma: *Rai Radio Tre*. Entrevista concedida a Roberto Andreotti e Frederico de Melis.

_____. *Il tempo che resta*. Um commento alla Lettera ai Romani. Torino: Bolatti Boringhieri Editore, 2000.

_____. *Infância e história*. Belo Horizonte: Editora UFMG, 2005.

_____. *La Chiesa e il Regno*. 2011. Disponível em: <http://www.giugenna.com/2011/02/18/agamben-la-chiesa-e-il-regno/>.

_____. *La comunidad que viene*. Valencia: Pre-textos, 2006.

_____. *La potencia del pensamento*. Buenos Aires: Adriana Hidalgo, 2007.

_____. Le commun: comment en faire usage. *Revista Multitudes*, jul. 2004. Disponível em: <http://www.multitudes.net/Le-commun-comment-en-faire-usage/>.

_____. *Mezzi senza fine - note sulla política*. Torino: Bollati Boringhieri Editore, 1996.

_____. *O que é o contemporâneo? E outros ensaios*. Tradução Vinícius Nicastro Honesko. Chapecó, SC: Argos, 2009.

_____. *O que resta de Auschwitz* - o arquivo e a testemunha - Homo sacer, III. São Paulo: Boitempo, 2008.

_____. *O reino e a glória* - uma genealogia teológica da economia e do governo, Homo sacer, II, 2. São Paulo: Boitempo, 2011.

_____. *Profanações*. São Paulo: Boitempo, 2007.

_____. *Signatura rerum* - Sul metodo. Torino: Bolatti Boringhieri Editore, 2008.

_____. "Um libro senza pátria": depoimento. [2001]. *EUtropia*, 2001, I, p. 44-46. Entrevista concedida a Frederico Ferrari.

ARENDT, H. *As origens do totalitarismo*. São Paulo: Companhia das Letras, 2007.

_____. *Entre o passado e o futuro*. Tradução Mauro W. Barbosa de Almeida. São Paulo: Perspectiva, 2007.

ARISTÓTELES, Metafísica, apud NASCIMENTO, D. A. Do conceito de inoperosidade no recente vulto de Giorgio Agamben. *Cadernos de Ética e Filosofia Política*, n, 17, 2/2010, p. 85.

ASSMANN, S. Apresentação. In: AGAMBEN, G. *Profanações*. São Paulo: Boitempo, 2007.

BENJAMIN, W. *Escritos sobre mito e linguagem*. Organização, apresentação e notas Jeanne Marie Gagnebin; tradução Susana Kampf Lages e Ernani Chaves. São Paulo: Duas Cidades; Ed. 34, 2011.

BENVENISTE, E. *O vocabulário das instituições indo-européias*. v. II. Tradução Denise Bottmann. Campinas: Editora da Unicamp, 2005.

BOBBIO, N.; MATTEUCI, N.; PASQUINO, G. *Dicionário de Política*. São Paulo: Editora UNB, 2004, p. 1102.

CANDIOTTO, C. *A governamentalidade política no pensamento de Foucault. Revista de Filosofia Unisinos*, jan/abr. 2010, v. 11, n. 1, p. 33-43.

CASTRO, E. *Introdução a Giorgio Agamben*. Uma arqueologia da potência. Tradução de Beatriz de Almeida Magalhães. Belo Horizonte: Autêntica, 2012.

_____. *Vocabulário de Foucault*. Belo Horizonte: Autêntica, 2009.

DE SANCTIS, A. *Agamben, nuda vita, oikonomia*. Minima et Moralia, 2011. Disponível em: <http://www.minimaetmoralia.it/wp/agamben-nuda-vita-oikonomia/>.

DELEUZE, G. *Foucault*. Paris: Les Éditions de Minuit, 1986.

_____. *Foucault*. São Paulo: Brasiliense, 2005.

_____; GUATTARI, F. *O que é a filosofia?*. Rio de Janeiro: Ed. 34, 1992, p. 261.

DERRIDA, J. *Força da lei*. São Paulo: Martins Fontes, 2010.

DREYFUS, H. L.; RABINOW, P. *Michel Foucault:* uma trajetória filosófica – para além do estruturalismo e da hermenêutica. Rio de Janeiro: Forense Universitária, 2010.

DUARTE, A. M. De Michel Foucault a Giorgio Agamben: a trajetória do conceito de biopolítica. In: SOUZA, R. T.; OLIVEIRA, N. F. *Fenomenologia Hoje III* - Bioética, biotecnologia, biopolítica. Porto Alegre: Editora da PUCRS, 2008. Disponível em: <http://works.bepress.com/andre_duarte/17>.

_____. *Vidas em risco:* crítica do presente em Heidegger, Arendt e Foucault. Rio de Janeiro e São Paulo: GEN/Forense Universitária, 2010.

DUSO, G. *La rappresentanza:* un problema di filosofia politica. Milão: Franco Angeli, 1988.

FERREIRA, B. *O risco do político*. Crítica ao liberalismo e teoria política no pensamento de Carl Schmitt. Belo Horizonte: Editora UFMG; Rio de Janeiro: IUPERJ, 2004.

FONSECA, M. A. *Michel Foucault e o direito*. São Paulo: Max Limonad, 2002.

FOUCAULT, M. Soberania e disciplina. In: _____. *Microfísica do poder*. Organização e tradução Roberto Machado. Rio de Janeiro: Edições Graal, 1979.

_____. *Dits et écrits*. v. IV. Paris: Gallimard, 1995, p. 826.

_____. *Ética, sexualidade, política*. Rio de Janeiro: Forense Universitária, 2006. Col. Ditos e escritos. v. V.

_____. *Em defesa da sociedade*. São Paulo: Martins Fontes, 2000.

_____. *História da sexualidade I*. A vontade de saber. Rio de Janeiro: Edições Graal, 2007.

_____. *Le sujet et le pouvoir [1982]*. In: _____. *Dits et écrits (1976-1984)*, vol. II, Éditions Gallimard "Quarto", 2001, n. 306, p. 1042.

_____. *L'impossible prison, recherches sur le systeme pénitentiaire au XIX siècle*. Paris: Éd. Du Seuil, 1980. p. 122.

_____. *Microfísica do poder*. Organização e tradução Roberto Machado. Rio de Janeiro: Edições Graal, 1979.

_____. *Nascimento da biopolítica*. São Paulo: Martins Fontes, 2008.

_____. Omnes et Singulatim: uma crítica da razão política. In: *Ditos e escritos*. vol. IV. *Estratégia, Poder-Saber*. Rio de Janeiro: Forense Universitária, 2006. p. 357-359.

_____. O que são as Luzes? In: _____. *Ditos & Escritos II*. Rio de Janeiro: Forense Universitária, 2008, p. 351.

_____. *Poder psiquiátrico*. São Paulo: Martins Fontes, 2006.

_____. *Resumo dos Cursos do Collège de France*. Tradução Andréa Daher. Rio de Janeiro: Jorge Zahar, 1997.

_____. *Segurança, território, população*. São Paulo: Martins Fontes, 2008.

_____. Soberania e disciplina. In: _____. *Microfísica do poder*. Organização e tradução Roberto Machado. Rio de Janeiro: Edições Graal, 1979.

_____. Sujeito e poder. In: DREYFUS, H.; RABINOW, P. *Michel Foucault*: uma trajetória filosófica - para além do estruturalismo e da hermenêutica. Rio de Janeiro: Forense Universitária, 2010.

_____. *Vigiar e punir*. Petrópolis: Vozes, 2009.

FRANCO DE SÁ, A. *Do decisionismo à teologia política*. Carl Schmitt e o conceito de soberania. Covilhã: Universidade da Beira Interior, 2009. (Colecção Artigos Lusosofia)

FRIEDRICH, C. J. *Constitucional government and democracy 2*. Boston: Ginn, 1950.

GRELET, S.; POTTE-BONNEVILLE, M. Une biopolitique mineure, une entretien avec Girogio Agamben. Paris, *Vacarme*, 10, 1999, p. 4-10.

HOBBES, T. *Leviatã ou matéria, forma e poder de um estado eclesiástico civil*. São Paulo: Abril Cultural, 1974. (Os pensadores).

HOFFMANN, H. *Legitimittá contro legalittá*. Napoles: ESI, 1999.

HUISMAN, D. *Dicionário dos filosófos*. São Paulo: Martins Fontes, 2001.

HYDE, C. Z. *La polémica entre Benjamin y Schmitt en el* homo sacer *de Agamben*. Barcelona: Universitat Autònoma de Barcelona, [s.d.]. Disponível em: <http://www.ub.edu/demoment/jornadasfp2008/PDFs/16-agamben.pdf>.

KERVÉGAN, J. F. *Hegel, Carl Schmitt*: o político entre a especulação e a positividade. Barueri: Manole, 2006.

LA DURANTAYE, L. *Giorgio Agamben* - a critical introduction. Stanford, Califórnia: Stanford University Press, 2009.

LEVI, P. É isto um homem? Rio de Janeiro: Rocco, 1988.

LESSA, R. *Agonia, aposta e ceticismo* - ensaio de filosofia política. Belo Horizonte: Editora UFMG, 2003.

LÖWY, M. *Walter Benjamin: aviso de incêndio* - Uma leitura das teses sobre o conceito de história. Tradução Jeanne Marie Gagnebin, Marcos Lutz Müller. São Paulo: Boitempo, 2005.

MACHADO, R. *Foucault, a ciência e o saber*. Rio de Janeiro: Jorge Zahar, 2009.

MACHADO, R. Introdução: por uma genealogia do poder. In: FOUCAULT, M. *Microfísica do poder*. Organização e tradução de Roberto Machado. Rio de Janeiro: Edições Graal, 1979.

MAIA, A.C. Analítica de poder em Foucault. *Tempo Social, Revista de Sociologia*. São Paulo, v. 7, n. 1-2, out. 1995, p. 83-103.

MELVILLE, H. *Bartleby, o escrivão* - uma história de Wall Street. São Paulo: Cosac & Naify, 2012.

MILOVIC, M. Política do messianismo: algumas reflexões sobre Agamben e Derrida. *Cadernos de Ética e Filosofia*, n. 14, 1/2009, p. 103-121.

MOMMSEN, T. *Derecho penal romano*. Santa Fé de Bogotá: Editorial Temis, 1999.

MONTESQUIEU. *O espírito das leis*. São Paulo:Abril Cultural, 1973.

_____; WHITE, J. *The Agamben Dictionary*. Edinburgh: Edinburgh University Press, 2011.

NASCIMENTO, D. A. Do conceito de inoperosidade no recente vulto de Giorgio Agamben. *Cadernos de Ética e Filosofia Política*, n, 17, 2/2010, p. 79-101.
NEGRI, A. *Il potere costituente*. Milano: Sugarco, 1992.
PORTINARO, P. P. *Il realismo politico*. Bari: Laterza, 1999.
RACINARO, R. Esistenza e decisione in Carl Schmitt. *Il centauro*, n. 16, 1986.
ROSSITER, C. L. *Constitucional Dictatorship:* crisis government in the modern democracies. New York: Harcout Brace, 1948.
SAFATLE, V. A política da profanação. 2008. Disponível em: <http://orientacaopsicologica.com/2008/05/20/entrevista-agamben-para-a-folha/>.
_____. Materialismo, imanência e política: Algumas considerações sobre a teoria da ação de Giorgio Agamben. Disponível em: <http://www.oocities.org/vladimirsafatle/vladi106.htm>.
SATTA, S. *Il Mistero del processo*. Tradução da língua italiana por Arno Dal Ri Júnior e Lucas Carlos Lima. *Seqüência - Estudos Jurídicos e Políticos*, julho de 2010, n. 60, p. 11.
SCHMITT, C. *A crise da democracia parlamentar*. São Paulo: Scritta, 1996.
_____. *Catolicismo romano e forma política*. Lisboa: Hugin, 1998.
_____. *Der Bregriff des Politischen*. Berlim: Dunker & Humblot, 1996a.
_____. *La dictadura*. Madrid: Alianza, 1985.
_____. *Le categorie del "Politico"*. Bologna: Il Mulino, 1972.
_____. *Legalidad y legitimidad*. Madrid: Aguilar, 1971.
_____. *O conceito do político*. Petrópolis: Vozes, 1992.
_____. *Romanticismo politico*. Milano: Giuffrè, 1986.
_____. *Teologia política*. Belo Horizonte: Del Rey, 2006.
_____. *Teoría de la constitución*. Madrid: Editorial Revista de Derecho Privado, 1954.
SELVINO, J. A. Apresentação. In: AGAMBEN, G. *Profanações*. São Paulo: Boitempo, 2007.
SENNELART, M. A crítica da razão governamental em Michel Foucault. *Tempo Social, Revista de Sociologia*, São Paulo, v. 7, n. 1-2, out. 1995, p. 2.
SILVA, P. *Vocabulário jurídico*. Rio de Janeiro: Forense, 2010.
TINGSTEN, H. *Les pleins pouvoirs:* l' expansion des pouvoirs gouvernamentaux pendant et après la Grande Guerre. Paris: Stock, 1934.
VILLAS-BOAS, P. A despolitização da democracia liberal no pensamento de Carl Schmitt. *Revista Brasileira de Ciências Sociais*, São Paulo, v. 26, n. 77, out. 2011.
ZIZEK, S. *A visão em paralaxe*. São Paulo: Boitempo, 2008.

# Bibliografia consultada


ABBAGNANO, N. *Dicionário de filosofia.* São Paulo: Martins Fontes, 2007.

AGAMBEN, G. *Altissima porvertá.* Regole monastiche e forma di vita. Vicenza: Neri Pozza Editore, 2011.

_____ et al. *Democracy in what state?* Nova York: Columbia University Press, 2010.

_____. *Lo abierto.* Buenos Aires: Adriana Hidalgo, 2006a.

_____. *Opus dei.* Archeologia dell'ufficio. Homo sacer, II, 5. Torino: Bolatti Boringhieri Editore, 2012.

_____. O que é um dispositivo? In: _____. *O que é o contemporâneo? e outros ensaios.* Tradução Vinícius Nicastro Honesko. Chapecó, SC: Argos, 2009.

_____. *O sacramento da linguagem.* Arqueologia do juramento. Belo Horizonte: Editora UFMG, 2011.

ARANTES, P. *Extinção.* São Paulo: Boitempo, 2007.

ASSMANN, J. S.; NUNES, N. A. Michel Foucault e a genealogia como crítica do presente. *Interthesis*, v. 4, n. 1, Florianópolis, jan./jun. 2007.

BADIOU, A. *São Paulo*: a fundação do universalismo. São Paulo: Boitempo, 2009.

BENJAMIN, W. . *Passagens.* Belo Horizonte: Editora UFMG, 2007.

_____. *Sobre arte, técnica, linguagem e política.* Lisboa: Relógio D'Água, 1992.

BERCOVICI, G. *Constituição e estado de exceção permanente.* Atualidade de Weimar. Rio de Janeiro: Azougue Editorial, 2004.

BIGNOTTO, N. Soberania e exceção no pensamento de Carl Schmitt. *Kriterion: Revista filosófica*, Belo Horizonte, v. 49, n. 118, dez. 2008.

BORDIEU, P. *O poder simbólico*. Rio de Janeiro: Bertrand Brasil, 2011.

CALARCO, M.; DE CAROLI, S. *Giorgio Agamben*. Sovereignty and life. California: Stanford University Press, 2007.

DEBORD, G. *La société dus espectacle*. Paris: Gallimard, 1992.

_____; GUATTARI, F. *O que é a filosofia?* Rio de Janeiro: Ed. 34, 1992.

DIDI-HUBERMAN, G. *Survivence des lucioles*. Paris: Les Éditions de Minuit, 2009.

ESPOSITO, R. *Bios*. Biopolítica e filosofia. Lisboa: Edições 70, 2010.

FONSECA, M. A. A escravidão da norma. *Revista Cult*, São Paulo, n. 132, abr. 2009, republicado em edição especial, *Filosofia contra o sistema*, jan. 2012.

_____. Fazer viver e deixar morrer: as sociedades modernas e a tipologia de seus poderes. *Revista Brasileira de Ciências Sociais*, São Paulo, vol. 15, n. 44, out. 2000.

FOUCAULT, M. *Histoire de la sexualitè. La volontè da savoir*. Paris: Gallimard, 1976.

_____. *O que é um autor*. Lisboa: Nova Vega, 2006.

_____. *Repensar a política*. Rio de Janeiro: Forense Universitária, 2010. Col. Ditos e escritos. v. IV.

FORSTER, R. *Walter Benjamin y el problema del mal*. Buenos Aires: Altamira, 2003.

GIACÓIA, O. Notas sobre a historicidade do Universal. Texto lido no "VII Colóquio Internacional Michel Foucault", outubro/2011, PUC/SP.

_____. Sobre direitos humanos na era da bio-política. *Kriterion*, Belo Horizonte, n. 118, jul-dez. 2008.

GROS, F. *Estado de violência* - Ensaio sobre o fim da guerra. Aparecida: Idéias & Letras, 2009.

_____. *Punir em democracia*. E a justiça será. Porto Alegre: Instituto Piaget Divisão Editorial, 2002.

HARDT, M.; NEGRI, A. *Império*. Rio de Janeiro: Record, 2001.

HELLER, H. *La soberanía*. México, DF: Universidad Nacional Autónoma de México, 1995.

LALANDE, A. *Vocabulário* técnico e crítico *da filosofia*. São Paulo: Martins Fontes, 1999.

MACEDO, R. P. Foucault: o poder e o direito. *Tempo social: Revista Social USP*, São Paulo, vol. 1.

MILLS, C. *The philosophy of Agamben*. Montreal: McGill-Queen's University Press, 2008.

MURRAY, A. *Giorgio Agamben*. Nova York: Routledge, 2009.

NASCIMENTO, D. A. *Do fim da experiência ao fim do jurídico:* percurso de Giorgio Agamben. 2010. Tese (Doutorado). Universidade Estadual de Campinas, Instituto de Filosofia e Ciências Humanas, Campinas, 2010. Disponível em: <http://www.bibliotecadigital.unicamp.br/document/?code=000770698>.

NORRIS, A. *Politics, metaphysics, and death.* Essays on Giorgio Agamben's Homo sacer. Pensylvania: Duke University Press, 2005.

PASSOS, I. F. (org.). *Poder, normalização e violência:* incursões foucaultianas para a atualidade. Belo Horizonte: Autêntica, 2008.

PELBART, P. P. *Vida Capital.* Ensaios de biopolítica. São Paulo: Iluminuras, 2009.

PORTOCARRERO, V. Normalização e invenção: um uso do pensamento de Michel Foucault. In: Calomeni, T. (Org.). *Michel Foucault.* Entre o murmúrio e a palavra. Campos: Ed. Faculdade de Direito de Campos, 2004.

RAGO, M.; VEIGA-NETO, A. (org.). *Por uma vida não-fascista.* Belo Horizonte: Autêntica, 2009.

REVEL, J. Políticas da restauração. Novas direitas e velhas esquerdas, ou como reciclar o fundo raspado do tacho. Disponível em: <http://uninomade.net/wp-content/files_mf/112703120549Lugar%20Comum%2023-24_completo.pdf>. Acesso em: nov. 2011.

SAIDEL, M. La herencia foucaultiana en el abordaje de la biopolítica em Agamben e Esposito. Disponível em: <http://www.biopolitica.cl/docs/publi_bio/saidel_herencia_foucaultiana.pdf>. Acesso em: jul. 2012.

SANTOS, B. S. *A crítica da razão indolente:* contra o desperdício da experiência. São Paulo: Cortez, 2011.

SCHMITT, C. *Sobre los tres modos de pensar la ciência jurídica.* Madrid: Editorial Tecnos, 1996.

ZARTALOUDIS, T. *Giorgio Agamben.* Power, law and the uses of criticism. New York: Routledge, 2010.

ZIZEK, S. *Bem vindo ao deserto do real.*São Paulo: Boitempo, 2003.

_____. *Em defesa das causas perdidas.* São Paulo: Boitempo: 2011.

**FONTE:** Leitura
**PAPEL:** Offset 75g/m²
**IMPRESSÃO:** R. R. Donnelley